L'ÉCONOMIE DES MATIÈRES PREMIÈRES

Collection « L'esprit économique »

fondée par Sophie Boutillier et Dimitri Uzunidis en 1996
dirigée par Sophie Boutillier, Blandine Laperche, Dimitri Uzunidis

Si l'apparence des choses se confondait avec leur réalité, toute réflexion, toute Science, toute recherche serait superflue. La collection « L'esprit économique » soulève le débat, textes et images à l'appui, sur la face cachée économique des faits sociaux : rapports de pouvoir, de production et d'échange, innovations organisationnelles, technologiques et financières, espaces globaux et microéconomiques de valorisation et de profit, pensées critiques et novatrices sur le monde en mouvement...
Ces ouvrages s'adressent aux étudiants, aux enseignants, aux chercheurs en sciences économiques, politiques, sociales, juridiques et de gestion, ainsi qu'aux experts d'entreprise et d'administration des institutions.

La collection est divisée en cinq séries : *Economie et Innovation*, *Le Monde en Questions*, *Krisis*, *Clichés* et *Cours Principaux*.

Dans la série *Economie et Innovation* sont publiés des ouvrages d'économie industrielle, financière et du travail et de sociologie économique qui mettent l'accent sur les transformations économiques et sociales suite à l'introduction de nouvelles techniques et méthodes de production. L'innovation se confond avec la nouveauté marchande et touche le cœur même des rapports sociaux et de leurs représentations institutionnelles.

Dans la série *Le Monde en Questions* sont publiés des ouvrages d'économie politique traitant des problèmes internationaux. Les économies nationales, le développement, les espaces élargis, ainsi que l'étude des ressorts fondamentaux de l'économie mondiale sont les sujets de prédilection dans le choix des publications.

La série *Krisis* a été créée pour faciliter la lecture historique des problèmes économiques et sociaux d'aujourd'hui liés aux métamorphoses de l'organisation industrielle et du travail. Elle comprend la réédition d'ouvrages anciens, de compilations de textes autour des mêmes questions et des ouvrages d'histoire de la pensée et des faits économiques.

La série *Clichés* a été créée pour fixer les impressions du monde économique. Les ouvrages contiennent photos et texte pour faire ressortir les caractéristiques d'une situation donnée. Le premier thème directeur est : mémoire et actualité du travail et de l'industrie ; le second : histoire et impacts économiques et sociaux des innovations.

La série *Cours Principaux* comprend des ouvrages simples, fondamentaux et/ou spécialisés qui s'adressent aux étudiants en licence et en master en économie, sociologie, droit, et gestion. Son principe de base est l'application du vieil adage chinois : « le plus long voyage commence par le premier pas ».

Hadj SAADI

L'ÉCONOMIE DES MATIÈRES PREMIÈRES

INNOVAL
21, Quai de la Citadelle
59140 Dunkerque, France

L'Harmattan
5-7, rue de l'École-Polytechnique
75005 Paris
FRANCE

L'Harmattan Könyvesbolt
1053 Budapest
Kossuth L. u. 14-16
HONGRIE

L'Harmattan Italia
Via Degli Artisti, 15
10124 Torino
ITALIE

ISBN : 2-7475-8174-8
EAN: 9782747581745

PREFACE

Par Serge Calabre

Les prix des matières premières représentent toujours des enjeux économiques considérables, illustrés notamment par l'impact des amples variations des cours du pétrole, par les répercussions des fluctuations des prix internationaux des produits agricoles ou miniers sur les recettes d'exportation et l'activité des pays producteurs du Sud, ou par les débats sur les subventions accordées aux producteurs agricoles aux Etats-Unis ou en Europe. Il est vrai que les problématiques ont évolué depuis deux ou trois décennies, mettant l'accent sur la nécessité d'analyser avec méthode, rigueur et pertinence les mécanismes de formation et d'évolution de ces prix, le fonctionnement des marchés et de l'économie des produits et plus largement leur interaction avec les économies nationales et le jeu des relations économiques internationales. La fin des années 1980 a vu s'opérer un changement de perspective à propos de la régulation des marchés internationaux de matières premières, en particulier pour les produits tropicaux et les grands métaux non ferreux : on est passé d'une époque où l'on essayait de bloquer directement l'instabilité des prix et des marchés (par exemple par des accords de régulation fondés sur des stocks régulateurs) à une époque où l'on cherche plutôt à gérer les effets des fluctuations de prix (en particulier par des outils de gestion de risque, marchés à terme et d'options) et à agir sur l'organisation de la production et du commerce des produits. La revendication des prix rémunérateurs pour les producteurs revient de façon récurrente, tout en laissant en suspens la question de la référence par rapport à laquelle apprécier le niveau rémunérateur, d'autant que les recettes ne dépendent pas seulement du prix mais aussi des quantités et des coûts, donc de la productivité. L'organisation des filières de production-commercialisation, l'organisation du monde agricole, la modernisation, la recherche de débouchés nouveaux ou encore les modalités de financement agricole figurent parmi les nombreux champs d'analyse et domaines d'action pour mieux valoriser l'exploitation des matières premières dans les pays en développement.

L'histoire contemporaine des marchés internationaux et de l'économie de matières premières s'est ainsi révélée très riche en expériences, échecs relatifs ou réussites porteuses d'avenir. Mais un enseignement très clair en ressort : la nécessité d'en étudier les mécanismes dans la durée et de distinguer les phénomènes de court terme des mouvements pluriannuels qui résultent de l'interaction entre décisions de produire et décisions de consommer un produit. Cette approche devenue maintenant habituelle a fondé en particulier les programmes de recherche développés dans le Groupe d'Analyse des Marchés de Matières Premières (GAMMAP) équipe de recherche de l'Université de Grenoble 2 « Pierre Mendès France » pendant plus de dix ans de 1990 à 2002. Hadj Saadi a été l'un des piliers de cette équipe, en assurant le secrétariat général, notamment pour l'organisation de colloques dont les thèmes successifs illustrent la dimension internationale des problématiques liées aux prix des matières premières, en particulier pour les pays en développement : *Dynamiques des marchés mondiaux de matières premières, ajustement structurel et coopération,* en janvier 1993 ; *L'organisation des marchés mondiaux de matières premières : une coopération Nord-Sud*, en avril 1994 ; *Dynamique des prix et des marchés de matières premières : analyse et prévision*, en novembre 1998 ; *Matières premières et développement,* en octobre 2002. C'est dans le cadre du GAMMAP que M. Saadi a préparé sa thèse de doctorat en économie internationale, *Convergence et divergence des conjonctures des marchés internationaux de matières premières*, qu'il a brillamment soutenue en décembre 1997.

Le présent ouvrage, élargissant notamment la réflexion à l'interaction entre dynamique des prix et investissement en capacités de production, est l'un des fruits directs des recherches conduites dans le cadre de cette thèse, avec une actualisation qui enrichit la base d'observation et les conclusions. Ce livre se situe clairement dans l'optique du moyen-long terme, le prix constituant un angle d'attaque privilégié pour élargir la perspective aux domaines de la production et de la consommation d'une matière première, et donc à celui des investissements en capacités de production ou d'utilisation du produit. L'attention accordée aux fluctuations pluriannuelles des prix met en exergue un phénomène troublant : celui de la convergence des mouvements des prix des matières premières au fil des années. Certes, d'une année à l'autre, chaque matière première présente un profil autonome, susceptible d'une explication spécifique, indépendamment de ce qui se passe pour les autres matières premières. Pourtant, sous un horizon temporel plus long, on constate des similitudes ou des convergences d'évolution : les hausses de prix des années 1970 à l'époque des chocs pétroliers, la chute des prix et le marasme des marchés dans les années 1980, la reprise des années 1990 suivie d'une nouvelle rechute... L'explication dépasse alors le cadre des modalités de transaction sur les marchés et renvoie aux vagues d'investissements en capacités de production, aux mouvements de productivité et à l'innovation, à la dynamique des débouchés. Naturellement, ces mécanismes sont eux-mêmes dépendants des conditions économiques qui prévalent dans les pays et qui dépendent eux-mêmes de l'évolution pluriannuelle des prix. L'ouvrage réalise ainsi un rapprochement entre l'histoire de l'économie des matières premières, notamment dans les pays en développement, et l'analyse des causalités régissant l'interaction entre production, consommation et prix (études de cointégration et de *mouvements joints*).

Effort pédagogique et souci analytique se combinent ainsi heureusement dans cet ouvrage qui offre une porte d'entrée stimulante à l'univers souvent passionnant des marchés internationaux et de l'économie des matières premières, pour les observateurs et pour les profanes, alors qu'on peut regretter que ce champ important de recherche en sciences économiques tende à être de plus en plus déserté en France. C'est un appel à l'approfondissement de recherches analytiques dans ce domaine comme dans celui de l'économie du développement.

SERGE CALABRE,

Professeur des universités – Directeur Général de l'Institut de Recherche pour le Développement (IRD)

février 2005

INTRODUCTION

L'observation des évolutions des prix et des situations des marchés internationaux de matières premières, sur plusieurs dizaines d'années, montre des phénomènes de coïncidence. En effet, l'histoire de ces marchés est marquée par un enchaînement simultané de phases pluriannuelles de baisses et de hausses des prix de nombreuses matières premières. Depuis la deuxième guerre mondiale notamment, à un mouvement de hausses des prix des années 1950 a succédé un mouvement de baisses durant les années 1960. Les flambées de prix de 1973-74 et de 1978-79 ont laissé place à une chute des prix pendant les années 1980. Le début des années 1990 est marqué par une remontée des prix sur plusieurs marchés. Ces évolutions de prix ont touché simultanément la plupart des marchés internationaux de matières premières et posent la question des facteurs qui favorisent la convergence des conjonctures des différents marchés. Mais, ces phénomènes de convergence ne concernent pas tous les marchés et les prix de certains produits ont évolué de manière autonome tel que celui du coton durant les années 1950 au cours desquelles il a baissé ou celui du café qui a plutôt stagné après la flambée des prix de 1973-74 mais qui a atteint un pic en 1977. Ces évolutions autonomes conduisent à s'interroger sur les phénomènes de divergence et sur la dynamique spécifique de chaque marché.

Durant les années 1970, la plupart des grands marchés de matières premières agricoles et minières ont connu des hausses spectaculaires de prix, notamment à la suite de la flambée des prix des produits pétroliers de 1973-74 et 1978-79. Dans de nombreux pays en développement producteurs, cette hausse des prix des matières premières s'est traduite par une forte augmentation des recettes d'exportation encourageant le lancement d'importantes vagues d'investissements en capacités de production pendant les années 1970. De plus, l'optimisme suscité chez les producteurs par cette augmentation des prix a favorisé le recours à l'emprunt pour le financement de vastes programmes nationaux de développement. En revanche, les années 1980 ont été marquées par une surproduction et une baisse des prix sur de nombreux marchés de matières premières. De plus, la décennie 1980 s'est distinguée par une aggravation de la crise économique dans les principaux pays industrialisés où la consommation de la plupart des matières premières s'est ralentie. Par conséquent, une offre abondante de matières premières a débouché inéluctablement sur une baisse des prix et des recettes d'exportations dans plusieurs pays en développement producteurs. La chute des recettes d'exportation et les charges récurrentes des programmes de développement des pays producteurs de matières premières ont débouché sur un endettement qui s'est alourdi au fil des années. L'incapacité de plusieurs pays en développement producteurs à honorer leurs dettes a entraîné des mesures de rééchelonnement et des plans d'ajustement structurel. Par ailleurs, la situation de surproduction a également favorisé la mise en place de mesures de libéralisation des filières de commercialisation. En effet, jusqu'au début des années 1980, de nombreux marchés de matières premières étaient caractérisés par un système de prix administrés qui est resté déconnecté de l'évolution du prix international.

Depuis le début des années 1990, les prix de la plupart des matières premières se sont redressés. En ce qui concerne les produits miniers, les cours du nickel, de l'aluminium, de l'étain, et du cuivre ont nettement remonté entre 1992 et 1995 alors que ceux du plomb et du zinc ont faiblement augmenté. De même, les prix du café, du cacao, du caoutchouc et du coton ont augmenté durant la même période après avoir suivi une tendance à la baisse durant les années 1980. Durant la deuxième moitié des années 1990, les prix des matières premières ont globalement marqué une tendance à la baisse alors que depuis le début des années 2000, ils suivent une forte tendance à la hausse. Ces événements expliquent partiellement la dynamique des conjonctures des marchés internationaux de matières premières mais ils permettent néanmoins de s'interroger sur des mécanismes plus profonds qui guident l'évolution de ces marchés. Aussi, les fortes hausses de prix des matières premières des années 1970 en particulier conduisent à se demander si elles résultent de l'impact de la flambée des prix des produits pétroliers et plus généralement de chocs exogènes ou si elles correspondent également à une phase de pénurie sur le marché international, c'est-à-dire à des mécanismes endogènes propres aux marchés.

L'observation des séries de prix sur plusieurs dizaines d'années montre effectivement une succession de phases de hausse et de baisse des prix des matières premières. Ces fluctuations des prix se traduisent par une alternance de phases de surproduction et de pénurie. Elles se réalisent sur la quasi-totalité des marchés de produits et elles s'expliquent par un processus d'ajustement entre la production et la consommation par rapport à l'évolution du prix qui ne se concrétise qu'au-delà du court terme. Depuis sa récolte ou son exploitation, une matière première passe par plusieurs phases de transport, de conditionnement ou de transformation et de stockage avant de parvenir au consommateur. Aussi, l'analyse du marché d'une matière première conduit d'abord à expliquer le fonctionnement de la filière de cette matière première qui est constituée d'étapes passant de la production, à la transformation et la commercialisation. L'ensemble de ces étapes peut se réaliser sur une durée de plusieurs mois (8 à 12 mois ou parfois moins).

Le court terme est un horizon temporel trop bref pour que les mécanismes de marché entrent en action. Cependant, sur de nombreux marchés internationaux de matières premières, les cours boursiers servent de référence dans le commerce international et leur évolution sur les marchés à terme guident l'allocation intertemporelle des disponibilités en produits. L'évolution des cours boursiers peut inciter les opérateurs à stocker ou à déstocker en fonction de la différence entre les flux de production et de consommation. Mais, les mécanismes d'allocation intertemporelle du produit et les relations entre cours au comptant et à terme dépendent des mécanismes et de la situation réelle du marché. Même si les disponibilités en produits et les incitations à stocker se traduisent par des relations entre cours sur les marchés à terme, la répartition du produit dans le temps reflète l'état d'approvisionnement du marché qui est étroitement lié à la dynamique de moyen terme du marché. En effet, au-delà des fluctuations de court terme, la dynamique de moyen terme est réelle et s'exprime notamment dans l'évolution des cours des marchés à terme.

Par conséquent, la conjoncture du marché d'une matière ne peut être appréhendée seulement à travers des phénomènes de court terme mais aussi dans une perspective de moyen-long terme au cours de laquelle se révèlent les mécanismes de marché. Le terme de conjoncture est donc à prendre au sens large. Dans ce cadre, la conjoncture d'une matière première désigne le mouvement et l'articulation des changements des facteurs et des mécanismes essentiellement sous le moyen-long terme. Elle se définit par le processus endogène d'interactions production-consommation-prix. En effet, les fluctuations des prix des matières premières résultent de ce processus endogène qui évolue à moyen-long terme et au cours duquel les réactions de la production et de la consommation se traduisent par des retards qui peuvent s'étendre de plusieurs mois à plusieurs années.

Les mécanismes de moyen-long terme se distinguent ainsi des phénomènes de court terme et permettent d'expliquer l'alternance de ces phases d'excédents et de pénurie ainsi que les fluctuations pluriannuelles assez prononcées des prix des matières premières. L'étude de ces fluctuations et l'explication de leurs mécanismes conduisent ainsi à délimiter l'horizon temporel sur la période du moyen-long terme qui est donc un horizon temporel suffisamment long pour que l'évolution de la différence consommation moins production et son interaction avec le prix puissent être analysées. Aussi, dans le cadre de notre recherche, le moyen terme correspond à une période au cours de laquelle se déclenche un processus endogène d'ajustement production-consommation-prix. Cette décomposition temporelle, même si elle peut paraître arbitraire, nous permet de mieux expliquer les mécanismes endogènes des marchés de matières premières et de montrer la convergence dans les évolutions des conjonctures de ces marchés ainsi que la dynamique spécifique de chaque marché.

Donc, la régulation d'un marché d'une matière première peut se traduire par des mécanismes qui ont tendance à favoriser, sur plusieurs années, l'ajustement de la production à la consommation par rapport à l'évolution du prix. Elle ne correspond pas nécessairement à une stabilité ou à une évolution régulière du marché mais souvent à un processus d'enchaînement de phases d'excédents et de pénurie. Même si tous les marchés ne réagissent pas de la même manière en raison des spécificités de chaque produit, ces mécanismes présentent des coïncidences dans les évolutions des conjonctures des marchés de matières premières. Les mécanismes cycliques endogènes résultent aussi de retards de réaction et de phénomènes de surréaction provoqués par les comportements des acteurs (producteurs, consommateurs et négociants). Ils débouchent sur des régimes de régulation et des formes d'organisation des marchés internationaux. Un régime de régulation résulte de la structure du marché, des comportements des producteurs et des consommateurs sur le marché international, de l'impact des chocs exogènes et des événements historiques. Les formes d'organisation dépendent de la mise en place des instruments servant à assurer l'ajustement entre la production et la consommation, à limiter une forte variabilité du prix à court ou moyen terme, à contingenter les exportations, etc.

En outre, les phénomènes cycliques de l'activité économique générale dans les principaux pays industrialisés se répercutent également sur la consommation de matières premières. En effet, l'évolution historique de l'activité économique générale dans les principaux pays industrialisés est jalonnée de phases de croissance économique et de récession. Les explications de ces phénomènes cycliques s'appuient principalement sur les fluctuations des variables macroéconomiques (Abraham-Frois et Berrebi, 1995)[1]. Dans leur analyse de la croissance du PIB notamment, Barro et Sala-i-Martin (1992)[2] montrent qu'il y a une convergence dans les évolutions de la plupart des économies particulièrement celles des pays industrialisés. La fixation de critères volontaristes de convergence des pays de l'Union Européenne pour aboutir à une monnaie unique (l'Euro) reflète aussi cette coïncidence dans les évolutions des économies des pays concernés.

La consommation des matières premières est étroitement liée au rythme de l'activité économique générale dans les principaux pays industrialisés (États-Unis, Union Européenne, Japon, Canada, notamment). Durant la période qui s'étend de 1945 à 1975 particulièrement, la plupart des pays industrialisés ont connu une croissance économique rapide généralement suivie par une forte consommation globale de matières premières. L'impact des deux chocs pétroliers des années 1970 ainsi que celui de la hausse des prix de nombreuses autres matières premières accompagnés par une inflation élevée dans plusieurs pays consommateurs se sont généralement traduits par des effets de substitution et le recours à d'autres produits de même usage ou une utilisation d'une quantité moindre de matière première grâce notamment à l'amélioration des procédés techniques de fabrication. De nombreux produits sont concurrents ou complémentaires comme le cuivre et l'aluminium, le plomb et le zinc, etc. Des interactions existent entre les marchés de matières premières et elles se reflètent, en particulier, dans les effets de substitution et/ou de complémentarités.

Par ailleurs, les explications des phénomènes cycliques de l'activité économique générale s'appuient parfois sur leur caractère historico-économique telle que la théorie de la régulation les présente[3].

---

[1] Abraham-Frois G., Berrebi E. (1995), *Instabilité, cycle, chaos*, Paris, Economica.

[2] Barro, R.J. ; Sala-i-Martin, X. (1992), « Convergence », *Journal of Political Economy*, vol. 100, n°2, p. 223-251.

[3] Boyer R., (1986), *Théorie de la régulation, une analyse critique*, Paris, Agalma-La Découverte.

Dans une analyse plus récente, Boyer (1995)[4] propose une taxinomie des mécanismes possibles de la convergence des nations. En réalité, même s'ils obéissent à des mécanismes différents, les cycles endogènes des marchés de matières premières et les cycles de l'activité économique générale se chevauchent. Ces phénomènes cycliques existent et ils peuvent être observés sur la plupart des marchés de matières premières. Ils résultent de mécanismes endogènes propres aux marchés ainsi que de l'impact de facteurs exogènes. Mais, ces phénomènes cycliques ne sont évidemment pas déterministes parce qu'ils obéissent à des mécanismes et à des facteurs de nature diverse. Ils sont inhérents à la matière première et dépendent des comportements des macro-acteurs (pays producteurs, pays consommateurs, négociants, firmes internationales). Cependant, il s'agit également de montrer si ces phénomènes entraînent des mécanismes répétitifs et de présenter les lois tendancielles sous-jacentes. Même si tous les marchés ne réagissent pas de la même manière en raison des spécificités de chaque produit, ces mécanismes débouchent sur des coïncidences dans les évolutions des conjonctures des marchés de matières premières.

Pour montrer l'existence des mécanismes endogènes propres aux marchés de matières premières, il s'agit d'abord de répondre à la question de savoir s'il existe des réactions décalées entre production, consommation et prix. Par conséquent, la notion de conjoncture prise au sens large débouche nécessairement sur une analyse des mécanismes d'interaction production-consommation-prix à moyen terme et conduit à pratiquer des tests économétriques permettant de montrer ces réactions décalées. Ces tests s'appuient sur les évolutions de la production, de la consommation et du prix d'un échantillon de 10 matières premières qui couvrent des produits agricoles pérennes et annuels (café, cacao, caoutchouc, coton) ainsi que les grands produits miniers (aluminium, cuivre, étain, nickel, plomb, zinc). Les données de la production et de la consommation sont annuelles. Les séries de prix sont tant annuelles que mensuelles et expri-

---

4 Boyer R., (1995), « Nouveaux regards sur la théorie de la convergence : un processus de globalisation mais encore le siècle des nations », *Problèmes économiques*, n°2, 415-2.416, mars, p. 74-79.

mées en dollars constants déflatés par l'indice *MUV*[5] de la Banque Mondiale. Tous produits confondus, les statistiques proviennent essentiellement des annuaires et des bulletins mensuels ou trimestriels de la CNUCED, de la FAO, de la Banque Mondiale et de Metaleurop. Les tests pratiqués sur des séries préalablement stationnarisées mettent en évidence des interactions entre la différence consommation moins production et l'évolution du prix d'une matière première. Ils portent sur la recherche de relations de causalité instantanée et décalée au sens de Granger (1969)[6] entre consommation moins production et prix. Les interactions qui peuvent être décelées par ces tests indiquent s'il existe des réactions retardées entre ces variables et permettent d'estimer leurs retards. Les tests de causalité sont ensuite complétés par des tests de cointégration permettant de détecter des relations de long terme entre les variables. Les tests de cointégration montrent quelles sont les interactions entre les marchés de matières premières d'une part, et entre les marchés de matières premières et le rythme de l'activité économique générale dans les principaux pays industrialisés, d'autre part. Ils conduisent ainsi à montrer quels sont les facteurs globaux communs et les mécanismes qui favorisent une coïncidence dans l'évolution des conjonctures des différents marchés de matières premières.

Le plan de cet ouvrage s'articule en deux parties. La première partie porte sur les phénomènes endogènes des marchés de matières premières qui définissent la conjoncture. Elle s'appuie aussi sur les outils qui permettent de répondre aux questions concernant les types de mécanismes de marché en cause et les relations entre marchés de matières premières. Les interactions entre la production, la consommation et le prix déterminent les types de mécanismes de marché à court et moyen-long terme. Elles indiquent également les spécificités de chaque produit. L'analyse des séries de production, de consommation

---

[5] *MUV : Manufacturing Unit Value Index*, (Commodity Trade and Price Trends, World Bank-John Hopkins University Press, 1993).

[6] Granger C.W.J. (1969), « Investigating Causal Relations by Econometric Models and Cross-Spectral Methods », *Econometrica*, vol.37, p. 424-438.

et de prix sur plusieurs dizaines d'années permet de montrer quels sont les phénomènes de simultanéité ou d'autonomie dans les évolutions des conjonctures des marchés internationaux de matières premières. La deuxième partie analyse les facteurs globaux communs qui favorisent la convergence ou la divergence des conjonctures des marchés internationaux de matières premières. Les deux chocs pétroliers des années 1970 ont mis en évidence l'importance stratégique des matières premières dans les économies tant des grands pays industrialisés que des pays en développement producteurs. En effet, la consommation de matières premières dépend étroitement du rythme de l'activité économique générale dans les pays développés. Or, durant les années 1980, la plupart des pays industrialisés ont connu une récession économique alors que, depuis le début des années 1990, un certain nombre d'entre eux (États-Unis, Grande-Bretagne, notamment) ainsi que des pays asiatiques comme la Chine, la Corée du Sud ou Taiwan ont bénéficié d'une croissance économique rapide. Concernant les pays en développement producteurs, leur histoire est marquée par des vagues d'investissement en capacités de production et un recours fréquent à l'emprunt international, particulièrement durant les années 1970, alors que, pendant les années 1980, plusieurs d'entre eux se sont retrouvés avec un niveau élevé d'endettement. Cette vague d'investissement en capacités de production était fondée sur des prévisions optimistes que la hausse des prix des matières premières allait durer plusieurs années. En outre, les marchés internationaux de matières premières ont subi de grands bouleversements notamment une désintégration verticale et connaissent depuis ces deux dernières décennies une tendance à la libéralisation des filières de commercialisation. L'ensemble de ces facteurs globaux favorise la coïncidence dans l'évolution de la plupart des marchés internationaux de matières premières.

PREMIERE PARTIE

LES MECANISMES ENDOGENES DES MARCHES DE MATIERES PREMIERES

CHAPITRE 1

CONJONCTURE ET STRUCTURE DU MARCHE INTERNATIONAL D'UNE MATIERE PREMIERE

L'évolution des prix internationaux des matières premières est souvent expliquée par des facteurs multiples et hétérogènes relevant de phénomènes spéculatifs, de conditions de production et de consommation, de fluctuations monétaires, de niveau d'activité économique générale dans les pays développés, de situations politiques et sociales dans les pays en développement producteurs, etc. Aussi, les fluctuations des prix internationaux de matières premières donnent-elles l'impression de suivre une évolution aléatoire. Or, il s'agit de distinguer les phénomènes de court terme des mécanismes de moyen-long terme qui permettent d'expliquer l'enchaînement des phases d'excédents et de pénurie sur les marchés internationaux de matières premières.

Ce premier chapitre aborde la conjoncture du marché international d'une matière première et le problème de la distinction entre les différents horizons temporels. Ainsi, la notion de conjoncture doit être prise dans son sens le plus large en tenant compte autant des phénomènes de court terme que des mécanismes de moyen-long terme du marché d'une matière première. Une première section (1.1.) analyse la dynamique d'une filière d'une matière première et de son économie; elle examine les modalités de commercialisation et de fixation des prix. Elle montre que la commercialisation et la fixation des prix dépendent des spécificités de chaque matière première. Cependant, les phénomènes d'arbitrage ont tendance à entraîner un processus d'homogénéisation des prix sur le marché international de chaque matière première.

La deuxième section (1.2.) définit le concept de conjoncture en posant le problème de la détermination de l'horizon temporel. Elle conduit à préciser les notions d'offre et de production, de demande et de consommation abordant ainsi les mécanismes d'ajustement sous-jacents. Elle permet de marquer la différence entre la variabilité et la tendance dans une analyse de moyen-long terme et de délimiter le champ d'analyse aux mécanismes endogènes du marché d'une matière première. Mais, la dynamique de moyen terme du marché dépend des comportements des acteurs du marché et de l'économie du produit. La troisième section (1.3.) définit la notion de structure de marché qui permet d'analyser l'évolution du marché d'une matière première non seulement en termes de mécanismes d'interaction production-consommation-prix mais également en termes de stratégies et de comportements des acteurs. Les définitions de marché, de conjoncture et de structure du marché d'une matière première posent le cadre d'analyse et permettent de s'intéresser aux mécanismes d'interaction production-consommation-prix et de montrer les phénomènes de convergence ou d'autonomie dans les évolutions des conjonctures des marchés de matières premières.

1.1. DEFINITION DU MARCHE D'UNE MATIERE PREMIERE

Le marché d'une matière première implique d'abord de se situer dans une perspective dynamique et d'analyser la filière du produit qui est constituée de différentes étapes de production, de transformation, de stockage, et de commercialisation. Cependant, la filière d'une matière première dépend des caractéristiques de la matière première ainsi que des conditions de sa production et de sa consommation (*1.1.1.*). La commercialisation d'une matière première se réalise généralement au niveau international où se fixent les prix selon des règles concurrentielles ou selon des dispositions spécifiques aux marchés (*1.1.2.*). Une circulation plus rapide l'information, grâce à l'amélioration des moyens de communication, favorise l'élargissement du marché international d'une matière première et entraîne des phénomènes de mondialisation et de globalisation qui se répercutent sur l'évolution des prix (*1.1.3.*).

1.1.1. Filière d'une matière première

Le marché d'une matière première signifie, en particulier, qu'il existe une filière de production, de transformation et de commercialisation qui évolue sur une dimension nationale et internationale. En outre, les conditions de production et de commercialisation de la matière première entraînent différentes formes de commerce et de marchés. Mais, la notion de matière première doit d'abord être précisée par rapport à d'autres notions qui lui sont souvent associées telles que les ressources naturelles, les produits de base et les « *commodities* » (A) ainsi que par rapport aux conditions de sa production, sa consommation et de sa commercialisation, c'est-à-dire de son économie (B).

A. Définition d'une matière première

Ressource naturelle, matière première, produit de base et « *commodities* » sont des notions qui sont parfois indistinctement utilisées. Les ressources naturelles sont des moyens disponibles dans la nature (atmosphère, sol, sous-sol, masses d'eau, espèces vivantes) dont certains servent à la satisfaction des besoins. Leur disponibilité est variable selon les efforts à mettre en œuvre pour les obtenir et les utiliser. Lorsqu'une ressource naturelle fait l'objet d'une exploitation et d'un traitement, elle constitue une matière première pour l'activité économique.

De même, les ressources peuvent être épuisables ou non-épuisables par l'intérêt économique qu'elles représentent et par le niveau des stocks naturels disponibles. Une ressource est dite renouvelable si ses réserves naturelles peuvent être reconstituées sinon un risque sérieux d'épuisement peut se poser.

Cette question s'est posée avec une telle acuité dans le cadre de l'activité économique générale qu'elle a suscité, dans les années 1970, un rapport du Club de Rome destiné à éclaircir les problèmes posés par les risques de pénurie de matières premières. Ce rapport conclue qu'un taux de croissance économique rapide débouche sur l'épuisement possible de certaines ressources naturelles et sur des problèmes d'environnement[1]. Les contraintes écologiques déterminent le rythme de reconstitution des réserves renouvelables et conduisent à prendre en compte les possibilités de recyclage, surtout pour les métaux. La récupération et le recyclage des métaux se justifient par rapport aux coûts relatifs. D'autre part, les contraintes d'environnement dépendent également du degré d'exploitation des ressources non-renouvelables et de leur allocation intertemporelle. Si ce degré d'exploitation est élevé, il risque de conduire rapidement à l'épuisement de la ressource naturelle et à des problèmes de pollution aggravée comme dans le cas de la consommation de pétrole tant dans le secteur des industries pétrochimiques que dans l'usage des véhicules de transports.

Une matière première peut faire l'objet, dans le pays producteur, d'un conditionnement ou d'un traitement en vue de son exportation. Lorsqu'il s'agit d'une ressource extraite d'un gisement minier, la matière première représente un minerai ou un produit raffiné (cuivre, aluminium, etc.). En revanche, un produit semi-fini ou fini issu d'un traitement qui a sensiblement transformé les caractéristiques techniques de la ressource naturelle (produits d'emballages métalliques, par exemple) ne peut plus être désigné comme matière première. En ce qui concerne les produits agricoles consommés sans transformation, certains ne sont pas considérés comme matières premières comme les légumes ou les salades alors que d'autres le sont en raison d'importants échanges internationaux (bananes, oranges, ananas, etc.).

Ainsi, la notion de matière première peut recouvrir un sens large et se présenter comme une ressource naturelle qui a été traitée en vue de satisfaire des besoins de consommation.

---

[1] Meadows D.H. *et al.* (1972), *The limits of Growth*, New York, Universal Books.

Une ressource naturelle rendue disponible et utilisable directement ou indirectement devient donc une matière première dotée d'une valeur économique et caractérisée par des phénomènes de rareté. Au sens strict, une matière première peut désigner une matière première industrielle utilisée, par l'industrie, dans la production d'un bien de consommation finale. Les produits agricoles occupent une place particulière selon cette classification. En effet, les nomenclatures statistiques présentent plusieurs classification et la plus connue est la Classification Type pour le Commerce International (CTCI) ou *Standard International Trade Classification (SITC)*. Une classification plus large identifie aussi les matières premières comme étant des produits agricoles issus de l'agriculture, de l'élevage, de la pêche, de la chasse, et inclue les combustibles.

D'autre part, la matière première peut se présenter sous différentes formes selon les étapes de la transformation de la ressource naturelle et en fonction des contraintes de production et de transport. Les métaux, par exemple, peuvent être considérés comme des matières premières aux différents stades de leur transformation sous forme de minerai brut, de métal fondu ou raffiné. Dans le domaine agricole, les grains de café verts ou torréfiés et le sucre, par exemple, sont considérés comme des matières premières. La matière première devient un produit semi-fini lorsque la ressource naturelle subit des transformations techniques sensibles.

Quant à la catégorie des produits de base, elle est liée aux conditions du commerce international et la définition en a été donnée dans la Charte de La Havane de 1948 qui précise qu'un produit de base est « tout produit de l'agriculture, des forêts, de la pêche et tout minéral, que ce produit soit sous sa forme naturelle ou qu'il ait subi la transformation qu'exige communément la vente en quantités importantes sur le marché international ». Cette Charte introduit également les principes du commerce international des matières premières et propose des mécanismes de régulation de leurs marchés[2]. Selon cette définition, la catégorie des produits de base ne recoupe pas exactement celle des

---

[2] Maizels A., (1992), *Commodities in Crisis*, Clarendon Press, Oxford, p. 102-105.

matières premières. Mais, les expressions « produits de base » et « matières premières » sont fréquemment considérées comme synonymes dans le langage courant. Aussi, afin de rendre les explications plus simples, ces deux expressions seront utilisées indifféremment tout au long de cette recherche.

L'usage de l'expression anglaise « *commodities* » se réfère plutôt aux marchés boursiers et désigne les produits qui sont commercialisés sur les marchés organisés (marchés à terme, marchés dérivés de contrats à terme ou d'options négociables). Aussi, la gamme des produits échangés sur les marchés organisés s'est très largement étendue jusqu'à déborder la catégorie des matières premières qui sont parfois distinguées par « *primary commodities* » par rapport à « *financial commodities* ». Elle porte ainsi sur des produits transformés et sur des produits financiers. Cependant, la définition de « *primary commodities* » reste assez vague et elle porte plutôt sur la nature de la relation entre le fournisseur et le client qui débouche sur la notion de « *commodities* » où le critère de prix a une grande importance[3]. Les écarts de prix traduisant les différences entre les qualités sont déterminés par les marchés de la même manière que le prix de la qualité standard.

Les variations des prix des matières premières sont généralement plus fortes que celles des produits transformés dans le court terme et dans le moyen terme. Lorsqu'il s'agit de cours cotés sur des Bourses disposant de marchés à terme, leur variabilité est particulièrement élevée et leur évolution présente une allure saccadée et instable. Mais, au-delà des phénomènes de court terme, le marché international d'une matière première connaît des fluctuations pluriannuelles des prix qui se traduisent généralement par une succession de phases d'excédents et de pénurie. Par conséquent, nous aurons à nous demander, tout au long de cet ouvrage, quels sont les mécanismes de détermination des prix sur les marchés internationaux de matières premières et quels sont facteurs qui influencent leurs niveaux et leurs évolutions.

---

[3] Giraud P.-N., (1989), *L'économie mondiale des matières premières*, Paris, La Découverte, « Repères », p. 6-7.

Les analyses anglo-saxonnes distinguent quatre catégories de « *primary commodities* »[4] : les produits agricoles alimentaires ou « *agricultural food products* » (par exemple, céréales, café, cacao, thé, fruits et légumes, matières grasses et huiles), les matières premières agricoles ou « *agricultural raw materials* » (par exemple, coton, jute, caoutchouc, tabac, bois tropical), les métaux et minéraux (par exemple, cuivre, étain, aluminium, bauxite), et les produits énergétiques (par exemple, pétrole et produits pétroliers, gaz naturel). En classant les matières premières en quatre catégories, Labys (1987) distingue les matières premières à offre régulière, tels que les produits miniers ou forestiers, celles dont l'offre varie annuellement, tels que les produits céréaliers ou les végétaux, celles qui sont de cultures pérennes, tels que le café ou le cacao et celles dont l'offre évolue de manière cyclique, tel que le bétail.

Les matières premières peuvent également être classées en deux grandes catégories: les produits minéraux solides et fluides d'une part, les produits agricoles de cultures pérennes et annuelles, d'autre part. Finalement, dans la mesure où de nombreuses analyses se recoupent, c'est la classification en quatre grandes catégories de produits qui parait la plus commode et qui est retenue pour cette recherche. Cette classification nous permet de s'interroger sur la dimension de l'horizon temporel sous lequel peuvent agir les mécanismes des marchés de matières premières et de voir quelles sont les caractéristiques de leurs évolutions. Hormis les produits agricoles tropicaux qui demandent des conditions climatiques spécifiques (café, cacao, huiles de palmes, noix de coco, caoutchouc), de nombreuses matières premières sont produites et consommées dans la plupart des pays. Cependant, les pays industrialisés constituent encore le marché principal des matières premières bien que, ces dernières années, les pays en développement ont occupé une part croissante de ce marché. La perception traditionnelle du « Nord » comme acheteur de matières premières et du « Sud » comme producteur est de moins en moins conforme à la réalité

[4] Labys W.C., (1987), *Primary Commodity Markets and Models*, Aldershot, Gower, p. 2.

en raison de la croissance rapide du commerce « Sud-Sud » de matières premières.

Des revenus *per capita* en augmentation et une industrialisation relativement rapide dans certains pays en développement sont les principaux facteurs qui ont modifié la structure traditionnelle du commerce. En effet, les nouveaux pays industrialisés surtout asiatiques (Corée du sud, Chine, Taiwan, Hong Kong, Singapour) ont fortement augmenté leur demande de matières premières. Par exemple, en 1993, en ce qui concerne les produits miniers, la Corée du Sud était 6ème importateur mondial d'étain et de manganèse, Hong Kong 7e importateur d'étain et 9e importateur de nickel[5]. Bien que les pays industrialisés dominent la production de certaines matières premières (céréales, sucre, soja), ils dépendent beaucoup des réserves des produits minéraux des pays en développement. En raison de l'importance primordiale de ces matières premières dans la production de biens industriels vitaux, plusieurs pays industrialisés gardent des stocks stratégiques dans le but de sécuriser leurs approvisionnements. La crise pétrolière des années 1970 a augmenté la prise de conscience d'une dépendance globale qui pèse, dans une large mesure, sur le marché international des matières premières.

B.- Filière et économie d'une matière première

Une matière première s'insère dans une filière qui est constituée d'étapes allant de l'exploitation à la mise sur le marché du produit transformé ou du produit final[6]. La filière d'une matière première peut être définie par une approche à la fois technico-économique et de commercialisation. La définition technico-économique présente les caractéristiques physiques et techniques de la matière première ainsi que les processus techniques de sa transformation. Au niveau micro-économique, cette approche suppose une évaluation des coûts propres à chaque étape et conduit à un prix de marché du produit transformé. Elle per-

---

[5] *Annuaire des produits de base*, CNUCED, 1995.

[6] Calabre S., (1996), *Filières nationales et marchés mondiaux de matières premières, veille stratégique et prospective*, Paris, Economica-PNUD.

met également de comparer les compétitivités relatives de différents processus de transformation entre producteurs et entre pays. Au niveau macro-économique, elle conduit à calculer la valeur ajoutée liée à chaque étape.

Une vision plus large de la filière que la dimension technico-économique conduit à envisager son fonctionnement dans un pays producteur et son insertion dans l'économie nationale. Le fonctionnement de la filière d'une matière première s'appuie sur une ensemble d'activités globales telles les moyens de communication, les circuits de financement, l'administration publique, la recherche scientifique, la fourniture d'intrants et d'équipements, etc. Une telle approche est parfois qualifiée de « méso-économique » parce qu'elle permet de se placer dans un champ intermédiaire entre la micro-économie et la macro-économie[7]. Elle conduit à l'analyse des stratégies et des décisions des agents pris individuellement et à celle des phénomènes qui relèvent de l'ensemble de l'économie. L'approche méso-économique peut recourir à l'analyse des échanges inter-industriels ou intersectoriels, à celle des répercussions des systèmes d'incitations sur la dynamique des filières ou celle des interactions des stratégies des différents acteurs, etc. L'organisation de la filière de commercialisation résulte du processus d'échanges ou des modalités de commerce dans le cadre d'une économie de marché. Ce processus d'échange, qui peut être plus ou moins long, est lié aux caractéristiques de la matière première, aux conditions de sa production et au degré d'intégration des étapes. La filière de commercialisation présente deux dimensions : nationale et internationale. La dimension internationale implique la circulation du produit entre plusieurs acteurs (producteurs, transformateurs, offices publics de commercialisation).

Les comportements de ces acteurs conduisent à une analyse de la dynamique du marché international d'un produit à trois niveaux. Au niveau micro-économique d'abord, les agents de la production, les intermédiaires des filières, les responsables des unités de transformation et les consommateurs finaux sont influencés par les différentes formes d'incitation dans leurs

---

[7] *Idem.*

décisions de produire ou de consommer (fiscalité, subventions, encadrement, prix du produit et prix des produits concurrents, possibilités techniques de substitution, etc.). Ce système d'incitations est largement déterminé par le comportement des macro-acteurs comme les Etats, les grandes firmes industrielles multinationales, les instances des accords internationaux, les grandes firmes de négoce international, etc. Au niveau macroéconomique, les stratégies de ces macro-acteurs déterminent les décisions portant sur la production, la consommation, les investissements et les stocks. Enfin, l'évolution du rapport entre la production et la consommation mondiales débouche sur une évolution pluriannuelle du prix international avec une tendance à une mondialisation des marchés de matières premières et à une homogénéisation des prix.

Mais, dans une perspective de moyen-long terme, l'évolution du prix d'une matière première dépend non seulement des offres et des demandes sur le marché international, des investissements et de l'évolution des capacités de production mais également de l'« économie » de cette matière première. En effet, la variation du prix international tient compte également de l'évolution de la production et de la consommation ainsi que des facteurs qui exercent une influence sur les coûts de production, sur les phénomènes de substitution, etc. Cette approche permet d'intégrer dans l'analyse, au-delà du seul rapport entre production et consommation, les conditions de la production et de la consommation de la matière première. L'analyse de la filière et de l'économie d'une matière première nous est particulièrement utile pour comprendre la dynamique des marchés et pour montrer éventuellement la convergence ou la divergence dans leurs évolutions dans une perspective de moyen-long terme.

1.1.2. Modalités du commerce international d'une matière première

Une matière première traverse différents stades d'échanges qui conduisent à s'interroger sur les modalités de commercialisation du produit (A). Pour de nombreux produits, il existe des marchés internationaux au sein desquels se confrontent les offres et les demandes débouchant sur une fixation de prix internationaux (B).

A.- Modalités de commercialisation et dimension du marché international d'une matière première

Un marché, lieu de confrontation des offres et des demandes, est défini par le produit sur lequel portent les échanges. Si cette matière première se présente sous des catégories ou des qualités différentes, le marché sera segmenté ou différencié et il peut alors exister plusieurs marchés de cette matière première. Bien qu'habituellement la matière première commercialisée soit considérée comme homogène, en réalité, son caractère généralement hétérogène explique la multiplicité des prix pratiqués sur son marché (sucre blanc ou roux ; métal de première fusion, métal secondaire, etc.).

Ces prix sont le plus souvent le résultat du libre jeu des négociations entre offreurs et demandeurs et reflètent des rapports de force. Ainsi, un marché est dit « libre » lorsque les mécanismes de confrontation entre les offres et les demandes jouent librement sans intervention extérieure d'une autorité administrative ou d'une institution gouvernementale. Cependant, cette notion de marché libre peut s'atténuer lorsque les mécanismes concurrentiels du marché sont plus ou moins bloqués et les prix fixés ou contenus dans une fourchette par un système de prix-producteur, par une concertation entre pays producteurs ou par l'intervention sur le marché d'institutions spécialisées comme un stock régulateur d'un organisme international. A la différence des prix administrés, les prix du marché libre, même lorsque leur variation est contenue dans une fourchette, continuent à refléter le jeu des confrontations d'offres et de demandes, à moyen-long terme.

Même si le marché d'une matière première peut avoir une dimension précise à travers le volume total des échanges, sa couverture géographique peut ne pas être complètement délimitée et peut parfois concerner un espace très large. Aussi, la totalité des échanges d'une matière première peut dessiner les contours d'un marché international ou mondial. Cependant, une partie des échanges peut se réaliser hors du marché, comme c'est le cas pour les transferts de produit entre les filiales d'une même entreprise, au sein d'une entreprise intégrée verticalement ou dans le cadre d'une économie planifiée.

Le marché international d'une matière première englobe les marchés domestiques, les marchés « disjoints » et le marché international *stricto sensu.* Les marchés « disjoints » sont des marchés où les échanges et la fixation des prix se réalisent selon des règles particulières et différentes du marché international proprement dit. Ils favorisent des flux commerciaux particuliers entre zones géographiques, des échanges dans des conditions préférentielles sur des marchés captifs, et des contrats à long terme à prix fixés, par exemple. Cependant, ils ne sont pas complètement déconnectés du marché international puisque leurs prix peuvent prendre en partie pour référence les prix internationaux. En outre, les acteurs de ces marchés s'approvisionnent ou commercialisent leurs excédents sur le marché international d'une part, et la dynamique de ces marchés reste parfois influencée par l'évolution des prix internationaux à moyen-long terme, d'autre part. Les prix qui sont étudiés dans ce livre sont annuels et résultent de la confrontation des offres et des demandes mondiales de matières premières. Leurs fluctuations sont pluriannuelles et reflètent l'évolution des marchés internationaux sur plusieurs dizaines d'années. Elles nous servent à montrer les similitudes ou les dynamiques propres dans l'évolution des conjonctures de ces marchés.

Le commerce international d'une matière première porte sur l'ensemble des échanges et sur les déplacements des produits d'un marché à un autre. Les principales formes du commerce international recouvrent les transactions débouchant sur des contrats à livraison immédiate ou à livraison différée et parfois elles portent sur des échanges physiques en Bourse. Les opérations commerciales sont également appelées opérations physiques et ces expressions sont parfois utilisées dans le cadre des opérations en Bourse ou du commerce hors-Bourse. Les contrats à livraison immédiate ou à livraison différée relèvent d'opérations commerciales hors-Bourse. Les contrats à livraison immédiate appelés *spot* ou *cash* portent sur un engagement du vendeur à livrer le produit le plus rapidement possible et sur un engagement de l'acheteur à en prendre livraison et à le payer dans les conditions prévues par le contrat. La livraison immédiate se réalise par un échange de documents entre l'acheteur et le vendeur. Les contrats à livraison différée appelés parfois « anticipées », « à terme » ou *forward* précisent la qualité et le volume du produit, la date future, le lieu et les conditions de livraison, les modalités d'arbitrage ou la juridiction compétente en cas de litige.

Le prix peut être fixé lors de la signature du contrat qui correspond alors à une livraison différée « à prix fixé », ou lors de la livraison selon des modalités de calcul fixées au départ et débouchant sur un contrat à livraison différée et à prix « à fixer ». Le calcul du prix se fera en fonction, par exemple, des cours boursiers sur un nombre donné de jours ouvrables précédant le jour de livraison ou sur une moyenne de cours boursiers sur une période donnée, etc. Les modalités de contrats peuvent porter sur une ou plusieurs livraisons programmées à des dates fixes. Lorsque la période du contrat couvre une année ou la dépasse, on parle parfois de contrat à moyen ou long terme.

En outre, les opérations à livraison différée et à prix fixé assurent tant au vendeur qu'à l'acheteur une protection contre le « risque de prix ». Mais, cette notion de risque de prix peut recouvrir plusieurs significations et être relativement subjective. Cependant, pour analyser les mécanismes de marché, il est utile de considérer que le risque de prix peut exister tant que le prix n'est pas fixé. D'une part, le risque de prix entraîne alors une réaction de « premier rang » qui peut pousser le vendeur à se couvrir contre une baisse de prix et l'acheteur contre une hausse de prix[8]. D'autre part, il provoque une réaction de « second rang » qui peut se traduire par une perte potentielle pour le vendeur lorsque le prix augmente dans la mesure où le prix du produit est déjà fixé. A l'inverse, lorsque le prix baisse, la réaction de « second rang » peut entraîner un gain potentiel pour le vendeur. Un contrat à prix fixé permet donc de se couvrir contre le risque d'une évolution défavorable du prix mais empêche de tirer profit d'une évolution favorable. Les contrats à livraison différée et à prix fixé procurent également au vendeur un dé-

---

[8] Calabre S., (1996), *op. cit.*

bouché sûr pour son produit et à l'acheteur une sécurité d'approvisionnement. Une autre forme du commerce international porte sur des transactions boursières qui représentent entre 1% et 10% seulement des produits livrés[9]. Ces transactions boursières se traduisent par des contrats à terme (*Futures Contracts*), des échanges au comptant et débouchant sur des livraisons effectives du produit (*Spot* ou *Physical Market*). Parfois, des échanges portent sur du physique de gré à gré (marché hors-cote ou *Over the Counter*).

B. Modalités de fixation des prix de référence internationaux

Les différentes dimensions économiques et spatiales possibles du marché international d'un produit posent la question de l'existence d'un ou plusieurs prix internationaux du produit que les principaux acteurs du commerce jugent assez significatifs pour les utiliser comme référence. Le prix international peut être le résultat des mécanismes de marché ou être imposé, même de manière temporaire, par des acteurs dominants. Certains marchés internationaux de « petits produits » ne disposent pas de véritables cours ou de prix de référence publiés. Les négociations de prix s'effectuent alors au coup par coup débouchant sur des formes de transactions marquées par une divergence selon les contrats et les régions. Il en est de même des prix non « standardisés » dont la diversité ou la multiplicité des catégories ainsi que la spécificité des utilisations exigent des négociations adaptées[10].

Les cours boursiers servent donc de référence au commerce international de produit mais également aux transactions commerciales domestiques dans les pays où le produit est consommé, soit par des industriels et transformateurs locaux soit par des transformateurs et industriels dans les pays consommateurs. Les prix à livraison différée et à prix fixé se négocient sur la base des cours des marchés à terme qui sont parfois utilisés dans les calculs de prix comme, par exemple, la moyen-

---

[9] Simon Y., (1986), *Bourses de commerce et marchés à terme de marchandises*, Paris, Dalloz, 3e édition, p. 2-10.
[10] Simon Y., (1986), *Idem*.

ne des cours sur une période donnée. Lorsqu'un marché international de produit dispose de plusieurs marchés à terme, certaines Bourses ont une envergure régionale, voire domestique (par exemple, le *CBOT* pour les céréales aux Etats-Unis) alors que d'autres ont une envergure quasiment mondiale ; mais souvent l'une d'entre elles joue un rôle dominant. Certains marchés à terme sont spécialisés par catégorie de produit et l'un d'entre eux peut jouer un rôle dominant pour chaque catégorie[11].

Quand il n'y a pas de marché à terme, les cours du produit peuvent être calculés par des agences spécialisées ou des organisations professionnelle en utilisant la moyenne des prix pratiqués dans le commerce international. Leur publication peut alors avoir une signification internationale et servir de référence dans les contrats entre les acteurs du commerce au niveau international. Souvent, ces cours ont une portée plutôt régionale ou locale et leur fixation dépend du pays, du port de débarquement ou du marché *spot* local. Ils coexistent fréquemment avec les cours boursiers qui les influencent directement.

Les dix produits utilisés dans cette étude disposent tous de marchés à terme où se fixent les cours de référence du commerce international. L'ensemble de ces produits fait l'objet d'échanges internationaux intenses et disposent de marchés avec une dimension internationale. Les principales places boursières où s'échangent ces produits et se fixent leurs prix de référence sont Londres, New York, Paris et Tokyo. Ces produits nous semblent représentatifs de l'ensemble des matières premières parce qu'ils portent sur des cultures annuelles et pérennes ainsi que sur les grands métaux. L'évolution de leurs prix de référence sur les marchés internationaux influence les décisions de produire et de consommer.

1.1.3. Globalisation et mondialisation du marché d'une matière première

L'évolution des modalités de commercialisation et d'échanges internationaux favorise une globalisation et une mondialisation

[11] Hersant C. ; Simon, Y., (1989), *Marchés à terme et options dans le monde*, Paris, Dalloz.

des marchés internationaux grâce à l'amélioration des techniques de communication, à une meilleure circulation de l'information et à des méthodes de gestion et de commercialisation de dimension mondiale. Cette mondialisation des marchés débouche notamment sur des phénomènes d'arbitrage qui ont tendance à déboucher sur un processus d'homogénéisation des prix internationaux.

A. Mondialisation croissante des marchés de matières premières et phénomènes d'arbitrage

Le volume des opérations commerciales qui se traitent au niveau international est de plus en plus important. En effet, pour les pays producteurs, l'espace des débouchés s'élargit et, pour les consommateurs, la zone des approvisionnements est plus vaste. Ainsi, les principaux acteurs du commerce de matières premières négocient au niveau international. Cette dynamique mondiale des marchés de matières premières est favorisée par l'amélioration croissante des moyens techniques de communication qui véhiculent les informations concernant les marchés d'une part, et par la multiplication des risques ainsi que la recherche du meilleur prix d'équilibre à travers les arbitrages entre marchés, d'autre part. Cette mondialisation croissante des marchés de produits se déroule parallèlement à l'évolution des mécanismes concurrentiels qui portent sur les différences de productivité et de compétitivité entre producteurs.

En outre, l'effondrement des régimes politiques des pays de l'ancien bloc de l'Est a également encouragé la mondialisation des marchés de produits par la disparition du COMECON et la fin des relations commerciales privilégiées avec certains pays producteurs du Sud. L'élargissement de l'Europe à 25 pays et l'ouverture des pays de l'ancien bloc de l'Est et de la Chine au commerce international contribue ainsi à étendre les dimensions des marchés internationaux de matières premières mais également à favoriser le libre jeu des mécanismes de marché (*cf.* analyse du chapitre 2).

Les progrès technologiques dans les communications, la rapidité de la circulation et du traitement de l'information, des techniques commerciales et des méthodes de gestion éprouvées ont permis une gestion commerciale de dimension mondiale. Les courtiers et les négociants ont donc la possibilité de gérer les approvisionnements de industriels au niveau mondial. Des comportements d'arbitrage entre les approvisionnements en provenance de tous les continents en découlent et un pays producteur ou une grande compagnie minière peut ainsi vendre son produit dans le monde entier grâce à des moyens de communication de plus en plus sophistiqués permettant d'être connecté aux places boursières de son choix et de connaître les cotations en temps réel. L'entrée de nouveaux producteurs sur le marché et leur multiplication élargit aussi l'espace géographique des échanges et la mondialisation des marchés.

Cependant, la configuration spatiale des échanges internationaux de produits dépend également des coûts de transports, des modes de règlement financier et des conditions commerciales spécifiques (zones commerciales, taxes douanières, relations privilégiées Union Européenne-ACP, accords de produits, etc.). De plus, la rigidité des relations commerciales tend à favoriser des canaux d'approvisionnements ou de débouchés qui sont spatialement privilégiés entre certaines zones géographiques. Ainsi, les ventes des pays producteurs africains sont plutôt destinées à l'Europe et les produits de l'Amérique Latine approvisionnent l'Amérique du Nord. Mais la limitation des risques en matière commerciale conduit à diversifier les sources d'approvisionnements et de débouchés par l'élargissement des réseaux commerciaux transcontinentaux.

La mondialisation des marchés de produits présente plusieurs caractéristiques importantes qui élargissent le cadre d'un marché international et favorisent les possibilités d'extension des échanges commerciaux. L'ensemble de ces comportements d'arbitrage occupe l'espace mondial du commerce international et participe à la dynamique des échanges internes dans les pays. D'autre part, les opérations d'arbitrage tendent à favoriser des rapprochements entre les conditions offertes dans les différentes régions, excepté les facteurs de différenciation qui touchent en particulier les spécificités des produits. Les prix évoluent alors dans une dynamique de convergence, c'est-à-dire qu'ils tendent à être calculés à partir des mêmes références disponibles au niveau mondial. Une grande partie des échanges domestiques sont marqués par cette dynamique mondiale et par cette tendance à l'homogénéisation. Les prix internationaux qui sont fixés en Bourse ou calculés par des agences spécialisées à partir des prix des contrats commerciaux servent de référence sur les marchés mondiaux de matières premières.

Enfin, la mondialisation découle également des comportements des acteurs de l'économie d'un produit (producteurs, consommateurs et utilisateurs) qui réagissent généralement aux fluctuations du prix de ce produit. Le renchérissement des prix de l'énergie des années 1970, par exemple, a entraîné une hausse des coûts de production de nombreuses entreprises minières, surtout dans les pays de l'OCDE[12], qui tiennent compte des prix fixés sur le marché international. Même dans les pays de l'Europe de l'Est, les producteurs et les exportateurs réagissent aux prix internationaux même si, parfois, ils se comportent en pays « soldeurs » et bradent leurs produits en raison de besoins pressants de liquidités.

La dynamique concurrentielle des marchés a donc favorisé un élargissement progressif de l'espace géographique et étendu le champ des mécanismes d'ajustement entre la production et la consommation par rapport à l'évolution du prix. Ces mécanismes d'ajustement se réalisent à des niveaux de plus en plus larges. Ils tendent ainsi à homogénéiser les prix pratiqués sur les marchés internationaux dans la mesure où ils sont négociés à partir des mêmes cours de référence. En ce qui concerne les produits que nous avons étudiés dans cet ouvrage, les cours de référence sont principalement ceux des places boursières de Londres et de New York qui guident les décisions des opérateurs.

Les termes de *globalization* (anglais) et de mondialisation (traduction de *globalization*) peuvent se présenter comme deux synonymes. La dynamique de la globalisation se rattache surtout aux marchés financiers dans lesquels elle a été analysée depuis de nombreuses années. Aussi, la globalisation d'un mar-

---

[12] Durand M. ; Blöndal S., (1991), "Are Commodity Prices Leading Indicators of OECD prices ?", in Guvenen O.; Labys W.C.; Lesourd, J.B. (Eds.), *International Commodity Market Models*, Chapman Hall, p. 305-321.

ché de matière première comporte-elle des caractéristiques qu'il convient de préciser. Elle peut conduire, par exemple, à des flux de capitaux et à leur déplacement de pays en pays en fonction de la rentabilité relative des placements financiers à court et moyen terme.

Lorsque la matière première est cotée sur plusieurs marchés à terme comme ceux de Londres et de New York (café, cacao, cuivre, par exemple), les flux de capitaux entrent dans le cadre d'opérations d'arbitrages entre les places boursières et tendent à homogénéiser les différents cours. Si un mouvement spéculatif ou une variation brutale d'un cours se déclenche sur un marché à terme, il provoque très rapidement des répercussions sur les autres marchés à terme. Des opérations de stockage de grande envergure du produit pour des motifs de spéculation et des comportements d'anticipation influencent le marché dans sa dimension globale. Donc, les fluctuations de cours et les phénomènes spéculatifs agissent, par des effets de contagion, sur l'ensemble du marché d'un produit. Par ailleurs, les flux de ces capitaux suivent une logique d'arbitrage entre différents types de placements qui peuvent concerner notamment plusieurs marchés de produits. Lorsqu'une grande perturbation telle qu'une importante opération de stockage, touche un marché de matière première, elle se répercute parfois sur les autres marchés de matières premières. La portée temporelle de ces phénomènes de contagion par rapport à l'importance des facteurs fondamentaux conduit à une analyse de moyen terme des conjonctures des marchés de matières premières.

B. Processus d'homogénéisation des prix des matières premières

Au niveau international, les opérations d'arbitrage entre les marchés et entre les macro-acteurs débouchent sur une tendance à l'homogénéisation des prix des matières premières. En effet, la négociation des prix sur les marchés boursiers et entre partenaires commerciaux conduit à comparer les différents prix et favorise un processus d'alignement sur un prix moyen qui rapproche les principales cotations. Ce processus se traduit par le choix que font les acheteurs entre diverses sources d'approvisionnements et les vendeurs entre différents débouchés[13]. La multiplicité du nombre de courtiers et de négociants permettent à des consommateurs ou utilisateurs de s'approvisionner dans de nombreux pays et continents. La dimension du marché s'étend donc au monde entier et les déplacements des offres et des demandes tendent à rapprocher les prix parce que les opérateurs commerciaux comparent les prix internationaux grâce à une circulation plus rapide de l'information.

Cependant, la tendance à l'homogénéisation des prix sur les marchés internationaux de matières premières peut présenter des caractéristiques de divergence en raison de la prise en compte des coûts de transports, des différences de qualité, de catégorie ou d'origine du produit, du niveau de compétitivité économique des concurrents. D'autres facteurs peuvent impulser un mouvement de divergence des prix comme les mouvements spéculatifs, l'impact de l'évolution des taux de change et des anticipations de change sur les décisions des opérateurs, les états d'approvisionnement des marchés locaux, la dynamique des échanges, les mouvements de stocks, etc. Les cours fixés sur les marchés à terme ayant une dimension internationale jouent généralement un rôle directeur. Cette dimension mondiale d'un marché à terme se traduit par une hiérarchisation des Bourses qui conservent, au niveau local, une dynamique propre. Le rôle dominant d'une Bourse sur le marché international s'insère dans un réseau d'interdépendances dû aux opérations d'arbitrages et aux comportements des opérateurs sur le reste du marché international.

En effet, leurs décisions de vendre ou d'acheter dépendent de la comparaison qu'ils font entre les cours boursiers et les prix pratiqués ailleurs. Les comportements d'arbitrage poussent l'offre à se porter sur le marché qui tend à devenir relativement plus cher et la demande sur celui qui tend à devenir le moins cher. Les écarts entre les prix tendent ainsi à se réduire. Les opérations d'arbitrage peuvent également intervenir entre plusieurs places boursières. Lorsqu'un prix d'un produit se trouve en position dominante par rapport aux prix d'un autre produit, il favorise une tendance à l'homogénéisation de l'en-

[13] Simon Y., (1986), *op. cit.*, p. 215-225.

semble des prix. Quand le prix est contrôlé sur un important segment du marché par un système de prix-producteur ou par une action collusoire de producteurs suite à une domination du marché par un oligopsone, les autres prix ont tendance à se rapprocher du prix directeur. Ce mouvement d'homogénéisation et de convergence des différents prix agit parallèlement à l'internationalisation des échanges et à la mondialisation du marché de produit. Il se fonde donc sur ces interdépendances entre les cours au comptant, à terme rapproché ou à terme plus éloigné. Elle se traduit ainsi par un rapprochement des prix des matières premières de place à place et finalement sur le marché international.

La configuration de la filière d'une matière première et les différents stades d'échanges qu'elle implique ont montré qu'il existe un marché international avec une confrontation de l'offre et de la demande conduisant à une détermination de prix. Ainsi, la plupart des matières premières disposent de marchés internationaux sur lesquels des mécanismes d'offre et de demande débouchent sur la fixation d'un prix international. Lorsque la matière première bénéficie d'un marché à terme[14], les cours boursiers participent, à travers des phénomènes d'arbitrage entre marchés, à un processus d'homogénéisation des prix, dans le cadre d'une dynamique de mondialisation et de globalisation des marchés.

1.2. DEFINITION DE LA CONJONCTURE DU MARCHE D'UNE MATIERE PREMIERE

La définition de la conjoncture du marché d'une matière première conduit à s'intéresser aux mécanismes de son marché et à préciser les différentes variables qui participent à sa dynamique (*1.2.1.*). D'un point de vue méthodologique, cette définition nécessite de distinguer différents horizons temporels et de définir les notions d'offre et production, de demande et consommation qui sont parfois confondues. L'existence des stocks pèse sur les conjonctures des marchés et pose le problème de leur

---

[14] Simon Y., (1986), *op. cit.*, p. 145-164.

influence à court ou à moyen terme. Le processus d'ajus-tement entre la production et la consommation conduit à des incitations au stockage (*1.2.2.*).

Le clivage court-moyen terme entraîne des phénomènes spécifiques aux catégories de produits relevant en particulier de la vitesse de réaction de la production et des capacités de production (*1.2.3.*). Cependant, la distinction entre variabilité et tendance montre que les réactions de court terme sont différentes de celles qui se produisent à moyen-long terme sous lequel agissent des mécanismes endogènes qui permettent d'expliquer la dynamique des marchés sur plusieurs dizaines d'années (*1.2.4.*).

1.2.1.– Décomposition temporelle et mécanismes de marché d'une matière première

L'évolution des prix présente des variations irrégulières de courte durée qui se superposent sur des fluctuations plus importantes et qui s'étendent de quelques mois à plusieurs années et laissent apparaître ainsi des vagues pluriannuelles[15]. L'explication de ces variations de prix reste délicate et permet de s'interroger si les vagues pluriannuelles résultent simplement de l'accumulation des fluctuations courtes et irrégulières des prix ou si elles proviennent de forces et de mécanismes spécifiques. En d'autres termes, la détermination des différents horizons temporels doit permettre de définir et d'analyser la conjoncture du marché d'une matière première (A). De même, la compréhension des mécanismes du marché conduit à distinguer entre l'offre et la production, la demande et la consommation (B).

A.- Dimension de l'horizon temporel

La conjoncture du marché de produit est analysée le plus souvent en mettant au même niveau des causes qui relèvent de forces et de mécanismes différents parce qu'ils sont liés à des horizons temporels distincts. Ainsi, les mouvements de stocks et les phénomènes d'anticipation se déroulent plutôt à court

---

[15] Calabre S., (1990), *L'évolution des prix des produits de base*, Paris, Economica. Une grande partie de cette sous-section s'inspire de ce livre.

terme, c'est-à-dire une période qui va de quelques jours à un nombre limité de mois. Par contre, les modifications du rapport entre la production et la consommation en réaction aux fluctuations des prix ainsi que l'évolution des capacités de production se déroulent sous le moyen terme qui s'étend de quelques mois à plusieurs années.

La comparaison de la production et de la consommation ne peut s'effectuer que sous un horizon temporel suffisamment long pour refléter les ajustements de ces deux variables par rapport à l'évolution des prix[16]. Elles ne peuvent être comparées qu'à l'échelle du moyen terme, parfois au delà d'une année. Sur une courte période, quelques jours ou même un mois, la quantité produite n'a pratiquement aucune incidence sur la quantité consommée. En effet, la production du mois courant ne sera pas consommée immédiatement mais plusieurs mois plus tard. Le produit ne parvient au consommateur qu'après plusieurs phases de transport, de stockage et de transformation. Le moyen terme est un horizon temporel suffisamment long pour permettre aux quantités produites d'être transmises aux consommateurs et de fixer le niveau de satisfaction de la demande en laissant apparaître un équilibre, un excédent ou une pénurie. Le produit passe nécessairement par un enchaînement de phases de transport, de stockage et de transformation. Le produit parcourt un circuit de plusieurs mois pendant lesquels il sera stocké chez les producteurs (exportateurs, Etats), les intermédiaires (opérateurs boursiers, négociants, organismes internationaux), les transformateurs ou les industriels. La période pendant laquelle le produit se déplace du producteur au consommateur-utilisateur retarde sensiblement les répercussions de toute modification de la production sur la consommation et réciproquement.

Selon ce mécanisme, un supplément de production, par exemple, prendra plusieurs mois pour arriver chez le consommateur-utilisateur. De même, un surcroît de consommation sera immédiatement approvisionné par les stocks disponibles chez les intermédiaires avant de se répercuter sur la production successivement par un accroissement de la production et plus tard par une extension des capacités de production. Un écart entre la

---

16 Calabre S., (1990), *op. cit.*

production et la consommation se traduit soit par une pénurie lorsque les disponibilités du produit sur le marché sont inférieures à la demande de consommation soit par une surproduction quand les quantités de produit sont supérieures aux besoins du marché. En outre, à moyen terme, un marché ne se trouve pas toujours en situation d'équilibre en raison des retards de réaction entre la production et la consommation (*cf.* chapitre 3, section 2). Un ajustement entre les volumes de production, de consommation et de stocks ne peut se réaliser à court terme. Ainsi, la production ne s'ajuste à la consommation par rapport aux fluctuations des prix que sous un horizon temporel de moyen terme et avec des phénomènes de retard de réaction.

L'influence de l'évolution du rapport de la production et de la consommation sur l'évolution du prix du produit ne peut se manifester qu'à moyen terme. Le produit subit une succession de phases de stockage et transformation. Il passe des producteurs aux intermédiaires et aux transformateurs circulant ainsi pendant plusieurs mois. Ce parcours jalonné d'étapes intermédiaires retarde sensiblement les effets, à l'autre bout du processus, d'une modification du volume de la production ou de la consommation.

Une consommation supplémentaire sera d'abord progressivement satisfaite par les stocks prélevés chez les intermédiaires avant qu'elle n'entraîne directement un accroissement de la production. Les déséquilibres entre la production et la consommation ne peuvent donc apparaître sur le marché qu'après plusieurs mois. Ainsi, l'évolution du rapport entre production et consommation n'aura des répercussions sur les prix que sous un horizon temporel de moyen terme. Le court terme correspond à une période trop brève pour que les modifications du rapport entre production et consommation puissent se manifester et exercer des effets sur l'évolution du prix.

B. Distinction entre offre et production, demande et consommation

Le marché d'une matière première est un lieu où se confrontent les offres et les demandes de produit. Mais le prix du marché résulte également des fluctuations de la production, de la consommation et des stocks. Cependant, la compréhension de la dynamique du marché d'une matière première nécessite d'abord de préciser les notions d'offre, de demande, de production, de consommation, de stocks et de prix. En effet, la production peut, parfois, être considérée comme équivalente à l'offre et la consommation utilisée comme synonyme de demande. L'ambiguïté éventuelle de ces termes entraîne une confusion du rôle des prix et des stocks, d'une part, et ne facilite pas la compréhension des mécanismes de marché, d'autre part. Elle peut conduire ainsi à une confusion entre leurs processus d'ajustement respectifs. L'analyse de la formation et de l'évolution des prix des matières premières deviendrait plus difficile.

L'offre correspond à la quantité de produit qui est proposée à la vente sur un marché, c'est-à-dire, mise à la disposition des acheteurs. Les quantités du produit détenues par l'ensemble de ces acteurs constituent donc l'offre totale d'un produit sur le marché au cours d'une année donnée. A court terme, la production réalisée, par exemple au cours du mois, n'est pas mise sur le marché au cours du même mois. La production agricole courante également ne parvient sur le marché et finalement au consommateur que plusieurs mois après sa réalisation. Par exemple, la production mondiale de café obtenue en novembre n'est pas mise sur le marché immédiatement. Le produit subit une succession de phases de conditionnement, de transformation et de stockage qui peuvent durer plusieurs mois. Le niveau de l'offre c'est-à-dire la quantité de production offerte sur le marché dépend du prix sur ce marché. Aussi, l'offre est la quantité de produit que les producteurs et les négociants mettent à la vente sur le marché à un prix donné. La demande est la quantité de produit que les consommateurs et les utilisateurs souhaitent acheter à un prix donné.

Au sens statistique, il est important de savoir quel est le rôle de l'offre et de la demande dans la détermination du prix de marché. Si le prix d'aujourd'hui est le résultat des intentions d'offre et de demande du jour, l'influence du rapport entre production et consommation totales sur le prix fait intervenir d'autres facteurs et d'autres mécanismes. La production et la consommation d'une matière première représentent des flux, c'est-à-dire des quantités produites ou des quantités consommées sur une période donnée. La comparaison des flux de production et de consommation ne peut s'effectuer que sous un horizon temporel suffisamment long pour que la transmission des quantités produites fasse apparaître le niveau de satisfaction des consommateurs ou des utilisateurs à travers les différentes situations de marché (équilibre, excédents ou pénurie).

Le produit passe des producteurs aux intermédiaires et aux transformateurs circulant ainsi pendant plusieurs mois. Ce parcours jalonné d'étapes intermédiaires retarde sensiblement, à l'autre bout du processus, les effets d'une modification du volume de la production ou de la consommation. Ainsi, une augmentation de la production mettra plusieurs mois pour avoir des répercussions sur le marché boursier ou atteindre le marché international. D'une part, cet accroissement de la production arrivera encore plus tard chez le consommateur ou l'utilisateur. D'autre part, une consommation supplémentaire sera d'abord progressivement satisfaite par les stocks prélevés chez les intermédiaires avant qu'elle n'entraîne directement un accroissement de la production. Les déséquilibres entre la production et la consommation ne peuvent donc apparaître sur le marché qu'après plusieurs mois. Le marché se trouvera en situation de pénurie (approvisionnements insuffisants des consommateurs et des utilisateurs) si la production est inférieure par rapport à la consommation, ou en excédents (stocks chez les producteurs) dans le cas contraire. Ainsi, l'évolution du rapport entre production et consommation n'aura des répercussions sur les prix que sous un horizon temporel de moyen terme.

Néanmoins, l'analyse de l'influence du rapport entre production et consommation reste délicate pour de nombreuses raisons, notamment à cause de la dynamique de l'offre et de la demande qui s'expriment tout au long de l'année. Les fluctuations du prix se produiront en fonction de ces offres et de ces demandes quotidiennes qui réagissent à des mécanismes endogènes et à de nombreux facteurs liés à l'économie du produit ainsi qu'à des facteurs exogènes. Un lien existe entre l'évolution du prix et le rapport entre la production et la consommation, mais il s'exprime dans le moyen terme. D'une part, la production et la consommation ne peuvent être réellement comparées que sur une période assez longue, et d'autre part, les stocks jouent un rôle-tampon dans l'équilibre entre production et consommation.

1.2.2. Incitations au stockage et disponibilités du produit

Le fonctionnement d'une filière nécessite des opérations de stockage d'un produit qui permettent la poursuite des activités des utilisateurs, le transport du produit et sa transformation. Une filière d'un produit implique donc un enchaînement de phases de stockage qui entraînent des coûts d'entreposage et d'immobilisation des capitaux d'une part et des risques de dévalorisation des stocks, de perte accidentelle du produit ou de mévente, d'autre part. Toutes les matières premières ne sont pas stockables longtemps, notamment de nombreux produits alimentaires. De plus, un coût de stockage élevé peut être dissuasif parce que la baisse du prix du produit conduira à des pertes financières, à moins que les stocks ne soient couverts. Cependant, les incitations au stockage résultent d'un processus d'ajustement entre la production et la consommation par rapport à l'évolution du prix. Lorsqu'ils existent, les stocks atténuent parfois les déséquilibres entre l'offre et la demande sur le marché.

Les incitations au stockage conduisent à différencier les stocks des producteurs, les stocks-outils des industriels, les stocks des négociants, les stocks des opérateurs boursiers et les stocks bloqués. Les stocks des producteurs représentent les quantités de production détenues ou stockées par les producteurs sous diverses formes. Un producteur peut stocker une partie de sa production pour des motifs de spéculation en fonction de ses anticipations sur les prix. Il peut stocker une part importante de sa production, s'il occupe une position dominante sur le marché, dans le but d'exercer une pression à la hausse sur le prix de marché et cette opération prend alors la forme de stock de rétention. En outre, un producteur peut constituer un stock dans le cadre d'une adhésion à un accord international de produit qui lui impose un quota d'exportation. Un accord international de produit s'appuie parfois sur la constitution d'un stock régulateur chargé d'intervenir sur le marché par des actions d'achat et de vente afin de contenir ou de maintenir les fluctuations des prix dans une fourchette définie par cet accord.

Un stock-outil représente la quantité de produit stockée par l'utilisateur et constituée par des achats de précaution, c'est-à-dire une quantité minimum de produit qui lui permet de poursuivre son activité sans risque de rupture d'approvisionnement. Tout au long de la filière, le niveau minimum des stocks nécessaires peut être assimilé à un stock-outil global dont le volume varie en fonction de l'évaluation faite par chaque utilisateur à partir de considérations techniques, des phénomènes d'anticipation, de son programme de production, de l'évolution du prix et des conditions de marché du produit. Le niveau de ce stock-outil peut être réduit lorsqu'il existe des contrats de livraison à long terme et des relations de partenariat entre les producteurs et les consommateurs. Les stocks des négociants sont principalement constitués soit pour assurer une sécurité minimale d'approvisionnement de leurs clients soit pour des motifs de spéculation. Les négociants sont notamment spécialisés dans l'activité de stockage et en retirent une rémunération. Quant aux stocks en Bourse, ils sont détenus par les institutions financières et les négociants, d'une part pour livrer leurs clients lorsque les contrats débouchent sur une livraison en physique, d'autre part pour réaliser des actions de spéculation, de couverture et d'arbitrage.

Enfin, les stocks bloqués peuvent représenter des quantités de produit non disponibles mais couvertes sur le marché boursier par des contrats à terme ou des options négociables[17]. Ce sont des stocks de moyen terme détenus par des fonds d'investissement, des établissements financiers et des pays producteurs qui espèrent une remontée des cours pour les écouler. Ces stocks qui sont détenus pendant plusieurs mois voire plusieurs années pour les produits non périssables influencent la dynamique de moyen terme des marchés. Les stocks bloqués peuvent aussi porter sur des quantités de produit maintenues hors

[17] Plaisance E., (1995), « Le développement des marchés d'options comme forme d'organisation du marché d'un produit », in Calabre S., (Dir.), *Matières premières, marchés mondiaux, déséquilibres, organisation*, Paris, Economica, p. 243-266.

du marché dans le cadre d'une politique de rétention. La question qui se pose alors est de savoir par quels mécanismes le marché entraîne-t-il une incitation à stocker et quel est l'impact du niveau des stocks sur les mécanismes de marché ? Sur le marché à terme, la fixation des cours au comptant et à terme détermine l'allocation intertemporelle du produit. De plus, la répartition du produit dans le temps dépend des méthodes de prévision, des phénomènes d'anticipation et de spéculation[18]. Les offres du produit sur le marché résultent donc de liquidations de stocks et les demandes de reconstitutions de stocks[19]. A court terme, l'évolution du prix d'un produit dépend des mouvements de stocks qui constituent une sorte d'écran dans la confrontation entre la production et la consommation puisque le produit circule de stocks en stocks pendant plusieurs mois avant d'être consommé. Ces mouvements de stocks résultent, soit d'une obligation des acteurs de la filière à stocker, soit d'une incitation à stocker en fonction de l'état d'approvisionnement réel du marché et de l'évolution du prix. Ainsi, le rôle d'intermédiaire que jouent les stocks permet de distinguer les phénomènes de court terme des phénomènes de moyen terme. Il montre notamment que les décisions de produire et de consommer interviennent à moyen terme par des phénomènes de retards de réaction. En effet, la conjoncture du marché d'une matière première dépend du processus d'ajustement production-consommation-prix qui se déroule à moyen terme.

A court terme, l'évolution des prix dépend du volume des opérations-papiers dans le cas des marchés organisés et des mouvements de stocks intervenant dans le processus d'ajustement entre la production et la consommation. Sur le marché à terme, l'ajustement entre l'offre et la demande au comptant permet la détermination du cours au comptant qui égalise les deux variables. Cependant, les ajustements des offres et des demandes aux cours au comptant et à terme sont liés et découlent des calculs des opérateurs qui comparent les situations présentes et futures prévues du marché. Ainsi, les comportements des opérateurs boursiers se traduisent par des relations de report

[18] Ces questions sont traitées au chapitre qui suit.
[19] Calabre S., (1996), *op. cit.*.

et déport entre cours exprimant l'interaction des états d'approvisionnement présents et futurs prévus (ces relations de report et de déport entre cours sont analysées en détail au chapitre 3). L'allocation intertemporelle du produit est donc guidée par ce processus d'interaction.

Les mécanismes d'allocation intertemporelle du produit jouent d'abord à court terme et « gèrent » les écarts entre les flux de production et de consommation à travers les incitations à stocker. Ils conduisent à s'interroger dans quelle mesure les relations entre cours au comptant et à terme qui en résultent et les répercussions de ces mécanismes sur les cours peuvent influencer les décisions de produire et de consommer, c'est-à-dire l'ajustement entre production et consommation ou la dynamique de moyen terme du marché. Il revient aussi à analyser leur impact sur les phénomènes de retards de réaction dans l'évolution du marché d'un produit.

1.2.3. Décomposition temporelle et catégories de produits

Les catégories de produits se distinguent notamment par les phénomènes de retard de réaction de leur production aux variations du prix et, par conséquent, par la dimension de l'horizon temporel qui révèle les mécanismes d'ajustement entre la production et la consommation. Ainsi, la distinction entre les fluctuations de court terme et de moyen terme débouche sur plusieurs grandes catégories de produits telles que les minéraux solides, les minéraux fluides, les cultures annuelles et les cultures pérennes.

Les produits minéraux solides (métaux, phosphates, charbon, etc.) exigent des investissements lourds en matière d'équipements et de mise en exploitation des gisements. Une diminution sensible de l'offre due à un accroissement de la demande encourage d'abord une augmentation du rythme de production et de la productivité des équipements existants. Ensuite, lorsque la demande se maintient à un niveau élevé, des investissements en capacités de production exigeant des délais de plusieurs années sont lancés. Ils concernent des extensions de capacités et la recherche de nouveaux gisements qui ne seront exploités que dans un délai plus ou moins long. En effet, alors que la prospection, la mise en place des équipements et l'exploitation des nouveaux gisements exigeait 7 à 8 ans en moyenne, avec le progrès technique, les délais se sont raccourcis à 3 ou 4 ans, selon les produits[20]. Parfois, les délais sont bien plus courts pour certains métaux comme l'étain dont les techniques d'exploitation (pompage, dragage) permettent d'extraire rapidement le minerai[21].

De même, une hausse de la production des minéraux fluides comme le pétrole ou le gaz peut être réalisée plus rapidement grâce à une exploitation plus intensive des capacités de production existantes et en accélérant le rythme d'extraction. Une forte demande qui se confirme au fil du temps nécessite des extensions en capacités de production qui ne se réaliseront que quelques années plus tard, après un temps de prospection et d'installation des équipements. Ainsi, la production du pétrole, par exemple, peut réagir à une augmentation du prix dans des délais relativement courts alors que les modifications de capacités de production et leur extension exigent des délais plus longs[22]. Les délais de réaction de la production de cultures pérennes s'étendent également sur de nombreuses années. Un prix élevé encourage, dans un premier temps, une amélioration des techniques de production mais, dans un deuxième temps, une extension des capacités de production se traduit par une augmentation des surfaces plantées dont la production n'arrivera sur le marché que quelques années plus tard. Un cacaoyer ne produira que 3 à 4 ans après sa plantation et sa production de croisière ne sera atteinte que 7 à 8 ans plus tard. Sa durée de vie productive peut dépasser 30 ans. Cependant, pour certaines cultures pérennes dont le cycle biologique a été raccourci, les délais de réaction de la production sont plus courts comme, par exemple, les variétés expérimentales de café du Brésil (*Mundo Novo*) et de Colombie (*Catura*). Ces variétés expérimentales

---

[20] Gitaud P.-N., (1983), *Géopolitique des ressources minières*, Paris, Economica.

[21] Calabre S., (1990), *L'étain*, Paris, Economica, « Cyclope ».

[22] Mimouni M. (1987), « L'adaptation de l'OPEP aux fluctuations du marché : une nouvelle stratégie ? », in Ayoub A. ; Percebois J., *Pétrole : marchés et stratégies*, Paris, Economica, p. 207-224.

produisent au bout de 18 à 24 mois mais leur durée de vie tourne autour d'une moyenne de 8 ans[23].

La production issue des cultures annuelles peut réagir au prix du marché d'année en année mais une hausse durable du prix incite les producteurs à étendre leurs surfaces cultivées ou à procéder à des substitutions de cultures. L'extension des capacités de production exige ainsi de nombreuses années pour les cultures annuelles. Autant les catégories de produits miniers que celles des produits agricoles présentent donc des retards de réaction de la production à la variation de son prix. Ces réactions retardées qui porte sur le moyen-long terme relèvent à la fois de mécanismes endogènes (processus d'ajustement de la production et de la consommation par rapport aux fluctuations des prix, notamment) et de facteurs exogènes (impact de chocs exogènes comme les conditions climatiques ou des événements accidentels). Elles débouchent sur différentes situations de marché (excédent ou pénurie) et elles définissent le concept de conjoncture d'une matière première. Par conséquent, le concept de conjoncture conduit à une analyse des mécanismes de marché en se prêtant à des tests portant notamment sur une comparaison des évolutions de prix de différentes matières premières (*cf.* chapitre 2).

1.2.4. Variabilité à court terme et tendance à moyen-long terme

A court terme, les séries chronologiques des prix des matières premières, surtout celles des cours boursiers, présentent très fréquemment une allure irrégulière et en dents de scie. Elles semblent suivre une évolution dépendant de forces instables et incontrôlées. L'analyse des conjonctures des marchés internationaux de matières premières conforte cette idée. Les facteurs d'instabilité sont hétérogènes et très divers (informations sur la production et/ou la consommation du produit, mouvements de stocks, conditions climatiques, événements monétaires ou politiques, publications statistiques, rumeurs diverses).

---

[23] Daviron B. ; Lerin F., (1990), *Le café*, Paris, Economica, col. « Cyclope », p. 45-55.

Pour mieux comprendre les mécanismes de formation et d'évolution des prix des matières premières, il convient de distinguer d'abord les différents horizons temporels sous lesquels vont fluctuer les prix et opérer les mécanismes d'ajustement entre la production et la consommation. D'un point de vue global, l'observation des séries de prix montre, à court terme, des variations au jour le jour qui se superposent, à moyen terme, aux fluctuations pluriannuelles qui, elles-mêmes, se traduisent par une tendance à long terme. Or, il apparaît que les variations à court et à moyen-long terme n'obéissent ni aux mêmes forces ni aux mêmes mécanismes. En distinguant la question de la variabilité du prix de celle de son niveau, il devient possible de rechercher les causes des fluctuations du prix et d'expliquer la tendance qui en découle. La décomposition de l'évolution du prix d'une matière première en différents horizons temporels permet de distinguer les facteurs fondamentaux dans la dynamique du marché de cette matière première à moyen-long terme. La distinction entre les évolutions à court terme et à moyen terme du prix du produit permet de différencier les facteurs et les mécanismes propres à chaque période d'analyse. L'évolution à court terme correspond à des fluctuations qui se réalisent sur une période allant de quelques jours à quelques mois. Elle présente une configuration saccadée, aléatoire et en dents de scie. Les variations de prix à court terme sont surtout expliquées par des phénomènes boursiers ou par des perturbations exogènes. En fait, les fluctuations des prix, à court terme, répondent à des facteurs et des mécanismes qui sont le reflet des comportements des opérateurs sur le marché boursier.

Le niveau et l'évolution du prix du produit exercent une influence sensible sur les décisions d'investir des producteurs, sur le rapport entre la production et la consommation. Il peut entraîner les producteurs à prendre des décisions d'investissement en capacités de production. Ainsi, le champ d'analyse se déplace du cadre boursier vers celui de l'économie internationale du produit. L'évolution à moyen-long terme du prix se présente sous forme de vagues pluriannuelles mais réagissant à des facteurs structurels qui portent notamment sur l'amélioration du progrès technique, le rythme de l'activité économique générale, les transformations politiques et sociales, l'évolution du goût des consommateurs, les conditions naturelles (réserves du produit, accessibilité, etc.). Cette décomposition temporelle se justifie parce que les évolutions à court et moyen terme obéissent à des facteurs et des mécanismes différents. Les phénomènes de court terme sont trop brefs pour se prêter à une analyse permettant de comprendre leurs mécanismes et leur évolution.

Le concept de conjoncture d'une matière première ne peut donc être appréhendé que sur un horizon temporel plus large soit le moyen-long terme au cours duquel opèrent des mécanismes de retards de réaction et des facteurs structurels. La conjoncture du marché d'une matière première se traduit donc par un jeu de mécanismes de retards de réaction qui se déroulent sur le moyen-long terme et qui fondent l'évolution de la plupart des marchés. Elle est également déterminée par la structure du marché (*cf.* section suivante) et la stratégie de comportement des acteurs qui exercent une influence sur la régulation à moyen-long terme du marché. En d'autres termes, la conjoncture du marché d'une matière première est déterminée par des mécanismes endogènes de moyen-long terme dont la régulation résulte de la structure du marché et des comportements des acteurs ainsi que de l'impact des facteurs exogènes.

Ces mécanismes sont endogènes à l'« économie » et au marché d'une matière première. Lorsque ces mécanismes sont répétitifs, l'évolution de la plupart des marchés de matières premières peut prendre une allure quasi-cyclique. Cependant, cette évolution peut être perturbée par des phénomènes exogènes accidentels tels que les guerres, la situation politique et sociale, les aléas climatiques, etc. Les phénomènes de convergence ou de divergence peuvent alors porter sur une coïncidence ou une autonomie dans l'évolution des mécanismes de retards de réaction, des prix ou des situations de marchés de nombreuses matières premières. La définition et l'analyse de la conjoncture du marché d'un produit ont conduit d'abord à nous intéresser aux mécanismes de marché et à préciser les différentes dimensions de l'horizon temporel (court, moyen et long terme). La distinction entre les différents horizons temporels a permis de définir les notions d'offre et production, demande et consommation. Alors que les fluctuations à court terme des prix dépendent des offres et des demandes quotidiennes, les modifications du rapport entre la production et la consommation ne se réalisent qu'à moyen terme.

De même, les stocks pèsent sur les conjonctures des produits et les incitations à stocker débouchent sur une allocation intertemporelle des produits. Le rapport production et stocks pose alors le problème des disponibilités en produits et conduit à envisager l'évolution du prix au-delà du court terme. Mais, selon les catégories de produits, le clivage court-moyen terme permet de distinguer les forces et les mécanismes propres à chaque horizon temporel. En outre, les délais de réaction de la production et de la consommation aux changements de prix dépendent de chaque catégorie de produit. La conjoncture du marché d'une matière porte sur des mécanismes de retards de réaction qui se déroulent sur un horizon temporel de moyen-long terme. Au cours de son évolution sur plusieurs dizaines d'années, des phénomènes répétitifs lui donnent un caractère quasi-cyclique. Ces mécanismes de retards de réaction et ces phénomènes cycliques se retrouvent sur la plupart des marchés de matières premières dont les évolutions convergent ou divergent selon les spécificités des produits.

1.3. STRUCTURE ET REGULATION DU MARCHE D'UNE MATIERE PREMIERE

La structure du marché intervient dans les mécanismes endogènes d'ajustement production-consommation-prix dont les évolutions présentent des phénomènes de similitude ou d'autonomie selon les produits et les époques. Les réactions retardées de la production et de la consommation par rapport au prix et la succession des situations de marché (excédent ou pénurie) dépendent également des comportements des producteurs et des consommateurs ainsi que de l'économie du produit. L'analyse de la structure du marché permet de prendre en compte la confrontation des producteurs et des consommateurs dans la formation et l'évolution du prix d'une matière première ainsi que la répartition des rôles dans la régulation à moyen terme du marché. Cette régulation du marché se traduit par des mécanismes favorisant, au fil des années, la résorption des déséquilibres entre la production et la consommation. Cependant, ces mécanismes de régulation ne correspondent pas nécessairement à un équilibre durable du marché ni à une évolution régulière du prix mais ils peuvent déboucher, par des phénomènes de surréaction, sur une succession alternée d'excédent et de pénurie. La détermination du prix d'une matière première résulte notamment de la structure du marché qui indique les poids relatifs des différents offreurs et demandeurs ainsi que l'intensité de la concurrence entre eux.

Dans une perspective de moyen terme, l'offre dépend du niveau de la production et de la quantité de stocks disponible à la vente alors que la demande dépend de la consommation et de la constitution de stocks. Les principaux rôles sont donc joués par les producteurs, les consommateurs et utilisateurs ainsi que les intermédiaires détenteurs de stocks. Les modalités d'organisation du marché international d'une matière première couvrent une large gamme d'instruments et portent sur une variété de formules de mise sur le marché (*1.3.1.*). Le degré de concentration aux différents niveaux de la filière d'une matière première peut indiquer s'il y a des acteurs dominants détenant une importante part de marché alors que le degré d'intégration verticale détermine les stades de commercialisation et le niveau de dépendance des acteurs. En outre, le degré d'internationalisation des acteurs détermine la localisation des unités d'exploitation et influence les stratégies des acteurs (*1.3.2.*). Enfin, la conjoncture du marché d'une matière première dépend également des caractéristiques propres du produit en ce qui concerne son degré d'homogénéité ou la différenciation de ses qualités. Ces caractéristiques peuvent avoir un impact sur l'évolution des conjonctures des marchés de matières premières en termes de convergence ou de divergence (*1.3.3.*).

1.3.1. Organisation du marché international d'une matière première

Les comportements des acteurs se reflètent dans les modalités d'organisation des marchés qui sont très diverses et traduisent l'évolution des conjonctures des marchés qui peuvent converger ou diverger selon les spécificités des produits. Ces modalités d'organisation portent sur les dispositions commerciales, les conditions du commerce international et son impact sur les économies, la place qu'occupe le produit dans les économies des pays producteurs. Les modalités commerciales sont nombreuses et présentent une variété de formules basées sur une variété de contrats.

Elles peuvent également porter sur différentes formules de mise sur le marché (ventes échelonnées, ventes à livraison différée à prix fixé ou à prix à fixer, etc.). Les transactions physiques font l'objet de stratégies de couverture grâce au développement des marchés dérivés. Sur le marché du pétrole, par exemple, les contrats *net-back* ou contrats de valorisation qui se sont développés, dès 1985, garantissent les marges bénéficiaires de l'acheteur ainsi que sa source d'approvisionnement en personnalisant son prix de vente du brut et entérinent, en même temps, l'existence des marchés *spot* du pétrole qui se sont développés à partir de 1979[24]. L'action sur l'évolution à moyen terme des prix internationaux fait appel à des instruments qui peuvent agir sur la relation entre l'offre et la demande à travers la mise en place d'un stock régulateur, la décision d'un retrait momentané du marché de la part d'un producteur isolé, l'application d'un contingentement des exportations, ou un contrôle de la production. Ces instruments peuvent également influencer la segmentation du marché à travers des zones d'échanges privilégiés avec une fixation de quotas ou agir directement sur le prix par un système de prix-producteur avec un contrôle simultané de l'offre. Cependant, l'action de ces instruments sur le rapport offre-demande ne permet pas, le plus souvent, d'aboutir à l'équilibre entre la production et la consommation mais atténue les effets négatifs des déséquilibres

[24] Angelier J.-P., (1990), *Le pétrole*, Paris, Economica, p. 56.

excessifs qui entraînent de fortes fluctuations des prix des produits.

Alors que l'organisation du commerce international d'un produit concerne le degré d'ouverture des marchés de consommateurs, les débouchés pour les matières premières transformées et les produits finis (taxes douanières, barrières non tarifaires, coûts de transport, taux de change, etc.), l'organisation des marchés mondiaux de matières premières présente une dimension plus large. Elle peut couvrir les mécanismes d'évolution de l'économie internationale du produit et la position ainsi que les comportements des pays producteurs sur le marché. De même, elle peut porter sur les stratégies de comportements des consommateurs-utilisateurs et leur pouvoir de négociation. En fonction du degré de dépendance des producteurs et des consommateurs par rapport au produit, les actions peuvent alors consister à valoriser les produits sur place par le développement des filières de transformation vers l'aval, à multiplier les relations privilégiées ou d'association entre certains producteurs et certains utilisateurs. D'autres actions peuvent être orientées vers l'amélioration ou la diversification de la production de manière à réduire la place du produit dans l'économie et le degré de dépendance du pays producteur par rapport à ce produit.

1.3.2. Structure du marché d'une matière première et stratégies des acteurs

Le prix d'une matière première est déterminé, en particulier, par la structure du marché (A) et la position des différents acteurs selon qu'ils sont en position dominante ou dépendante, par l'état d'approvisionnement du marché selon qu'il est en surproduction ou en pénurie, et enfin par les comportements des acteurs qui peuvent influencer l'équilibre et les mécanismes de régulation du marché[25] (B).

---

[25] Osborne M.-J. ; Rubinstein A., (1990), *Bargaining and Markets*, San Diego, Academic Press, p. 137-171.

A.- Structure du marché d'une matière première

La structure de marché reflète les poids relatifs des différents acteurs et l'intensité de la concurrence entre eux. Dans une perspective de moyen terme, l'offre dépend de la production et des ventes de stocks importants. La demande dépend de la consommation et de la constitution de stocks intermédiaires. Les producteurs, les utilisateurs et consommateurs ainsi que les intermédiaires détenteurs de stocks sont donc les principaux acteurs.

A moyen-long terme, la dynamique des filières de commercialisation dépend de nombreux facteurs. Un marché d'une matière première peut être plus ou moins concentré suivant le nombre d'acteurs qu'il compte et leur poids respectif. Un petit nombre de producteurs peut contrôler une grande partie de la production. De même, la filière d'une matière première peut présenter un niveau élevé d'intégration à l'exemple d'une firme multinationale qui réalise simultanément les activités d'exploitation, de transformation et de distribution de la plus grande partie de son produit. Le marché international devient alors résiduel. Les niveaux de concentration et d'intégration des filières ont un impact sur la structure du marché international de la matière première et sur les positions des acteurs sur le marché international. La position dominante des uns ou la position de dépendance des autres peut alors se traduire, à moyen-long terme, par des stratégies qui ne portent pas seulement sur les modalités de commerce mais principalement sur la production et l'utilisation de la matière première.

La structure du marché comporte des dimensions importantes qui caractérisent la filière internationale du produit. Chaque marché de matière première présente un niveau propre de concentration et comporte un nombre déterminé d'acteurs qui ont une position plus ou moins dominante. Un marché est considéré comme concentré si la production est réalisée par un petit nombre de producteurs. Le degré de concentration détermine, en particulier, la position des acteurs sur le marché et leur pouvoir de négociation. Il est parfois assimilé à une « intégration horizontale ». Les degrés d'intégration et de concentration des filières fondent la structure du marché international du produit et indiquent les rapports de force entre les acteurs dont certains peuvent être en position dominante et d'autres en situation de forte dépendance. En outre, l'intégration désigne d'une part un ensemble d'opérations se succédant au sein d'un processus de production, d'autre part un ensemble « d'activités intégrées ». Le degré d'intégration explique, en grande partie, l'accroissement de la concentration grâce à un pouvoir de domination du marché. L'intégration favorise la constitution de structures intégrées verticales et la filiérisation de l'économie des matières premières.

De nombreux auteurs ont appliqué les concepts de la théorie microéconomique dans l'analyse des marchés de matières premières. Ainsi, Mac Calla (1966)[26] a analysé le marché international du blé à l'aide d'un modèle de duopole ; Labys (1980)[27] a étudié les marchés des produits minéraux et Aperjis (1981)[28] ceux des produits énergétiques. Dans la mesure où le marché est défini par la matière première sur laquelle porte les échanges, il sera segmenté ou différencié selon que la matière première présente des catégories ou des qualités différentes. Cette différenciation du produit a remis en cause le concept de marché fondé sur un produit homogène ou trop indifférencié. Elle porte donc sur le degré d'homogénéité du produit ou de différenciation de ses qualités qui entraînent donc une multiplicité des prix pratiqués sur le marché international et qui posent la question du lien entre les niveaux et les évolutions des différents prix (de plus amples développements sur la différenciation des produits sont présentés plus loin en *1.3.3.*).

Sur les marchés internationaux de matières premières, les barrières à l'entrée sont particulièrement élevées pour de nombreux produits minéraux (aluminium, cuivre, produits énergétiques, etc.) en raison de l'importance des coûts de prospection et d'exploitation. Aussi, le nombre d'entreprises agissant sur

---

[26] Mac Calla A., (1966), "A Duopoly Model of World Wheat Pricing", *Journal of Farm Economics*, vol. 48, p. 711-721.
[27] Labys W.C., (1980), *Market Structure, Bargaining Power and Resource Price Formation*, Lexington, Lexington Books, DC Heath.
[28] Aperjis D.G., (1981), *Oil Markets in the 1980's: Oil Policy and Development*, Cambridge, Ballinger.

ces marchés sont relativement peu nombreuses et quelques unes seulement occupent une position dominante, au niveau international. Mais, certaines circonstances (flambées des prix des produits énergétiques, par exemple) peuvent favoriser l'entrée sur le marché de nouveaux concurrents et bouleverser les parts de marché. Cependant, les rapports de force sur le marché international du produit peuvent évoluer, à moyen-long terme, en fonction des stratégies de comportements des acteurs qui ne portent donc pas seulement sur les modalités commerciales mais sur la dynamique de la production et de la consommation de la matière première en réaction aux fluctuations des prix.

B. Régime concurrentiel et pouvoir de marché

Sur les principaux marchés internationaux de matières premières, alors qu'un monopole, au sens strict, ne se réalise pratiquement pas tant côté producteur que consommateur (monopsone), un cartel de producteurs contrôlant une partie déterminante de la production peut être assimilé à un monopole. Par contre, les marchés sont souvent marqués par des situations d'oligopole ou d'oligopsone coexistant respectivement avec une multitude de petits vendeurs et d'acheteurs. Au sens large, une situation concurrentielle implique plusieurs acteurs de chaque côté du marché et leurs stratégies conjuguées peuvent influencer le prix du produit.

En fait, alors que ces notions expliquent la formation du prix par rapport à une situation donnée d'équilibre, à moyen terme, les changements des conditions de production et de consommation, l'apparition de nouveaux acteurs et l'influence des facteurs exogènes sur l'économie du produit entraînent une évolution des situations concurrentielles. Le marché international du produit connaît des mécanismes d'ajustement entre la production et la consommation avec des déséquilibres qui s'étalent sur plusieurs années. L'analyse de la structure du marché permet de mieux comprendre ses répercussions dans deux domaines principaux, les relations entre la formation des prix et les mécanismes de régulation, d'une part; et l'évolution du marché international et de l'économie du produit, d'autre part.

Le niveau des prix dépend de l'état d'approvisionnement du marché et il influence les comportements des acteurs et les mécanismes de régulation. Aussi, l'analyse de la formation et de l'évolution du prix revient à donner une définition plus large du marché en tenant compte de la production et de la consommation du produit, c'est-à-dire de l'économie du produit. En outre, même si certains offreurs ont une position dominante sur le marché, l'offre totale provient d'une multitude de petits producteurs par des effets de composition qui sont souvent à l'origine des déséquilibres entre la production et la consommation (excédents ou pénuries). Ces effets de composition agissent de la même manière dans le domaine de la consommation. Mais les positions des offreurs et des demandeurs ou leur pouvoir de marché sont liés à l'état d'approvisionnement du marché. Elles peuvent parfois expliquer que certains acteurs soient « *price taker* », c'est-à-dire qu'ils sont dépendants ou soumis au prix « fixé » sur le marché et que d'autres soient « *price maker* », c'est-à-dire qu'ils fixent un prix de marché qui s'impose aux autres acteurs.

Néanmoins, ce pouvoir de marché et son influence sur le prix dépendent de l'horizon temporel sous lequel ils s'expriment. En effet, à court terme, l'évolution du prix découle généralement des interventions simultanées de plusieurs opérateurs sur le marché international (marchés à terme et agences spécialisées) où se « fixe » un prix de référence qui sert souvent de base aux négociations commerciales. Excepté des primes ou des ristournes, les opérateurs sont considérés comme « *price taker* » mais ce prix de référence reflète l'impact des décisions de produire et de consommer qui influencent l'évolution, à moyen terme, du prix du produit. Parfois, le pouvoir de marché est représenté sous forme de matrices qui identifient les rapports de force des différents acteurs sur le marché international. Ainsi, Demler et Tilton (1980)[29] ont identifié les parts d'exportation et d'importation des différents acteurs et leur pouvoir de marché

[29] Demler F.R. ; Tilton J.E., (1980), "Modelling International Trade Flows in Mineral Markets, with Implications for Latin America's Trade Policies", in Labys W.C. ; Nadiri M.I. ; Nuñez del Arco J. (Eds.), *Commodity Markets and Latin American Development ; A Modelling Approach*, Cambridge, Ballinger .

potentiel et ont montré qu'il n'est pas toujours réellement exercé, parfois par manque d'opportunité ou de stratégie commerciale.

Un offreur ou une collusion d'offreurs limitant leur production, peuvent se trouver en position de « *price maker* » à la fois, à court terme en raison d'un rapport de force favorable pour négocier, et à moyen terme en raison d'une pénurie probable. Cette différenciation du pouvoir de marché permet de préciser les rapports de force dans les négociations commerciales qui se déroulent à court terme et les rapports de force dans les mécanismes de régulation à moyen terme du marché. En réalité, le pouvoir de marché recouvre deux dimensions liées à une décomposition de l'horizon temporel. La première dimension porte sur le court terme et, lors de chaque transaction, les négociateurs prennent généralement pour référence le prix du marché international lorsqu'il existe (prix du marché à terme ou des agences spécialisées). Par conséquent, autant l'acheteur que le vendeur se considèrent comme « *price taker* » du prix international. Cependant, le prix international de référence sur la base duquel se réalisent les transactions est le résultat des mécanismes endogènes du marché qui portent sur les décisions de produire, de consommer, de vendre et d'acheter de l'ensemble des acteurs. Les répercussions de ces décisions se traduisent par une tendance moyenne de l'évolution du prix du produit. La deuxième dimension du pouvoir de marché correspond donc à l'influence des acteurs sur le niveau et l'évolution à moyen terme du prix du produit. Dans une perspective de moyen terme, le pouvoir de marché montre comment un acteur ou plusieurs acteurs peuvent influencer l'évolution du prix.

Cette décomposition du pouvoir de marché en deux dimensions permet de différencier les implications des rapports de force dans les négociations commerciales de celles des rapports de force dans les mécanismes de régulation à moyen terme du marché. En effet, les négociations s'effectuent sur la base de quantités offertes et demandées qui dépendent du prix. Les contraintes des négociateurs portent sur la date de vente ou d'approvisionnement et sur la recherche éventuelle d'autres partenaires[30]. Le prix du produit qui résulte de ces négociations aura des répercussions, à moyen terme, sur les projets d'investissement en capacités de production et sur les décisions ultérieures de consommer.

Cette configuration du pouvoir de marché permet également de distinguer les notions de « *price taker* » ou de « *price maker* » de l'impact réel de chacun dans les mécanismes de formation et d'évolution du prix. Ainsi, l'offre d'une multitude de petits producteurs peut déboucher, par un effet de composition, sur des situations de surproduction. Un petit producteur peut considérer qu'en augmentant ses exportations, les répercussions sur l'offre et le prix internationaux seront peu sensibles et ses recettes vont augmenter. Mais, si de nombreux petits producteurs se comportent de la même manière, l'offre totale gonflera sur le marché international et, si la demande est peu élastique, le prix baissera et les recettes d'exportation de chaque petit producteur risqueront de chuter. Enfin, cette décomposition du pouvoir de marché permet de différencier la notion de « *price taker* » et de « *price maker* » en fonction du poids de l'acteur (producteur, utilisateur, intermédiaire) mais également en fonction de la situation du marché.

De nombreux marchés internationaux de matières premières (aluminium, nickel, zinc, plomb, etc.) étaient dominés par quelques firmes internationales qui étaient « *price maker* » et qui avaient instauré des systèmes de prix-producteur (*cf.* chapitre 3, section 2) en prenant en compte l'ajustement à moyen terme du marché[31]. La fixation du prix du produit était le fruit d'un « contrôle » de la concurrence guidé par la convergence des intérêts des producteurs dominants et des principaux consommateurs[32]. La flambée des prix, notamment des produits énergétiques, de 1973-74 a mis progressivement fin à ce système alors qu'il a bien fonctionné depuis les années 1950 et

---

[30] Dupuys Y. ; Maris B., (1996), « Pouvoir et dynamique des organisations », *Revue des Sciences de la société*, mai ; reproduit dans *Problèmes économiques*, n°2495 du 20 novembre 1996.

[31] De Sà P., (1992), *Industrie minière mondiale : leçons d'une crise*, Observatoire des matières premières, ministère de l'Industrie et du Commerce extérieur.

[32] Giraud P.-N., (1983), *op. cit.*, p. 487-488.

qu'il a coexisté avec un marché libre résiduel dont les prix avaient tendance à s'aligner sur les prix-producteur. L'envolée des prix sur le marché libre a encouragé les investissements de nouveaux producteurs et l'éclatement de la solidarité entre producteurs qui était à la base du système de prix-producteur. Des stratégies individuelles guidées par la défense ou la conquête des parts de marché ont débouché sur de nouveaux mécanismes de régulation caractérisés par des comportements concurrentiels.

1.3.3. Les spécificités du marché d'un produit et de son économie

Les spécificités et l'économie de chaque produit peuvent conduire, selon les circonstances, à des phénomènes de convergence ou de divergence entre les conjonctures des marchés internationaux de matières premières. La coïncidence ou l'autonomie dans l'évolution de ces conjonctures peut résulter d'une dynamique endogène spécifique qui dépend des « temps propres » du produit (A), du degré de dépendance des producteurs et des consommateurs par rapport au produit (B), et enfin d'une différenciation des produits (C).

A. Les « temps propres » d'un produit

Chaque produit comporte des facteurs spécifiques et suit une dynamique particulière aboutissant à des « temps propres ». Les facteurs spécifiques conduisent dans certaines circonstances à des mécanismes de divergence entre les conjonctures de certains produits en fonction du degré de dépendance des producteurs et des consommateurs par rapport au produit. La dynamique du marché de chaque produit présente des « temps propres », d'une part, en fonction de sa nature (produit agricole, minier,...) et, d'autre part, en fonction de son usage spécifique (produit agricole alimentaire, non-alimentaire; produit minéral liquide, solide,...).

Un « temps propre » correspond au délai de réaction de la production d'une matière première en fonction principalement de sa nature et des conditions techniques de son exploitation. La production des cultures agricoles annuelles évolue au rythme d'une saison. Mais, les surfaces emblavées peuvent changer d'une année sur l'autre et l'extension de nouvelles surfaces d'exploitation demande du temps pour éventuellement défricher et construire les voies d'accès. La production des cultures pérennes n'est disponible qu'au bout de 3 à 4 ans après la plantation et les rendements de croisière ne sont généralement atteints que 5 à 7 ans plus tard. De plus, l'entretien des exploitations influence le volume de production. En ce qui concerne les produits miniers, la construction d'une mine peut s'étaler de un à trois ans, parfois plus longtemps selon l'importance des infrastructures d'extraction et de transport à installer. Mais, le délai entre la découverte d'un gisement exploitable et la réalisation de la production peut s'étendre de 7 à 11 ans. Cependant, ces « temps propres » ainsi évalués font l'objet de tests tant pour les produits miniers que pour les produits agricoles dans le chapitre suivant.

Le degré de dépendance des producteurs et des consommateurs par rapport au produit est lié à de nombreuses contraintes qui sont à l'origine des principaux comportements caractérisant les producteurs. Ces contraintes sont de diverses natures et portent, notamment, sur l'importance du produit pour le producteur et le consommateur. Le degré de dépendance par rapport au produit détermine les décisions de produire, d'investir en capacités de production, ou de réduire la production d'un côté, d'augmenter ou de réduire la consommation de l'autre. Les délais de réaction de la production aux diverses incitations favorables ou défavorables (évolution du prix de marché, hausse ou baisse de la demande, facilités ou contraintes fiscales, etc.) dépendent des spécificités naturelles du produit. En effet, dans une première étape, le taux d'utilisation des capacités de production peut augmenter à la suite d'événements favorables ou baisser en raison de conditions de marché défavorables. Dans une deuxième étape, l'entretien des capacités peut être amélioré ou négligé selon l'évolution du marché du produit entraînant des répercussions sur le volume de production.

Mais, à moyen terme, ce sont les investissements en capacités qui déterminent la dynamique de la production en fonction de la nature du produit. Ils dépendent de deux grands types de produit (minéraux et agricoles) qui se distinguent chacun en deux catégories, (produits minéraux fluides et solides, produits agricoles à cultures annuelles et à cultures pérennes). Les produits minéraux fluides exigent généralement de lourds investissements en matière de prospection et d'installation des capacités de production et de transport. Les réactions des capacités de production dépendent de l'élasticité-prix de la production à court terme et du degré de réaction de la production au prix. Les capacités de production des produits minéraux liquides sont généralement moins rigides que celles des produits minéraux solides. Sur les sites en exploitation, la production des produits minéraux liquides peut subir des modifications substantielles dans des délais sensiblement courts.

De même, les techniques et les types d'exploitation d'un produit agricole sont nombreuses et entraînent des répercussions sur le niveau de productivité et le volume de production. La proportion des coûts fixes et des coûts variables couplée à la technologie de production détermine le degré de flexibilité de la production et les décisions d'investissement en capacités. En effet, si les coûts fixes sont importants, il sera, parfois, préférable de poursuivre la production à perte pour les couvrir. Par exemple, il est plus coûteux de procéder au redémarrage d'une exploitation minière qui a été fermée parce que les équipements sont hors d'usage, les galeries se sont effondrées par manque d'entretien, etc. Le rapport coûts fixes/coûts variables conduit les producteurs à des comportements caractéristiques sur le marché international (*cf.* chapitre 3, section 2.).

De nombreux facteurs déterminent aussi le niveau des coûts unitaires de production. La teneur en minerai du gisement, les conditions pédologiques et climatiques entrent dans la fixation des coûts unitaires. La localisation de l'exploitation est aussi une contrainte sérieuse puisque les coûts d'installation des infrastructures, d'approvisionnement des intrants et d'évacuation des produits se rajoutent aux coûts unitaires de production. Son influence tient aux possibilités offertes aux utilisateurs de substituer une source d'approvisionnement à une autre.

B. Degré de dépendance des producteurs par rapport au produit

Le degré de dépendance des producteurs par rapport au produit est constitué de nombreuses contraintes d'ordre économique, politique et social qui expliquent en particulier les principaux comportements des producteurs sur le marché international. Les interactions entre ces comportements, les mécanismes endogènes des marchés et l'impact des facteurs exogènes entraînent différents « régimes » de régulation. Un « régime » de régulation reflète les phénomènes de retards de réaction de la production et de la consommation à travers les comportements et les stratégies adoptés par les producteurs et les consommateurs sur le marché (*cf.* chapitre 3, section 2.).

Les contraintes portent sur la place du produit dans l'économie domestique, la part exportée de la production, la part que détient le pays producteur sur le marché international, la structure des coûts de production et la compétitivité du pays producteur sur le marché international, la situation politique, économique et sociale du pays producteur. Ce degré de dépendance détermine le poids, le comportement et la stratégie du producteur sur le marché international. La place du produit dans l'économie nationale est évaluée par rapport aux niveaux du PIB, des revenus, du commerce extérieur, de l'endettement extérieur et des recettes budgétaires. L'exploitation du produit a des effets directs et indirects sur la situation économique et sociale. Elle procure des revenus salariaux en termes de pouvoir d'achat, des recettes budgétaires à l'Etat pour financer les dépenses courantes et lancer des investissements d'infrastructure.

La place primordiale du produit dans l'exportation d'un pays traduit un niveau de rigidité de la production qui peut être élevé surtout dans le domaine des techniques d'exploitation. Lorsque la stratégie du développement est fondamentalement basée sur l'exploitation et les recettes attendues de l'exportation du produit, cette rigidité augmente. Les recettes d'exportation constituent un besoin crucial pour un pays producteur dont les exportations sont peu diversifiées et dont le niveau de développement et le revenu moyen par habitant sont généralement très faibles. La part exportée de la production explique en partie le comportement du pays producteur sur le marché international. Le marché international peut être fortement perturbé lorsque la part exportée est importante et qu'il s'agit d'un gros pays producteur. Le comportement d'un pays à la fois producteur et consommateur n'est pas le même que celui d'un pays uniquement exportateur et dont les recettes constituent l'essentiel du budget. Une situation politique, économique et sociale difficile d'un pays producteur exerce une influence sensible sur sa décision de produire et sur le volume de production à court et à moyen terme. Un endettement lourd et un taux de chômage élevé, par exemple, limitent la marge de manœuvre des pouvoirs publics de réduire la production lorsque le marché international est en surproduction et le prix du produit à un niveau faible. Les pouvoirs publics ont plutôt tendance, dans ces circonstances, à résister à la baisse des prix par l'augmentation du volume de production en mettant en place des incitations diverses.

Ces mesures soulagent temporairement les pouvoirs publics au niveau de leur situation politique et sociale en veillant à ne pas aggraver l'endettement et le chômage mais elles contribuent à la prolongation de la surproduction sur le marché international. La situation du pays et la place du produit dans son économie déterminent la nature des décisions du producteur en matière de capacités de production et son comportement sur le marché international. Par ailleurs, le coût des intrants importés constitue une contrainte à prendre en compte dans la décision de produire. Le degré de flexibilité de la production est aussi fonction des disparités de coûts entre exploitations et de la possibilité d'éliminer les exploitations dont les coûts sont trop élevés. Sur le marché international, les pays producteurs les plus compétitifs sont ceux dont la production présente une grande flexibilité. La production et l'exportation d'un produit comportent une diversité de coûts (de production, de commercialisation ainsi que des coûts financiers). De plus, l'exploitation d'un produit fait appel à des coûts collectifs ou macro-économiques portant sur l'infrastructure de transport, l'approvisionnement en produits intermédiaires, l'administration et les services publics, etc. Ces coûts collectifs sont supportés par la filière de commercialisation sous forme de prélèvements par l'Etat en différentes taxes et impôts variables selon les produits et les pays.

Au niveau macro-économique, c'est la possibilité de couvrir ces coûts qui détermine la décision de produire en fonction des revenus des producteurs (prix fixés à la production, salaires, marges bénéficiaires), des frais de commercialisation et du prix de vente sur le marché international. La compétitivité d'un pays producteur sur le marché international peut s'évaluer donc, en particulier, à travers la performance de son système de commercialisation et l'efficacité de ses modalités de redistribution des revenus par rapport aux autres pays producteurs concurrents. Mais, à court terme et hormis les contraintes de production, ces facteurs de compétitivité sont plutôt marqués par un manque de flexibilité. Par conséquent, la distinction des pays producteurs et la détermination de leur compétitivité peuvent se faire par la comparaison des coûts unitaires qui présentent une large gamme. Schématiquement, sur le marché international cette distinction se fait entre pays producteurs à coûts élevés et pays producteurs à coûts faibles. En période de hausse et de baisse des prix, ces différences de coûts unitaires constituent un atout ou un handicap pour les producteurs selon qu'il est rentable ou non de continuer la production et l'exportation du produit. L'âge des exploitations a également des répercussions sur la fixation des coûts unitaires. Les nouvelles capacités de production avec des équipements récents sont avantagées par rapport aux anciennes parce que leur productivité est généralement plus élevée et leurs coûts unitaires plus bas.

Compte tenu de la situation statistique du marché mondial et du comportement des autres pays producteurs, l'offre d'un gros pays producteur a un impact important sur le marché international. Néanmoins, sa décision de produire reste soumise à des contraintes en matière de qualité et de quantités ainsi que de capacités de production. Un pays producteur peut également subir les répercussions des déséquilibres d'ordre géopolitique qui influencent sensiblement sa décision de produire. Par contre, l'action d'un petit producteur peut avoir des effets négligeables sur le marché. Ainsi, les pays producteurs peuvent être classés en fonction de leur degré de dépendance, même s'il varie au cours du temps, par rapport à la production et à l'exportation du produit. Ce degré de dépendance conduit à des différences de réaction à moyen terme des offres des pays producteurs à l'évolution des prix internationaux.

C. Degré de dépendance des consommateurs par rapport au produit

A court terme, l'élasticité-prix est relativement faible même si la consommation de certains produits réagit rapidement au prix. Les contraintes des consommateurs par rapport au produit sont notamment liées à la technologie de production et au modèle de consommation. La réaction de la consommation à l'évolution du prix est liée aux phénomènes de substitution dans la consommation et dans la technologie de production. Elle repose également sur les spécificités de l'économie du produit et implique des délais qui conduisent à une dépendance des consommateurs par rapport au produit. Cette dépendance revêt plusieurs formes et dépend de la part de la matière première dans la consommation finale. Elle explique les comportements et les stratégies des consommateurs sur le marché international.

La technologie d'utilisation et/ou de consommation du produit se définit, en particulier, par la place de la matière première dans les produits finis, le degré de rigidité des modèles de consommation et les possibilités de substitution du produit dans la technologie industrielle selon qu'elle soit flexible ou rigide (durée et importance des équipements, spécificité du produit, etc.). Le caractère stratégique de la consommation du produit constitue aussi une contrainte de dépendance. Il se traduit par la place qu'occupe le produit dans la consommation et de certains de ses usages (besoins militaires, sécurité alimentaire ou économique, approvisionnements énergétiques, etc.) compte tenu de la quantité de consommation couverte par la production domestique et de la période pendant laquelle est prise la décision de consommer ou d'utiliser le produit.

La place du pays importateur sur le marché international du produit peut lui donner un pouvoir de négociation avantageux avec les producteurs si sa part de marché dans la consommation est élevée. Le volume de ses achats constitue ainsi un atout important pour le pays consommateur mais surtout un élément de poids dans les décisions de vente des producteurs. Souvent, malgré certaines conditions de marché avantageuses auxquelles ils renoncent, les pays importateurs assurent en priorité la sécurité de leurs sources d'approvisionnement pour des raisons stratégiques liées à la place de la consommation du produit dans l'économie et aux risques de troubles géopolitiques qui peuvent entraîner des ruptures d'approvisionnement du produit. Par conséquent, la dynamique du marché international d'une matière première dépend en particulier des délais de réaction de la consommation aux fluctuations des prix internationaux et des degrés de dépendance des différents pays consommateurs par rapport au produit.

Conclusion

La conjoncture du marché d'une matière première est le plus souvent analysée en mettant au même niveau des facteurs qui relèvent de forces et de mécanismes différents parce qu'ils sont liés à des horizons temporels distincts. A court terme, l'évolution du prix résulte des interventions simultanées de nombreux opérateurs sur le marché international à travers les marchés à terme et les agences spécialisées qui « fixent » un prix de référence servant souvent de base aux négociations commerciales. Or, ce prix de référence dépend étroitement des mécanismes portant sur les décisions de production et de consommation qui influencent l'évolution, à moyen terme, du prix du produit. Le court terme est un horizon temporel trop bref pour analyser les modifications du rapport production/consommation/prix. La conjoncture du marché d'une matière première dépend donc du processus d'ajustement production-consommation-prix et des mécanismes de régulation à moyen-long terme résultant de la structure du marché et des comportements des acteurs ainsi que de l'impact des perturbations exogènes.

Le produit parcourt plusieurs phases de transport, de stockage et de transformation qui peuvent durer plusieurs mois et retarder les effets d'une modification du volume de la production ou de la consommation sur le prix. Par conséquent, l'ajustement entre la production et la consommation ne peut se réaliser que sous le moyen terme avec des phénomènes de retards de réaction. De plus, le clivage court-moyen terme permet de distinguer les facteurs et les mécanismes propres à chaque période d'analyse.

L'analyse de la conjoncture du marché d'une matière première nous a conduit à distinguer les différents horizons temporels et à préciser les notions d'offre et de production, de demande et de consommation en se situant dans une perspective de moyen-long terme. Elle nous a permis de nous intéresser aux mécanismes endogènes d'interactions production-consommation-prix qui se déroulent à moyen-long terme. Ces mécanismes endogènes peuvent présenter des phénomènes de coïncidence ou d'autonomie dans les évolutions des marchés selon les spécificités des produits et des époques.

La structure du marché intervient dans les mécanismes d'ajustement à moyen-long terme production-consommation-prix. Elle reflète les positions respectives des différents acteurs sur le marché selon qu'ils soient dominants ou dépendants. Mais, les positions des différents acteurs ou leur pouvoir de marché dépendent de l'état d'approvisionnement réel du marché et peuvent parfois expliquer pourquoi certains d'entre eux sont *price maker* alors que d'autres sont *price taker*. La structure du marché et le poids des acteurs exercent une influence sur le fonctionnement de la filière, en particulier sur les conditions et l'évolution de la production et de la consommation. Les comportements des acteurs se traduisent par des décisions de produire et de consommer. Ils sont impliqués dans les mécanismes endogènes d'ajustement production-consommation-prix qui débouchent sur des phénomènes de convergence et de divergence dans les évolutions des conjonctures des marchés de matières premières.

CHAPITRE 2

LA DYNAMIQUE CYCLIQUE DE LA CONJONCTURE DU MARCHE D'UNE MATIERE PREMIERE

La conjoncture du marché d'une matière première ne doit pas être saisie seulement à travers sa dynamique de court terme mais elle doit être également analysée dans une perspective de moyen-long terme au cours de laquelle peuvent être analysés les phénomènes de convergence et de divergence dans les évolutions des conjonctures des marchés de matières premières. En effet, la production et la consommation d'une matière première réagissent généralement avec retard par rapport à l'évolution de son prix. Les mécanismes de retards de réaction peuvent être similaires sur de nombreux marchés ou se différencier selon les spécificités de chaque produit.

L'analyse de la conjoncture se situe alors au delà du marché et se place au niveau de « l'économie du produit », c'est-à-dire des conditions de sa production et de sa consommation. Ainsi, la compréhension des mécanismes de fluctuation des prix des matières premières conduit à analyser les conditions de production et d'offre des différents pays producteurs ainsi que les conditions de la consommation et de la demande dans les pays consommateurs. Même si ces retards de réaction dépendent des spécificités de chaque produit et expliquent pourquoi tous les marchés ne réagissent pas de la même manière et au même moment, certaines coïncidences montrent également que ces réactions sont similaires sur de nombreux marchés où se retrouvent des facteurs communs.

L'objet de la première section est de poser le cadre d'analyse des relations causales entre l'évolution de la différence consommation moins production et l'évolution du prix. Il s'agit de voir comment vérifier les interactions qui peuvent exister dans le processus d'ajustement production-consommation-prix. Cette section présente la méthode qui permet de tester l'existence de ces interactions (2.1.). Dans une deuxième section, l'existence d'interactions entre la production, la consommation et le prix est vérifiée par des tests de causalité qui permettent de s'interroger sur les formes de réaction des différents marchés de produits. Les tests appliqués aux marchés des différents produits retenus par cette étude tentent de montrer si tous les produits réagissent de la même manière ou si certains d'entre eux présentent des réactions spécifiques (2.2.). Cette section analyse les relations « bilatérales » entre la différence consommation moins production et le prix d'une part, et entre la production, la consommation et le prix de chaque produit, d'autre part. Elle décrit les retards de réaction sur les marchés internationaux de matières premières en indiquant les similitudes de leur évolution lorsqu'elles existent et leur convergence éventuelle mais également les spécificités de chaque produit qui débouchent parfois sur une dynamique autonome et divergente.

La troisième section examine les interactions entre la différence consommation moins production et le prix ainsi que l'évolution de la production et de la consommation de chaque produit. Ces interactions se traduisent notamment par un enchaînement de phases d'excédents et de pénurie débouchant sur des processus cycliques endogènes sur la plupart des marchés de matières premières. Un processus endogène correspond à un mécanisme d'interactions production-consommation-prix caractérisé par des phénomènes de retards de réaction qui se produisent sur la plupart des marchés de matières premières et dont les évolutions de conjonctures peuvent présenter une convergence ou une divergence selon les produits et les époques (2.3.).

2.1. LES RELATIONS DE CAUSALITE ENTRE LA DIFFERENCE CONSOMMATION MOINS PRODUCTION ET PRIX

L'étude de l'évolution de la conjoncture du marché d'une matière première suggère qu'il existe des interactions entre sa production, sa consommation et son prix. Plus précisément, les interactions entre la différence consommation moins production et prix détermine cette évolution. Pour montrer ces interactions, il convient de rechercher des relations de causalité entre ces variables et à utiliser des tests qui permettent de les vérifier. Or, l'étude des relations de causalité entre la différence production moins consommation et prix conduit d'abord à tester la stationnarité des séries. De nombreuses méthodes ont été utilisées par différents auteurs et une première démarche consiste à présenter la méthode la plus adaptée pour vérifier cette stationnarité (Saadi, 1997[1]).

En outre, la notion de causalité peut comporter des ambiguïtés et l'analyse des relations causales reste délicate. Aussi, l'analyse des différents tests de causalité conduit à choisir le test le plus significatif permettant de détecter les interactions entre la production, la consommation et le prix après stationnarisation (*2.1.1.*). Si les séries des variables étudiées sont stationnaires, les tests de causalité de Granger (1969) permettront de dégager les relations de causalité entre ces variables prises deux à deux et de chercher si une variable influence une autre variable. Ils permettent de montrer les phénomènes de retards de réaction et les similitudes dans leurs évolutions. Si les tests ne présentent pas de relation de causalité, la question se posera de savoir quelles sont les spécificités du produit concerné (*2.1.2.*).

---

[1] Saadi H., (1997), « Convergence et divergence des conjonctures des marchés internationaux de matières premières », Thèse de doctorat, Faculté des sciences économiques, Université Pierre Mendès France.

2.1.1. Application des tests de causalité et résultats obtenus

Les tests de causalité décalée et instantanée au sens de Granger (1980)[2] permettent de trouver si une variable exerce une influence sur autre variable. Aussi, est-il nécessaire de tester les mouvements de ces variables et les directions de causalité entre les séries. Si les tests ne présentent pas de relation de causalité, quelles seront alors les spécificités de chaque produit ? En désignant par C_x et C_y les consommations des produits X et Y, le test de causalité, au sens de Granger, porte sur les modèles suivants :

$$C_{x,t} = \alpha_0 + \sum_{i=1}^{k} a_i C_{y,t-i} + \sum_{j=1}^{l} b_j C_{x,t-j} + \varepsilon_{1t} \qquad (2.1.1.)$$

$$C_{y,t} = \beta_0 + \sum_{i=1}^{k} c_i C_{y,t-i} + \sum_{j=0}^{l} d_j C_{x,t-j} + \varepsilon_{2t} \qquad (2.1.2.)$$

La condition nécessaire pour montrer la causalité de X vers Y, sans réciprocité, s'écrit : $c_i = 0$, et $b_j \neq 0$, $\forall i$, [1, k], $\forall j$, [1, l].

Pour déterminer le nombre optimal de retards, nous avons utilisé les valeurs du *Final-Prédictive-Error* (FPE-Akaïke)[3]. Les séries peuvent être stationnaires en niveau ou en différences premières par des tests de racine unitaire de DF. Une série est considérée comme stationnaire lorsque l'hypothèse nulle de racine unitaire est acceptée et lorsque le t de Student est inférieur en valeur absolue au seuil critique tabulé. Lorsque les séries sont prises en différences premières l'hypothèse nulle est fortement rejetée pour presque toutes les données. Cependant, la série de la production du plomb est stationnaire au seuil de 5% alors que les autres séries sont stationnaires à 1%. Cependant, ces résultats montrent que toutes les séries portant sur la consommation sont stationnaires en différences premières. La

---

[2] Granger C.W.J., (1980), "Long Memory Relationships and the Agregation of Dynamic Models", *Journal of Econometrics*, vol. 14, p. 227-238.

[3] Ces tests ont été effectués à l'aide du logiciel *E-Views* (TSP sous Windows).

plupart des séries de prix prises en niveau sont non stationnaires sauf celle du prix du nickel pour lequel l'hypothèse nulle d'existence d'une racine unitaire est rejetée au seuil de 1%, celle du prix du plomb à 5% et celle de la production de l'étain à 10%. Toutes les séries de prix sont stationnaires en différences premières.

Pour déterminer l'influence des facteurs explicatifs sur les variables, il convient de choisir le nombre de retards des variables dépendantes et indépendantes décalées. Plus généralement, ce nombre de retards doit être suffisamment grand pour que les résidus des régressions soient des processus de « bruit blanc ». Le choix est délicat parce qu'un nombre de retards trop faible peut conduire à des estimations biaisées et un nombre de retards trop grand peut déboucher sur des estimations biaisées et réduit la puissance du test. De plus, un nombre insuffisant de variables endogènes retardées entraîne une autocorrélation des résidus. Aussi, une procédure courante consiste à estimer successivement des modèles en ayant recours à un nombre de plus en plus important de retards jusqu'à ce que les estimations ne soient plus biaisées. Elle conduit à utiliser un processus autorégressif d'ordre p retraçant la façon dont est générée l'observation courante X_t à partir de ses X_{t-k}. Un processus X_t est dit autorégressif d'ordre p {AR, (p)}, s'il vérifie une relation du type :

$$X_t = \sum_{i=1}^{p} \beta_t X_{t-1} + \mu_t \qquad (2.1.3.)$$

où les β_t sont des réels et μ_t un bruit blanc.

La relation (2.1.3.) peut également s'écrire :

$$\phi_{00} X_t - \phi_{11} X_{t-1} - \ldots - \phi_{p_n} X_{t-p} = \phi(B) X_t = \varepsilon_t \qquad (2.1.4.)$$

avec $\phi(B) = \phi_0 - \phi_1 B - \ldots - \phi_p B^p$ et $\phi_0 = 1$ en général, où les coefficients $\phi_i, i = 1, \ldots p$ sont des réels et ε_t un bruit blanc.

B est l'opérateur de retard tel que : $B^j X_t = X_{t-j}$[4].

---

[4] Bresson G. ; Pirotte A., (1995), *Economie des séries temporelles, Théorie et applications*, Paris, PUF, p. 22.

La sélection du nombre de retards dans ces modèles peut également s'effectuer grâce à l'utilisation des tests des critères d'information d'Akaïke (*Akaïke Information Criterion*, AIC; *Final Predictive Error*-Akaïke ou *FPE*)[5] et de Schwarz (1978)[6]. Comparé à d'autres méthodes, le critère du FPE-Akaïke débouche souvent sur une meilleure estimation du nombre de décalage. Il est fréquemment utilisé parce qu'il prend en compte certaines relations causales qui ne peuvent être décelées qu'au bout d'un nombre déterminé de retards[7]. Par conséquent, la méthode retenue est celle du FPE-Akaïke dont les calculs produisent le meilleur résultat. Une procédure de tests séquentiels est utilisée pour choisir le nombre de retards qui sera pris en compte dans le modèle. Le nombre de retards k est estimé en retenant la formule qui présente le meilleur résultat selon le critère d'Akaïke (1970)[8]. On calcule *FPE* pour différents k et on choisit le paramètre retenu $\bar{k}$ qui est déterminé par la valeur la plus faible des *FPE* calculés. Il représente le nombre optimal de retards puisque le ratio FPE exprime l'erreur potentielle de la prédiction :

$$FPE(k) = \frac{n+\bar{k}+1}{n-\bar{k}-1} * \frac{SCR(\bar{k})}{n} \qquad (2.1.5.)$$

n est le nombre d'observations et SCR la somme des carrés des résidus de l'équation estimée.

Dans ce modèle, les équations sont estimées par les MCO et la non autocorrélation des résidus est vérifiée par le test de

---

[5] Akaïke H., (1973), "Maximum Likelihood Estimation of Gaussian Autoregressive Moving Average Models", *Biometrika*, vol. 60, p. 255-265. Akaïke H., (1977), "An Entropy Maximization Principle", in *Proceedings of Symposium on Applied Statistics*, Krishnaiah, P. (Eds.), North Holland.

[6] Schwarz G., (1978), "Estimating the Dimension of a Model", *Annals of Statistics*, vol. 6, p. 461-464.

[7] Truong B.T., (1995), *Décomposition temporelle des prix internationaux des matières premières : tests d'efficience et analyse de causalité*, Thèse de doctorat, Université Pierre Mendès France, GAMMAP-Faculté des sciences économiques, Grenoble-2, p. 227 et s.. De nombreux éléments de l'analyse économétrique qui appuient cette recherche sont inspirés de cette thèse.

[8] Akaïke H., (1970), "Autoregressive Model Fitting for Control", *Annals of the Institute of Statistical Mathematics*, vol. 22, p. 163-180.

Ljung-Box (1978)[9]. Pour déterminer le nombre de retards de l'équation, la procédure précédente s'applique à l'équation suivante :

$$X_t = c + \sum_{i=1}^{k} a_i X_{t-i} + \sum_{j=1}^{l} b_j Y_{t-j} + \mu_t \qquad (2.1.6.)$$

Le ratio correspondant au minimum du *FPE* (n,k) entre les deux équations devient alors :

$$FPE(\bar{k},\bar{l}) = \frac{n+\bar{k}+\bar{l}+1}{n-\bar{k}-\bar{l}-1} * \frac{SCR(\bar{k},\bar{l})}{n} \qquad (2.1.7.)$$

$\bar{l}$ représente les degrés de liberté par rapport aux valeurs retardées de Y. Dans cette équation, les valeurs de $\bar{l}$ et $\bar{k}$ sont calculées avec la même méthode et sont considérées comme équivalentes.

Dans ce cas, le nombre optimal de retards $\bar{k}$ de la variable X est considéré comme le décalage optimal entre les deux variables X et Y. Les résultats des calculs effectués selon (*2.1.6.*) représentent les valeurs optimales de $\bar{k}$ et sont portés sur le tableau 1 page suivante.

L'analyse des relations de causalité entre la différence consommation moins production et le prix nous a conduit d'abord à aborder le problème de la stationnarité des séries des produits de notre échantillon. Les tests de stationnarité ont montré que la plupart des séries sont stationnaires en différences premières. Cependant, parmi les séries des produits minéraux, celle de la consommation du plomb est stationnaire avec un trend et l'hypothèse nulle de racine unitaire est rejetée au seuil de 5% pour celle de la production.

En ce qui concerne les séries des produits agricoles, celle de la consommation du cacao est stationnaire en différences secondes. De plus, la causalité au sens de Granger est basée sur la notion de prévision linéaire optimale liée aux causalités décalée

---

[9] Ljung G.M. ; Box G.E., (1978), "On a Measure of Lack of Fit in Time Series Models", *Biometrika*, vol. 65, p. 297-303. Ce test permet de vérifier si l'hypothèse nulle de non-autocorrélation des résidus est rejetée. Sinon, la sélection du nombre de retards optimaux est poursuivie jusqu'à ce que l'hypothèse nulle de non-autocorrélation des résidus soit acceptée.

et instantanée. En prenant les variables deux à deux, les tests de causalité permettent de détecter les retards de réaction, de montrer leurs similitudes ou les spécificités de chaque produit.

Tableau 1. Degré de retard des variables

Produits		*Décalage optimal*	*Q de Ljung Box*
	Production	3	6,49
Aluminium	Consommation	3	1,90
	Prix	3	6,46
	Production	5	16,20
Cuivre	Consommation	4	6,02
	Prix	3	9,93
	Production	4	9,95
Etain	Consommation	2	0,62
	Prix	3	1,28
	Production	1	0,38
Nickel	Consommation	5	4,55
	Prix	3	14,75
	Production	3	5,08
Plomb	Consommation	3	8,67
	Prix	4	4,73
	Production	5	3,93
Zinc	Consommation	6	4,27
	Prix	3	1,88
	Production	8	56,86
Café	Consommation	2	3,69
	Prix	2	1,53
	Production	6	5,91
Cacao	Consommation	4	3,02
	Prix	7	9,54
	Production	5	4,72
Caoutchouc	Consommation	1	0,07
	Prix	5	12,57
	Production	4	18,18
Coton	Consommation	6	5,65
	Prix	6	11,27

Seuil d'acceptation ; 1%.

Les tests de causalité appliqués aux séries de production, de consommation et de prix de chaque produit permettent de montrer les relations causales entre elles d'une part, et les retards de réaction d'une variable par rapport à l'autre, d'autre part. L'application de ces tests cherche à vérifier les retards de réaction notamment entre la différence consommation moins production et prix. Ces retards de réaction relèvent de mécanismes endogènes des marchés de matières premières et leurs évolutions peuvent conduire à des phénomènes de convergence. Mais, tous les marchés de matières premières ne réagissent pas de la même manière et leurs spécificités peuvent les conduire à des évolutions autonomes et divergentes. En effet, chaque marché de produit présente des temps propres et des mécanismes dynamiques spécifiques liés à sa nature, aux conditions de sa production et de sa consommation, c'est-à-dire de son « économie », et aux formes de régulation de son marché.

2.1.2. Réactions décalées entre le solde consommation moins production et prix

Les résultats des tests de causalité instantanée et décalée montrent que des interactions existent entre la production, la consommation et le prix de chaque matière première mais le sens de la causalité n'est pas réciproque pour toutes les variables et tous les produits (tableaux 2 et 3). Les tests de causalité décalée sur les séries de consommation de cacao ont donné des résultats négatifs en raison notamment de l'insuffisance des données disponibles qui couvrent seulement la période 1974-1993. L'application du test de Fisher aux séries détermine le nombre de retards de la variable explicative pour chaque couple de variables.

Cependant, le test de causalité de Granger ne s'applique qu'à des processus stationnaires. Lorsque les séries sont non stationnaires, il est donc nécessaire de recourir à une procédure de différenciation. Une corrélation élevée avec les variables de retard retenues peut déboucher sur une multicolinéarité qui peut être évitée en introduisant dans le modèle une variable de retard issue de la variable expliquée (Y_t). Le modèle estimé devient :

$$\Delta X_t = \alpha_0 + \sum_{i=1}^{k} a_i \Delta Y_{t-i} + \sum_{j=1}^{l} b_j \Delta X_{t-j} + \varepsilon_{1t} \qquad (2.1.8.)$$

$$\Delta Y_t = \beta_0 + \sum_{i=1}^{m} c_i \Delta Y_{t-i} + \sum_{j=0}^{n} d_j \Delta X_{t-j} + \varepsilon_{2t} \qquad (2.1.9.)$$

La signification des coefficients et des modèles estimés est appréciée à l'aide du test t de Student et du test F de Fisher-Snedecor. Si l'hypothèse nulle des coefficients b_j associés à X_t dans l'équation (2.1.8.) est rejetée, alors x « cause » y $\Leftrightarrow b_j \neq 0$ et il en est de même pour Y_t dans l'équation (2.1.9.).

Tableau 2. : *Tests de Fisher de causalité décalée*

Produit	*Prod. ⇒Prix*	*Prod. ⇒Cons.*	*Cons. ⇒Prix*	*Prix ⇒Prod.*	*Cons. ⇒Prod.*	*Prix ⇒Cons.*	*Prix ⇒D*	*D ⇒Prix*
Aluminium	7,80	0,86	0,18	7,80	5,48	1,31	4,38 (4) 3,63 (5) 5,52 (6)	1,71 1,22 1,49
Cacao	0,40	0,58	2,66	0,54	2,78	1,00	6,77 (4)	1,55
Café	2,17	8,62	1,52	1,28	0,86	11,94	4,80 (4)	0,78
Caoutchouc	1,73	7,99	0,08	4,96	0,14	2,24	0,62 (4)	0,38
Coton	1,30	4,96	0,09	3,42	0,09	13,59	0,02 3,91 (4) 3,64 (5)	4,95 (1) 1,01 0,68
Cuivre	1,08	3,14	0,05	3,43	0,58	3,46	1,90 (4)	0,23
Etain	0,16	1,58	5,00	1,29	0,76	2,88	1,37 (4)	0,72
Nickel	1,99	8,18	1,62	0,97	6,37	0,46	1,10 (4)	0,38
Plomb	2,08	2,91	6,23	1,27	5,10	10,77	4,57 (3) 2,23	1,40 3,13 (3)
Zinc	0,04	2,67	1,14	24,88	8,24	88,21	6,04 (5) 5,44 (6)	1,04 1,14

N.B. : D = Différence entre consommation et production en données annuelles. Les valeurs entre parenthèses représentent les retards de la variable explicative qui se situe après la flèche dans le tableau. . Seuil d'acceptation : 1%.

Source : *Annuaire des produits de base* et *Bulletin mensuel des prix des produits de base* CNUCED, diverses années ; *Annuaire*, vol. 47, 1993, FAO ; *Annuaire statistique*, IMETAL et Metaleurop, diverses années

Tableau 3 : *Les délais de retard entre production, consommation et prix de chaque produit*

Produit	*Prod. ⇒ Prix*	*Prod. ⇒Cons.*	*Cons. ⇒ Prix*	*Prix ⇒ Prod.*	*Cons. ⇒ Prod.*	*Prix ⇒ Cons*	*Prix D*	*Prix*
Aluminium	1	non	non	1	1	non	oui	non
Cacao	non	non	non	non	non	non	oui	non
Café	non	2	non	non	non	1	oui	non
Caoutchouc	non	1	non	3	non	non	non	non
Coton	non	1	non	3	non	1	oui	oui
Cuivre	non	4	non	2	non	2	non	non
Etain	non	non	1	non	non	non	non	non
Nickel	non	1	non	non	1	non	non	non
Plomb	non	non	1	non	1	1	oui	oui
Zinc	non	non	non	1	1	1	oui	non

N.B. : D=Différence entre consommation et production en données annuelles. Les valeurs entre parenthèses représentent les retards de la variable explicative.

Pour la moitié des matières premières analysées, les tests ont permis de détecter des relations de causalité de la production vers la consommation, du prix vers la production, de la consommation vers la production et du prix vers la consommation. Ces relations causales réciproques traduisent des interactions entre la production, la consommation et le prix. Elles signifient qu'il existe des réactions décalées entre ces variables par un processus d'ajustement du marché. Les résultats des tests montrent que le prix exerce généralement une influence sur la différence consommation/production de la plupart des produits mais que la relation inverse n'est pas toujours vérifiée. Cinq produits sur les dix analysés présentent des relations causales entre prix et la différence consommation moins production. Quatre produits (aluminium, cacao, café et coton) montrent des relations causales décalées de 4 ans du prix vers la différence consom-mation/production (tableau 3).

Cependant, les résultats des tests de causalité effectués sur les séries du caoutchouc, du cuivre, de l'étain du nickel et du zinc ne montrent pas de relation causale entre la différence consommation/production et le prix au-delà d'un retard de 4 ans. Les séries de consommation du cacao et du café qui s'étalent respectivement de 1974 à 1993 et de 1968 à 1993 ne permettent pas d'effectuer des calculs plus poussés pour l'ensemble des produits. De même, les relations causales de la consommation vers le prix ne sont apparues que pour deux produits (l'étain et le plomb). Globalement, l'influence de la production sur le prix et de la consommation sur le prix n'est pas constatée pour la plupart des produits (tableau 2).

Pour de nombreux produits, la production exerce une influence sur la consommation et réciproquement. Cette influence confirme ainsi l'existence des réactions retardées entre la production et la consommation par rapport à l'évolution du prix. Les résultats des tests que nous avons réalisés ont permis aussi de déceler des relations de causalité du prix vers la production et vers la consommation alors que la relation réciproque n'est pas vérifiée. Par exemple, ils montrent que la production exerce une influence positive vers la consommation avec une année de retard pour le caoutchouc, le coton et le nickel. Ces trois produits sont étroitement liés au rythme de l'activité économique générale. Les résultats montrent que ce retard d'une année peut correspondre au temps pendant lequel se réalise l'ajustement entre la production et la consommation de ces produits (tableau 2).

Ces retards indiquent le plus souvent que les réactions sont différentes d'un produit à l'autre. Chaque marché de produit présente des spécificités qui se traduisent par des retards de réaction spécifiques et une divergence dans les évolutions des marchés. Les spécificités de chaque marché sont nombreuses et sont liées notamment, à sa nature, aux conditions techniques et naturelles de son exploitation, aux formes de régulation à moyen terme de son marché, aux répercussions des facteurs exogènes spécifiques (conditions climatiques, innovations technologiques, situation politique et sociale dans certains pays producteurs, etc.).

2.1.3. Causalité et spécificités de réaction produit par produit

Une analyse, produit par produit, indique que les relations de causalité entre la production, la consommation et le prix sont différentes d'un produit à l'autre et dépendent des spécificités du produit. Les interactions de la différence consommation moins production à l'évolution du prix sont donc influencées par la dynamique propre du marché de chaque produit. Deux exemples de produit, le café et le cuivre, illustrent symboliquement ci-après les marchés internationaux des produits agricoles et miniers. D'autres exemples de produits (aluminium, nickel, plomb, étain, zinc, cacao, caoutchouc, coton) montrent également les relations causales et décalées sur les grands marchés internationaux de matières premières (Saadi, 1997).

Relations de causalité et réactions décalées sur le marché du café

En ce qui concerne le café, les résultats des tests montrent que le retard de réaction de la consommation par rapport à la production s'élève à 2 années ; ce retard correspond au temps de maturité de la variété de café au cycle biologique court (entre 2 et 3 ans) expérimenté au Brésil (*Mundo Novo*) et en Colombie (*Catura*) depuis les années 1970[10]. Ce résultat est proche de celui de Wellman (1961)[11] qui a décrit deux cycles pour le café, l'un de court terme lié à une production biennale concernant principalement l'arabica et l'autre de moyen-long terme lié au cycle traditionnel de production du robusta. Par contre, Lord (1991)[12] attribue le cycle biennal de production à la variété du *robusta* et le cycle de moyen-long terme de production à l'*arabica* qui commence à produire au bout de 4 ans. Epps (1975)[13] trouve un intervalle de 2 à 5 ans entre la plantation du caféier et son entrée en production. Par contre, Edwards et

---

[10] Daviron B. ; Lerin F., (1990), *Le café*, Paris, Economica, col. « Cyclope ».

[11] Wellman F.L., (1961), *Coffee, Botany, Cultivation, and Utilization*, London, Leonard Hill ; cité par Lord (1991), *op. cit.*, p. 177.

[12] Lord, (1991), *op. cit*, p. 202.

[13] Epps M.L., (1975), "A Simulation of the World Coffee Economy", in Labys W.C. (Ed.), *Quantitative Models of Commodity Markets*, Cambridge, Ballinger, p. 108-109.

Parikh (1976)[14] présentent un décalage moyen entre la plantation du caféier et son entrée en production, de 4 ans pour le robusta et de 7 ans pour l'arabica.

Dans sa simulation du marché du café, Ford (1978)[15] énumère six facteurs expliquant la dynamique du marché international du café. Le premier facteur concerne le délai de retard entre la plantation du caféier et son entrée en production. Le second porte sur les relations entre les prix du café et le nombre de caféiers. Le troisième facteur est représenté par la faible proportion, variable à court terme, du coût total de production qui influence les décisions d'investissement en capacités de production. Le quatrième facteur est relatif aux facteurs de production utilisés par unité de surface plantée. Le cinquième facteur distingue les deux types de caféiers (arabica et robusta) et le sixième facteur porte sur les méthodes de traitement des cerises de café qui sont utilisées dans différentes zones de production de café. Ford (1978) considère que le retard de réaction de la production aux fluctuations des prix s'étend généralement de 2 ans pour le robusta à 4 ans pour l'arabica et constate qu'une augmentation de la production suit une hausse des prix avec un décalage de 3 à 6 ans qui dépend des variétés de café dans les différentes zones de production. Par contre, les producteurs réagissent à une baisse des prix, réelle ou anticipée, en réduisant leurs capacités de production dans des délais relativement courts.

En effet, ils augmentent ou réduisent leurs surfaces cultivées en réaction aux fluctuations des prix avec un décalage de deux ans qui correspond à un cycle biannuel de production. Aussi, une baisse des prix peut déclencher, une année ou deux plus tard, une diminution des surfaces cultivées. Les fluctuations des prix du café entraînent donc des modifications du niveau de production. Le niveau de la production est également

---

[14] Edwards R. ; Parikh A., (1976), "A Stochastic Policy Simulation of the World Coffee Economy", *American Journal of Agricultural Economics*, vol. 156, p.152-160.

[15] Ford D.J., (1978), "Commodity Market Modelling and the Simulation of Market Intervention : The case of Coffee", in Adams F.G.; Klein S.A. (Eds.), *Stabilizing World Commodity Markets, Analysis, Practice and Policy*, Lexington, DC Heath, p. 35-61.

déterminé par la structure par âge des plantations, le cycle biologique des variétés de café, les conditions climatiques et les maladies qui peuvent affecter les caféiers. Compte tenu de la durée de production d'un caféier, la structure par âge des plantations existantes change lentement dans le temps et entraîne une modification de la production moyenne à l'hectare, à moyen-long terme. La variété de l'*arabica*, en particulier, présente un cycle biologique biannuel et sa production est irrégulière d'une année sur l'autre avec de bonnes et de mauvaises récoltes, en particulier en Amérique Latine. Mais, ce cycle biennal n'est pas déterministe et une saison exceptionnelle peut transformer une mauvaise année en une bonne année et inversement[16]. Les conditions climatiques affectent sensiblement le niveau de production des caféiers qui peuvent subir la sécheresse, le gel (essentiellement au Brésil), et les inondations. De même, les maladies et les parasites peuvent avoir des effets négatifs indistinctement sur la production de toutes les variétés de café. D'un continent à l'autre, ces variétés sont différentes et sont plus ou moins résistantes selon les zones de production. En outre, la méthode de traitement des cerises de café (arabicas lavés et non lavés, par exemple) conduit à une différenciation de qualité et de prix sur le marché international.

Au niveau de la demande, la consommation de café est liée à l'évolution du prix et du pouvoir d'achat mais les zones de consommation dépendent également des facteurs climatiques et des phénomènes de substitution. En effet, même s'il est difficile d'évaluer l'évolution de la consommation par rapport à l'augmentation du revenu, des études ont montré que l'amélioration du pouvoir d'achat des ménages entraîne une hausse de la consommation[17]. Les zones géographiques se dessinent en fonction du climat et la consommation de café est plus importante du sud vers le nord. Ainsi, les pays scandinaves arrivent en tête du groupe des pays consommateurs européens. Enfin, les phénomènes de substitution se traduisent par une différenciation verticale du produit lorsque le prix est élevé. Ainsi, les consom-

[16] Ford D.J., (1978), *op. cit.*, p. 36 et 37.
[17] Lord, (1991), *op. cit.*, p. 193-195.

mateurs sont poussés à choisir des qualités moins chères et à consommer du soluble au lieu du café en poudre.

Cependant, les transformateurs adoptent parfois des comportements paradoxaux lorsque le prix du café baisse en choisissant une qualité de café plus chère comme l'*arabica* au détriment du *robusta*. Durant les années 1980 et au début des années 1990, de grandes campagnes publicitaires ont largement vanté les qualités du pur *arabica*, notamment celui de Colombie. Puisque le budget des consommateurs consacré au café a tendance à se stabiliser, les transformateurs ont favorisé la commercialisation de l'*arabica* parce que sa valeur ajoutée est plus élevée que celle du robusta. Lorsque la hausse du prix est durable, les consommateurs différencient horizontalement les produits en se détournant vers d'autres boissons chaudes ou froides moins chères que le café. Par ailleurs, la place du *robusta* dans le modèle de consommation d'un pays s'explique par plusieurs facteurs. L'héritage colonial, notamment pour la France et le Portugal, découlant de politiques d'autarcie impériale menées dans les années 1930 protégeait les caféicultures coloniales avec des barrières tarifaires élevées. La zone française couvrait les cafés de la Côte-d'Ivoire, du Cameroun, et de Madagascar en particulier alors que l'Angola était sous la protection du Portugal. Cette protection a permis à ces pays de développer leurs capacités de production durant la même période.

Relations de causalité et réactions décalées sur le marché du cuivre

Les tests sur les séries du cuivre ne font pas apparaître de relations de causalité du prix vers la différence consommation/production ou de relation inverse (tableaux 1 et 2). Cependant, ils montrent que la consommation réagit à la production avec un décalage de 4 ans. Ils indiquent également que le prix influence la production et la consommation du cuivre avec un délai de 2 ans qui correspond notamment à une augmentation du degré d'utilisation des capacités de production existantes (mines, galeries, usines). Mais, ces résultats ainsi que le sens de ces relations causales ne montrent pas si un marché en situation d'excédents ou de pénurie influencent le prix du cuivre ou que la production et la consommation ont un impact sur ce prix. Alors que 7 à 8 ans sont nécessaires pour qu'une nouvelle exploitation minière entre en production, les tests de causalité mettent en évidence que la réaction décalée de la production par rapport à la consommation du cuivre est de 4 ans. Ce décalage représente le délai de retard le plus long parmi ceux des produits étudiés. Il peut correspondre au délai de construction d'une usine métallurgique qui représente 3 à 4 ans. Compte tenu des capacités de production installées et de l'évolution du progrès technique, il est possible que les quantités produites exercent une influence sur la consommation plus rapidement. En effet, les métaux sont soumis à des cycles assez rapides qui se traduisent par des phases de pénurie courtes en raison des projets en cours, de leur délai de réalisation et de la possibilité de réactiver des capacités tournant au ralenti ou temporairement fermées.

En ce qui concerne l'offre de cuivre primaire, l'analyse de Fisher, Cootner et Baily (1975)[18] présentent les résultats des retards de réaction pour les principaux pays producteurs. Ainsi, pour les Etats-Unis, en tenant compte du prix-producteur américain, l'élasticité-prix de court terme est de 0.45 et celle de long terme de 1.67 ; pour le Chili, les valeurs respectives sont 0.11 et de 0.40 ; pour le Canada, elles sont de 0.18 et de 14.84. Pour la Zambie, l'élasticité de court terme est de 0.06 et l'élasticité de long terme est beaucoup plus grande. Enfin, pour le reste du monde, sur la base des cours du LME, l'élasticité-prix de la production, à court terme, est de 0.19 et celle de long terme de 1.68[19]. Par contre, les résultats sont négatifs en ce qui concerne l'existence de causalité de la consommation vers la production de cuivre. En outre, la réaction retardée de la consommation du cuivre trouve son explication, principalement, dans la dynamique de l'activité économique générale et dans la concurrence des produits-substituts, comme l'aluminium.

---

[18] Fisher F.M. ; Cootner P.H. ; Baily M.N., (1975), "A Econometric Model of the World Copper Industry", in Labys W.C. (Ed.), *Quantitative Models of Commodity Markets*, Cambridge, Ballinger, p. 55-84.
[19] *Idem*, p. 66-67.

En effet, les consommateurs ont un choix étendu pour satisfaire leur demande : cuivre primaire importé, cuivre secondaire, ventes programmées des stocks stratégiques gouvernementaux, ou produits-substituts. Alors, une hausse relative du prix du cuivre qui pourrait être imposée par une action collusoire de producteurs provoquera une diminution des quantités demandées beaucoup plus importante que dans le cas où les consommateurs n'auraient pas d'autres choix que d'accepter le prix du marché. Dans le premier cas, la demande est sensible ou élastique aux variations relatives du prix et dans le deuxième cas, elle est inélastique.

Des modèles économétriques ont été construits notamment pour mesurer l'élasticité-prix et analyser comment elle a évolué au cours des années 1960 et 1970[20]. La grande majorité de ces modèles ont été construits pour simuler le fonctionnement du marché international du cuivre avant 1975 et ils établissent que, jusqu'au milieu des années 1970, l'élasticité-prix de la demande de cuivre se situait entre -0,12 et -0,33[21]. Ces résultats reflètent une faible sensibilité des variations relatives des quantités demandées de cuivre par rapport aux variations relatives des prix. Fisher, Cootner et Baily (1975)[22] trouvent une élasticité-prix à la consommation de -0,17 à court terme et de -0,81 à long terme dans le secteur de la production industrielle. En outre, l'élasticité de la consommation du cuivre par rapport au prix de l'aluminium est de 0,23, à court terme, et de 1,01 à long terme. En effet, les phénomènes de substitution s'expliquent surtout par l'évolution des prix relatifs du cuivre vis à vis des prix de ses principaux substituts. A titre d'exemple, il faut comparer l'évolution des prix du cuivre et de l'aluminium. Au cours des 40 dernières années, le prix du cuivre a été, en moyenne, 45% plus élevé que celui de l'aluminium. De 1967 à 1976, l'écart moyen entre les deux prix s'est même approché des 85%. De plus, entre 1953 et 1977, le prix du cuivre a augmenté beaucoup plus rapidement que celui de l'aluminium

---

[20] Taylor C.A., (1979), "A Quarterly Domestic Copper Industry Model", *Review of Economics and Statistics*, vol. 6, p. 410-422.
[21] Nappi C., (1990) : *Le cuivre*, Paris, Economica, col. « Cyclope », p. 62.
[22] Fisher F.M. ; Cootner P.H. ; Baily M.N., (1975), *op. cit.*, p. 74.

(*cf.* tableau 4). Le prix du cuivre a connu une hausse annuelle moyenne de 3,4% contre 1,3% pour l'aluminium débouchant sur un prix relatif continuellement en augmentation et une évolution défavorable au cuivre[23].

Les périodes 1950-56 et 1961-74 se révèlent particulièrement marquées par la hausse des prix relatifs de l'aluminium, notamment. Mais l'aluminium n'est coté sur la Bourse de Londres (*L.M.E.*) que depuis 1978. Pour la période antérieure, c'est le prix producteur américain qui servait de référence et non le prix « spot » du marché. Or, compte tenu de la structure oligopolistique de l'industrie de l'aluminium par rapport à celle du cuivre, le prix du métal léger subit moins les fluctuations du marché que le prix-producteur du métal rouge. Le prix relatif du cuivre par rapport à celui de l'aluminium a baissé depuis les années 1970 et l'écart entre les deux prix s'est réduit. Etant donné la forte hausse des coûts de production de l'aluminium, en particulier les coûts de l'énergie, son prix a augmenté de 5,1% par an au cours de la période 1973-88 contre seulement 1,6% pour le cuivre. Il en est découlé une diminution assez marquée du prix relatif et un regain d'intérêt pour le cuivre auprès des consommateurs. Dans le milieu des années 1970, le prix de l'aluminium est devenu aussi instable que celui du cuivre. Depuis le début des années 1980, l'industrie internationale du cuivre est devenue plus concurrentielle que pendant les 3 décennies précédentes. Cette situation s'explique par la présence d'un plus grand nombre d'acteurs à chacune des étapes du processus de production. D'autre part, les branches d'affinage et de fabrication des semi-produits sont faiblement intégrées. Enfin, le taux de croissance annuel de la consommation de cuivre a sensiblement diminué et les divers débouchés du cuivre sont devenus instables. De plus, la progression régulière du cuivre secondaire et des produits-substituts a conduit à une augmentation de l'élasticité-prix de la demande. Par conséquent, l'ajustement entre la production et la consommation devient plus sensible aux variations des prix par rapport aux mouvements des stocks ou aux transformations des capacités de production.

[23] Nappi C., (1990), *op. cit.*, p. 70-79.

2.2. DYNAMIQUE A MOYEN TERME DU MARCHE D'UNE MATIERE PREMIERE

Les résultats des tests de causalité ont montré qu'il existe des interactions entre la différence consommation moins production et le prix sur de nombreux marchés de matières premières. L'analyse de l'histoire des différents marchés montre qu'à un mouvement de baisse durable du prix est liée une situation de marché en excédents et à un mouvement prolongé de hausse de prix correspond une situation du marché en pénurie. Donc, un lien peut être établi entre les mouvements à moyen terme du prix d'un produit et l'état d'approvisionnement de son marché. Au cours d'une période assez longue pouvant s'étaler sur plusieurs années, la situation du marché est finalement déterminée par la différence consommation moins production. A moyen terme, les fluctuations du prix entraînent des réactions décalées de la production et de la consommation selon le degré de dépendance des producteurs et des consommateurs par rapport au produit.

Les réactions de la production aux fluctuations du prix dépendent de la nature du produit, et des conditions de sa production (*2.3.1.*). Les réactions de la consommation à l'évolution du prix d'une matière première restent étroitement liées au rythme de l'activité économique générale dans les principaux pays consommateurs, au progrès technique et au prix des produits-substituts (*2.3.2.*). Les mécanismes d'ajustement entre la production et la consommation par rapport à l'évolution du prix débouchent sur un enchaînement de phase d'excédents et de pénurie sur le marché. L'état d'approvisionnement général du marché résulte des contraintes de dépendance des producteurs par rapport au produit et de leurs stratégies sur le marché international. Il caractérise également les différentes situations de marché : marché acheteur ou vendeur par exemple (*2.3.3.*).

2.2.1. Dynamique de la production d'une matière première

Les réactions retardées entre la production et le prix ont notamment fait l'objet d'une analyse par la formalisation des fonctions d'offre sous forme de retards échelonnés (A). Mais, les réactions décalées de la production par rapport au prix dépendent des capacités de production dans chaque pays et de la nature du produit (B). Cependant, à moyen terme, un mouvement de hausse (C) ou de baisse (D) du prix agit sur la production avec des délais assez longs qui débouchent finalement sur des réactions excessives se traduisant par des marchés en situation d'excédents ou de pénurie

A. La modélisation des réactions retardées de la production

De nombreuses analyses économétriques ont cherché à expliquer la dynamique de l'offre d'une matière première en montrant des réactions décalées entre la production et le prix par la formalisation des fonctions d'offre sous forme de retards échelonnés. Un bref rappel de ces recherches permet de présenter les arguments et les réflexions sur les phénomènes de retards de réaction en s'appuyant sur la modélisation de ces retards. La prise en compte de ces retards de réaction dans des modèles dynamiques permet de représenter des phénomènes cycliques d'ajustement entre la production et la consommation par rapport à l'évolution du prix.

Les développements de ce paragraphe reposent en partie sur les analyses de W.C. Labys (1973)[24] et sur celles de M.J. Lord (1991)[25]. Dans la mesure où la théorie de l'offre exprime une réaction générale des producteurs à un nombre déterminé de facteurs, Labys (1973) les classe en cinq catégories relevant des domaines économique, écologique, technologique, institutionnel et des phénomènes d'anticipations. En outre, il différencie quatre catégories d'offre : « l'offre régulière », « l'offre annuelle », « l'offre pérenne » et « l'offre cyclique »[26].

Les produits qui font l'objet d'une offre régulière sont ceux qui sont produits régulièrement comme produits miniers ou les agricoles. L'offre annuelle concerne les produits dont l'offre varie annuellement comme les céréales. L'offre pérenne

---

[24] Labys W.C., (1973), *op. cit.*, p. 36-37.
[25] Lord M.J., (1991), *Imperfect Competition and International Commodity Trade, Theory, Dynamics, and Policy Modelling*, Oxford, Clarendon Press, p. 103-109.
[26] Labys W.C., (1973), *op. cit.*, p. 34.

dépend de la production des cultures pérennes comme le café ou le caoutchouc. Enfin, l'offre cyclique est caractérisée par des fluctuations cycliques liées à des produits d'élevage tels que la viande de porc (cycle du porc) ou de bœuf.

L'analyse de l'offre annuelle est due à Nerlove (1958)[27] qui tente d'expliquer la réaction de l'offre des produits de cultures annuelles et trouve des réactions décalées entre la production et le prix. Il montre que l'offre annuelle réagit à la condition que les producteurs anticipent ce qu'il pensent être l'équilibre de long terme ou le niveau d'équilibre de l'offre. L'offre désirée peut être expliquée comme suit :

$$F_t^* = a_0 + a_1 p^*_t + a_2 z_t \qquad (2.2.1.)$$

avec F_t^* représentant l'offre désirée et p_t^*, le prix futur anticipé de la matière première considérée et z_t la variable explicative.

L'ajustement dynamique est introduit grâce à l'hypothèse que l'offre ne peut changer immédiatement en réaction à des conditions économiques nouvelles de telle façon qu'elle atteint le niveau prévu pour la même période. Le changement réel de l'offre, au temps t est seulement une proportion β du changement de l'offre désirée :

$$F_t - F_{t-1} = \beta(F_t^* - F_{t-1}) \qquad (2.2.2.)$$

Le coefficient β est considéré comme un coefficient d'ajustement qui mesure la vitesse avec laquelle l'offre réelle s'ajuste en réaction aux facteurs qui influencent l'offre désirée. Dans certaines conditions, ces facteurs sont inclus explicitement dans l'équation précédente par une variable w_t représentant les effets technologiques, écologiques et les autres influences non-économiques.

$$F_t - F_{t-1} = \beta(F_t^* - F_{t-1}) + a_3 w_t \qquad (2.2.3.)$$

27 Nerlove M., (1958), *The Dynamics of Supply: Estimation of Farmers Response to Price*, Baltimore, The John Hopkins Press.

La combinaison des équations (2.2.2.) et (2.2.1.) donne une équation dans laquelle les variables de l'offre sont représentées en quantités statistiquement observables :

$$F_t = \beta a_0 + \beta a_1 p_t^* + \beta a_2 z_2 + a_3 w_t + (1-\beta) F_{t-1} \qquad (2.2.4.)$$

Quant à la variable prix, Nerlove (1961)[28] montre qu'elle dépend des hypothèses avec lesquelles les producteurs forment leurs anticipations de prix (*cf.* section 2.2.). Mais le modèle le plus simple est celui des « anticipations naïves » où le prix courant anticipé est égal au prix réel futur[29]: cependant, il existe d'autres formes d'anticipation telles que les anticipations autorégressives, extrapolatives, etc.

B. Fluctuations du prix du produit et réaction des capacités de production

La production globale d'un produit réagit généralement avec retard à l'évolution de son prix[30]. Les résultats des tests ne nous permettent pas de vérifier qu'il existe des interactions entre la production et le prix de tous les produits que nous avons étudiés (tableau 5). Les tests présentent des réactions retardées entre la production et le prix pour l'aluminium, le caoutchouc, le coton, le cuivre, et le zinc alors qu'ils ne permettent pas de vérifier les interactions entre la production et le prix pour le café, le cacao, l'étain, le nickel et le plomb.

---

[28] Nerlove M., (1961), "Time-Series Analysis of the Supply of Agricultural Products", in Heady E.O. *et al.* (Eds.), *Agricultural Supply Functions*, Ames, The Iowa State University Press, p. 36, cité par Labys (1973).

[29] Gilbert C.L. ; Palaskas T.B., (1990), "Modelling Expectations Formation in Primary Commodity Markets", in Winters L.A. ; Sapsford D. (Eds), *Primary Commodity Prices : Economic Models and Policy*, CEPR-Cambridge University Pres, p. 44-70. Cet article applique et actualise le modèle de Muth aux marchés des matières premières.

[30] Les éléments d'analyse des paragraphes qui suivent s'appuient principalement sur deux ouvrages : Calabre S., (1997), *Filières nationales et marchés mondiaux de matières premières, veille stratégique et prospective*, Paris, PNUD-Economica ; Calabre S., (1990), *L'évolution des prix des produits de base*, Paris, Economica, col. « Cyclope ».

Sur les dix marchés de produits que nous avons analysés, les résultats des tests montrent que seuls cinq marchés permettent de confirmer que la production réagit au prix avec retard. En effet, les productions de l'aluminium et du zinc réagissent avec un décalage d'un an à l'évolution de leur prix, celles du caoutchouc et du coton présentent un retard de 3 ans, celle du cuivre un retard de 2 ans. En revanche, les calculs effectués sur les productions du cacao, du café, de l'étain, du nickel et du plomb n'ont pas donné de résultats positifs. Mais, les mouvements de prix entraînent, parfois, des réactions paradoxales de la production. Une baisse du prix, par exemple, peut déboucher d'abord sur une augmentation de la production tendant à maintenir le niveau des recettes. Les réactions de la production varient selon les pays et leur position sur le marché international ainsi que selon les producteurs à l'intérieur de chaque pays. En outre, elles dépendent également de la qualité de chaque produit qui peut être de nature pérenne ou annuelle, minérale solide ou fluide, etc.

Cependant, la réaction de la production repose sur des mécanismes de base qui sont communs à la plupart des produits et qui exercent une influence sur les capacités de production. Concernant les produits agricoles, si les conditions climatiques jouent un rôle important au niveau de la production saisonnière, le volume de la production globale, sur plusieurs années, sera déterminé par l'évolution des capacités de production, notamment l'augmentation des surfaces cultivées. La capacité de production recouvre deux caractéristiques importantes. La première caractéristique porte sur la capacité de production elle-même qui détermine la production potentielle selon la taille de cette capacité (superficies cultivées ou richesse du gisement), son niveau de productivité (rendements à l'hectare, teneur en minerai) et la qualité du produit (prix sur le marché). La deuxième caractéristique de la capacité de production est liée aux délais d'investissement ou de « désinvestissement ».

L'exploitation d'un gisement minier nécessite des délais qui portent sur des études de faisabilité, d'autorisations administratives, de financement, de mise en place des équipements, de rodage, et d'entrée en production de croisière. Les délais qui s'étalent entre le lancement du projet et l'entrée en production sont généralement de trois ans, quatre ans ou plus en tenant compte de la construction d'infrastructures (transport, approvisionnement en énergie, évacuation du produit, renouvellement du financement etc.). Les capacités de production des cultures annuelles présentent des mécanismes d'évolution similaires malgré leur caractère saisonnier, sauf dans les pays développés où les producteurs peuvent changer de cultures d'une année sur l'autre grâce à un niveau élevé d'équipement, des subventions, des primes d'arrachage, etc. Mais, cette analyse concerne surtout les pays en développement dans la mesure où ils sont les principaux pays exportateurs et que leurs comportements sur les marchés internationaux déterminent généralement l'évolution des prix des matières premières. De plus, leurs systèmes de cultures sont plus rigides en raison de nombreux facteurs.

En effet, les modifications des surfaces cultivées sont difficiles à réaliser parce qu'elles supposent des substitutions de cultures rapides et adaptées sur les mêmes terres accompagnées de nouvelles techniques culturales et un encadrement spécifique. Or, le délai nécessaire au passage d'une culture à une autre implique une chute de revenu que les producteurs ne peuvent pas souvent supporter en raison de la taille modeste de leur exploitation et des faibles ressources qu'elle leur procure. En dehors des délais nécessaires au changement des capacités de production, le changement de culture, suite à une forte baisse du prix par exemple, ne peut donc se réaliser qu'avec des interventions financières et des investissements étatiques. Mais, cette baisse du prix affecte le budget de l'Etat, à travers les divers prélèvements sur les recettes d'exportation, et ses capacités d'intervention. Donc, à un niveau macroéconomique, le changement des capacités de production des cultures annuelles dans les pays en développement débouche sur des délais qui peuvent s'étaler sur plusieurs années d'autant plus que la baisse du prix international du produit provoque la diminution des recettes d'exportation et des recettes de l'Etat.

Les modifications des capacités de production des cultures pérennes présentent des délais de réaction similaires. L'entrée en production d'une culture pérenne exige, en moyenne, 4 à

5 ans et sa production de croisière n'est atteinte que quelques années plus tard (7 ou 8 ans). Lorsqu'un programme national de promotion et de développement d'une culture est lancé, il suppose d'autres délais relatifs à la prise de décision, à la procédure de financement, à l'aménagement foncier, etc. D'autre part, la réduction des capacités de production ou le désinvestissement exige également des délais qui représentent plusieurs années et qui concerne tant les cultures agricoles (annuelles et pérennes) que les produits minéraux (fluides et solides). Au niveau agricole, la réduction globale des capacités de production se traduit par l'abandon des vieilles exploitations et la négligence de l'entretien des exploitations.

L'exploitation d'un produit occupe généralement une part importante de la main d'œuvre, directement ou indirectement, et une réduction de l'activité implique une chute sensible des revenus qui peuvent déboucher, au niveau macroéconomique, sur des troubles économiques, politiques, et sociaux. La réduction des capacités de production est donc très difficile pour un pays producteur dont l'économie repose principalement sur l'exploitation du produit. Aussi, l'exploitation du produit est maintenue malgré la baisse du prix et la réduction des capacités de production est retardée de plusieurs années. Dans le secteur minier, la réduction des capacités de production peut se traduire par le ralentissement de la prospection, le non-renouvellement des équipements qui deviennent de moins en moins productifs et finalement la fermeture de la mine si le prix poursuit son mouvement de baisse. Cependant, les firmes multinationales peuvent adopter des stratégies différentes soit en accordant une priorité à la rentabilité de leurs investissements par la fermeture des exploitations marginales non rentables soit en privilégiant une stratégie offensive de parts de marché en supportant des coûts de production en hausse et en produisant même à perte. De plus, une baisse du prix du produit peut également déboucher sur une augmentation de la production par des phénomènes de résistance à la baisse des producteurs qui cherchent à maintenir le niveau de leurs recettes par l'augmentation du volume de production. La réduction des capacités de production ne se réalise donc pas immédiatement mais prend plusieurs années. Il en est de même des unités de traitement et de transformation qui ne peuvent pas être fermées tant qu'elles ne sont pas amorties sauf si les pertes sont insurmontables. La production réagit avec retard aux fluctuations du prix sur le marché international. Cette réaction s'étale sur plusieurs années, mais selon quels mécanismes ? La répercussion de l'évolution du prix international sur la production s'effectue par le jeu d'un ensemble d'incitations qui agissent sur la décision de produire. L'impact de ces incitations peut retarder les effets de l'évolution du prix international sur la production. Ainsi, l'influence de l'évolution du prix international sur la production ne se réalise que quelques années plus tard.

Lord (1991)[31] explique que l'offre d'exportation d'un produit donné par un pays exportateur est principalement déterminée par le prix reçu par les producteurs. L'offre d'exportation réagit souvent au prix avec de longs délais. Cependant, ces répercussions des prix peuvent être complexes. Ainsi, une hausse de prix entraîne une réaction de court terme (augmentation de la production, ou réduction des stocks) et une réaction de moyen-long terme (investissement en capacités de production). L'impact des changements de prix sur la production est mesuré, notamment en termes d'élasticité-prix et de structures de retard. Par exemple, Lord (1991)[32] trouve que la production brésilienne de café réagit avec un retard moyen de 4 ans à un changement de prix sur le marché international. Les résultats des calculs d'élasticité sont parfois différents, d'une analyse à une autre. Selon Lord (1991), les élasticités du cacao, du coton et du café, (*cf.* tableau 6) sont inférieurs à ceux trouvés par Adams et Behrman (1982)[33] qui sont de 0,34 pour le cacao et 0,66 pour le coton mais ils sont proches pour le café dont l'élasticité est de 0,7 pour Akiyama et Duncan (1982)[34] et de 0,9 pour Hwa

[31] Lord M.J., (1991), *op. cit.*, p. 103.
[32] *Idem*, p. 195.
[33] Adams F.G. ; Behrman J.R., (1982), *Commodity Exports and Economic Development*, Lexington, Massachusetts, D.C Heath.
[34] Akiyama T. ; Duncan R.C., (1982), "Analysis of the World Coffee Market. World Bank Staff, Commodity", *Working Paper* n°7, Commodity and Export Projections Division, IBRD, Washington, DC.

(1985)[35] qui présente une élasticité-prix de la production de cuivre de 0,1.

Tableau 4 : Elasticité-prix de la production et retard moyen de réaction de 4 produits

Produit	Elasticité-prix à court-terme	Elasticité-prix à long-terme	Retard moyen moyenne	Retard moyen
Café	0,14	0,16		
Brésil	0,28 (t-- 4)	0,29	4	3,5
Reste du monde	0,08 (t-- 3)	0,1		2,6
Cacao	0,09 (t--_8)	0,1	8,1	7,5
Coton	0,13 (t -- 3)	0,38	4,8	3,7
Cuivre	0,13 (t)	0,61	17,4	13,8

Source : D'après Lord, M. J., (1991), *op. cit.*, p. 196.
N.B. : les chiffres en parenthèses indiquent la période pendant laquelle la production réagit au changement de prix.

En effet, une hausse durable du prix international d'un produit agricole signifie d'abord que le marché s'engage dans une situation progressive de pénurie. La première réaction des producteurs à cette augmentation prolongée du prix est de proposer une quantité supplémentaire de produit sur le marché en améliorant la collecte dont les coûts peuvent être couverts par le niveau incitatif du prix. Ainsi, grâce à l'augmentation des recettes d'exportation et à la facilité des crédits, le prix officiel est revalorisé et le ramassage du produit est réalisé dans des endroits lointains ou difficiles d'accès. La hausse du prix international favorise également un meilleur fonctionnement du système d'incitations se traduisant, par exemple, par le respect du prix à la production, la distribution régulière des intrants, un meilleur encadrement, etc. Les producteurs sont ainsi encouragés à mieux exploiter et entretenir leurs plantations.

Lorsque le mouvement de hausse du prix se prolonge encore, les capacités de production existantes fonctionnent à leur niveau le plus élevé et les incitations à lancer des projets d'investissements en capacités de production deviennent fortes. Finalement, l'extension des capacités se traduit par de nouvelles

[35] Hwa E.C., (1985), "A Model of Price and Quantity Adjustments in Primary Commodity Markets", *Journal of Policy Modelling*, vol. 7, n°2, p. 305-338.

plantations, un programme national de promotion de la culture, etc. Mais les répercussions sur la production n'apparaîtront que quelques années plus tard en raison des longs délais de mise en place de ces capacités tels qu'ils ont été expliqués plus haut. Cependant, les réactions de la production à la hausse du prix international dépendent des conditions de production dans chaque pays. Aussi, les effets de la hausse du prix sur les conditions de rendements, de productivité et de compétitivité sont très variables dans la mesure où ils peuvent soit favoriser la modernisation des systèmes productifs soit doper des systèmes traditionnels qui trouveront vite leurs limites.

L'extension de ces capacités de production est non seulement encouragée par le niveau élevé du prix international mais également par la concurrence entre les producteurs qui cherchent à accroître sinon à maintenir leurs parts de marché. Mais, compte tenu des longs délais d'entrée en production de ces nouvelles capacités, la pénurie se prolonge et le prix continue à augmenter en encourageant de nouveaux investissements en capacité. Lorsque l'ensemble de ces capacités entreront en production, le marché se trouvera donc en situation de surproduction. Cette saturation du marché s'est réalisée aussi parce que chaque petit pays producteur a considéré que ses exportations ne représentent qu'une part négligeable sur le marché international et que leur influence sur le prix est minime. Chaque petit producteur se considère comme *price taker* mais il participe à l'offre globale et, par un effet de composition, il peut contribuer à mettre le marché en situation de surproduction.

Cette analyse porte sur une dynamique globale et moyenne du marché où un mouvement pluriannuel de hausse du prix provoque une réaction retardée de la production en raison des délais de mise en place des capacités et de réalisation de la production. Ce retard de réaction débouche, le plus souvent, sur une situation d'excédents lorsque le prix suit un mouvement de hausse. Ces mécanismes de retard de réaction concernent également les produits minéraux. En effet, une première réaction des producteurs à une hausse durable du prix se traduit par une augmentation du taux d'utilisation des capacités existantes de production qui arrivent bientôt à saturation. Dans une deuxième étape, des projets d'investissements en capacités sont alors lancés mais la mise en place des équipements et les délais d'entrée en production représentent plusieurs années.

En outre, la concurrence entre les compagnies minières a tendance à favoriser une course aux capacités de production qui provoque, au bout de quelques années, une situation de surproduction sur le marché international. Les résultats de nos calculs de la section précédente ont montré que la différence consommation moins production réagit avec retard au prix de l'aluminium (entre 4 et 6 ans), du cacao (4 ans), du café (4 ans), du coton (4 et 5 ans), du plomb (3 ans) et du zinc (5 et 6 ans). Le prix réagit à la différence consommation moins production sur les marchés du coton (1 an) et du plomb (3 ans) seulement (*supra* tableaux 1 et 2.). Les mécanismes de retards de réaction sont donc vérifiés pour la plupart des produits sauf pour le plomb et le coton qui présente des spécificités (*cf.* section 2.2.).

Une baisse prolongée du prix sur le marché international affecte la production avec retard. Sur le marché international d'un produit agricole, une première réaction à une baisse du prix consiste à augmenter la production afin de compenser les pertes de recettes par des quantités supplémentaires. En outre, les répercussions de la chute du prix sur la rentabilité des plantations et sur leur niveau de compétitivité est progressive. Les producteurs les plus performants sont assez peu touchés par la baisse du prix et continuent à produire en gagnant des parts de marché sur les producteurs les moins rentables. L'augmentation du volume de production malgré la baisse du prix international tend à aggraver la situation de surproduction du marché et à prolonger la chute du prix international qui risque de tomber à un niveau où même les exploitations les plus performantes sont touchées. Cette baisse du prix débouche, le plus souvent, sur un entretien insuffisant des exploitations et une absence de leur renouvellement dans de nombreux pays producteurs. Elle finit également par affecter les filières de commercialisation et les structures d'encadrement. Au fil des années, les systèmes de financement s'en trouvent affaiblis et ne peuvent plus assurer le renouvellement des équipements.

Donc, la baisse du prix ne se concrétise par une diminution de la production qu'au bout de plusieurs années lorsque les exploitations auront atteint un niveau avancé de vieillissement. Après plusieurs années, cette dynamique de réduction de la production risque de rendre les capacités mondiales de production potentiellement insuffisantes avec une consommation qui aura tendance à augmenter. Lorsque le marché se trouvera réellement en situation de pénurie, le prix suivra un mouvement de hausse, à moyen terme, avec des réactions retardées des capacités de production selon le processus qui a été expliqué au paragraphe précédent.

Dans le secteur minier, la production réagit à une baisse, à moyen terme du prix international, selon un processus similaire. En effet, une baisse du prix conduit, dans une première étape, les compagnies minières à poursuivre leurs activités de production pour conserver leurs parts de marché en accordant des rabais importants aux clients, des facilités de paiement, etc. Parfois, le niveau élevé de concurrence aboutit sur une guerre des prix qui entraînent des pertes importantes chez de nombreux producteurs et la fermeture des exploitations marginales. En outre, l'accumulation de stocks excédentaires prolonge encore la baisse du prix et rend les exploitations les plus compétitives moins rentables en touchant la plupart des producteurs. La baisse du prix atteint un tel niveau qu'elle affecte les systèmes de financement des compagnies minières qui ne peuvent plus renouveler leurs équipements obsolètes.

De même, cette baisse continue du prix bloque les projets d'investissements et rend les capacités mondiales de production minière insuffisantes par rapport à un mouvement de hausse de la consommation. Les stocks excédentaires compensent provisoirement cette perte de production mais le marché est déjà potentiellement en situation de pénurie et le prix amorce un mouvement de hausse avec des répercussions, à moyen terme, sur la production. En définitive, la réaction de la production d'une matière première par rapport aux fluctuations, à moyen terme, de son prix est retardée et excessive. De longs délais représentant plusieurs années sont nécessaires pour que la production d'une matière première réagisse à un mouvement de hausse ou de baisse, à moyen terme, du prix international. Cette réaction de la production est déterminée par les comportements des différents producteurs sur le marché.

2.2.2. Dynamique de la consommation

La consommation d'une matière première dépend du rythme de l'activité économique générale mais également de la nature du produit et de l'évolution technologique (A). Les réactions décalées entre la consommation et le prix ont été analysées par la formalisation en ayant recours aux fonctions de demande avec des retards échelonnés (B). Mais les réactions décalées de la consommation dépendent de la part de la matière première dans le produit fini (C) et des phénomènes de substitution (D).

A. Caractéristiques de la consommation d'une matière première

L'évolution de la consommation dépend essentiellement du niveau d'activité économique générale et du pouvoir d'achat dans les pays industrialisés qui sont les principaux consommateurs de matières premières. Compte tenu de la rigidité des appareils de production et de l'évolution lente du goût des consommateurs, le taux annuel moyen d'accroissement de la consommation globale de la plupart des matières premières varie généralement entre 1 et 3%. Par contre, le volume de production peut connaître de fortes variations d'une année sur l'autre. Aussi, l'écart entre le taux de croissance de la consommation et celui de la production reflète un déséquilibre qui se traduit soit par une surproduction soit par une pénurie. Ce déséquilibre résulte, généralement, par la réaction retardée de la consommation de la matière première aux fluctuations de son prix.

Les conjonctures économiques des principaux pays industrialisés suivent une évolution globale qui se répercute sur la consommation des matières premières. Le niveau de cette consommation a tendance à augmenter pendant les phases de croissance économique élevée et à progresser plus lentement au cours des phases de ralentissement ou de crise économique.

Mais, comment la dynamique économique globale peut-elle influencer l'évolution de la consommation d'une matière première ? Le rôle dominant de l'activité économique générale est fréquemment avancé dans l'analyse de la dynamique de la consommation d'une manière première. En distinguant différents horizons temporels, il devient possible de répondre à cette question par l'affirmative parce que la situation peut varier selon les produits, les quantités consommées, leur utilisation stratégique, la part de technologie.

En effet, à moyen-long terme, le choix des matériaux utilisés et l'ampleur de la consommation des matières premières sont déterminés par l'évolution de la technologie et du modèle de consommation. En outre, les prix relatifs des différents produits influencent les choix de long terme. Deux catégories d'acteurs principaux prennent les décisions de consommer : les industriels ou transformateurs et les consommateurs finaux. Lorsque le produit final est fondé quasi-exclusivement sur la matière première, le choix du consommateur final est déterminant parce qu'il porte sur les caractéristiques intrinsèques de la matière première définissant les qualités essentielles du bien final. Il s'agit surtout des matières premières agricoles alimentaires (céréales, fruits, etc.).

D'autre part, lorsque la matière première entre dans un processus de transformation et qu'elle constitue une part du produit final, la consommation de la matière première, principalement lorsqu'elle est d'origine minérale, dépendra de la décision de l'industriel. Certains produits finaux et le processus de transformation qu'ils requièrent associent les décisions des consommateurs et des industriels (produits à base de cacao, café, biscuits à base de céréales, etc.). Le choix du consommateur final aura des répercussions directes sur la consommation de la matière première si les caractéristiques techniques de cette matière première sont clairement apparentes dans le produit final et qu'elles déterminent sa qualité. Par contre, si la matière première constitue une part minime du produit final, le choix de l'industriel se fera en fonction des contraintes techniques, de rentabilité du processus de transformation et des possibilités de substitution. Le produit final obtenu aura les caractéristiques qui tiennent compte du goût des consommateurs et de la compétitivité des autres industriels.

B. Modélisation des réactions retardées de la demande

La dynamique de la demande et de l'évolution de la consommation d'une matière première ont fait l'objet de nombreuses analyses théoriques qui ont cherché à montrer qu'il existe des réactions décalées entre la demande et la consommation d'un produit. Un rappel synthétique de ces analyses qui ont utilisé la technique de la modélisation permet de mieux comprendre les réactions décalées entre la consommation et le prix. Labys (1973)[36] a notamment présenté une analyse où la demande d'un produit est examinée sous des conditions d'un équilibre à la fois statique et dynamique. Parmi les facteurs importants introduits dans l'analyse et influençant la demande, il y a les autres produits considérés comme substituts ou « produits complémentaires ». En outre, la demande est également analysée par rapport aux importations plutôt que par rapport à la consommation domestique.

Les débuts de l'analyse empirique de la demande sont dus à Moore (1919)[37], Working (1927)[38] et Schultz (1938)[39]. Moore (1919) a présenté l'estimation statistique des relations d'une matière première comme une part importante de l'analyse économique. Ensuite, Working (1927) a procédé à plusieurs estimations de la demande d'une matière première. Schultz (1938) a bouleversé l'analyse en combinant la théorie économique et l'estimation statistique en utilisant les équations de demande d'une matière première. Les développements ultérieurs ont traité les problèmes de l'utilisation des modèles à une équation comme l'autocorrélation et la multicolinéarité ainsi que les sys-

---

[36] Labys W.C., (1973), *op. cit.*, Les éléments de la modélisation des réactions retardées de la demande sont principalement inspirés de cet ouvrage.

[37] Moore H.L., (1919), "Empirical Laws of Supply and Demand and the Flexibility of Prices", *Political Science Quarterly*, vol. 34, p.546-567.

[38] Working E.J., (1927), "What Do Statistical Demand Curves Shows?", *Quarterly Journal of Economics*, vol. 41, p. 212-235.

[39] Schultz H., (1938), *The Theory and Measurement of Demand*, Chicago, University of Chicago Press.

tèmes d'équations incluant l'identification et la simultanéité. Aussi, une analyse détaillée portant sur l'estimation des séries simultanées a été présentée par Haavelmö (1943)[40]. En outre, l'approche, à la fois, de l'équation simple et des équations simultanées a été approfondie, durant les années 1950, par Wold et Jureen (1953)[41], Hood et Koopmans (1953)[42], et Stone (1954)[43].

Koyck (1954)[44] a montré qu'une telle réaction dynamique pourrait être expliquée par des fonctions d'offre et une forme de distributions de retards. Nerlove (1958)[45] a présenté une forme similaire de relation basée sur la théorie des anticipations introduisant implicitement une distribution des retards. Alors que cette approche s'appuie sur le concept de l'ajustement partiel, Houthakker et Taylor (1966)[46] proposent une explication de la réaction dynamique par l'ajustement différentiel. Lorsque le revenu et les prix changent, les consommateurs d'une matière première ne réagissent pas immédiatement et « étalent » leur réaction sur une période déterminée de temps (Labys, 1973)[47].

Cette réaction dépend de la nature de la matière première qui peut être périssable ou non périssable, stockable ou non stockable. Lorsqu'il s'agit d'une matière première qui entre dans un processus de production industrielle ou dans une transformation des produits alimentaires, des rigidités techniques ou une évolution lente des goûts des consommateurs retardent la réaction de la demande.

---

[40] Haavelmö, T. (1943), "The Statistical Implications of a System of Simultaneous Equations", *Econometrica*, vol. 11, p. 1-12.

[41] Wold H. ; Jureen L., (1953) : *Demand Analysis*, New York, John Wiley and Sons.

[42] Hood W.C. ; Koopmans T.C., (1953) (Eds.), *Studies in Econometric Method*, New York, John Wiley and Sons.

[43] Stone R., (1954), *The Measurement of Consumers' Expenditure and Behavior in the United Kingdom, 1920-1938*, Cambridge, Cambridge University Press.

[44] Koyck L.M., (1954), *Distributed Lags and Investment Analysis*, Amsterdam, North Holland Publishing Co.

[45] Nerlove M., (1958), *op. cit.*

[46] Houthakker H.S. ; Taylor L.D., (1966),*Consumer Demand in the United States : 1929-1970*, Cambridge, Harvard University Press.

[47] Labys W.C. (1973), *op. cit.*, p. 11.

Un exemple de fonction de demande de type Koyck suppose que les poids de retards diminuent géométriquement :

$$D_t = a_0 + a_1 \sum_{i=0}^{n} \beta^i Y_{t-1} + a_2 \sum_{i=0}^{n} \beta^i P_{t-i} \qquad (2.2.5.)$$

où β est défini comme le coefficient de réaction avec $0 \leq \beta > 1$. Les valeurs estimées de β sont normalement obtenues en utilisant l'équation transformée.

En multipliant l'équation retardée sur une période par β, on obtient :

$$\beta D_{t-1} = \beta a_0 + a_1 \sum_{i=0}^{n} \beta^i Y_{t-1} + a_2 \sum_{i=0}^{n} \beta^i P_{t-i} \qquad (2.2.6.)$$

Si on soustrait l'équation (2.2.6) de l'équation (2.2.5), on obtient :

$$D_t = a_0(1-\beta) + a_1 Y_1 + a_2 P_t + \beta D_{t-1} \qquad (2.2.7.)$$

L'équation précédente peut être établie en tenant compte d'un ensemble de coefficients composites qui résulteraient d'une estimation et d'une perturbation stochastique :

$$D_t = b_0 + b_1 Y_t + b_2 p_t + b_3 D_{t-1} + u_t \qquad (2.2.8.)$$

Puisque les paramètres β, a_0, a_1, et a_2 peuvent être déterminés uniquement par b_0, b_1, b_2 et b_3, l'équation (2.2.7.) est convenablement identifiée.

$$\beta = b_3 \; a_1 = b_1 \; a_0 = b_0/(1-\beta) \; a_2 = b_2 \qquad (2.2.9.)$$

D'autres formes de structures de retards décrivant la réaction de la demande ont été analysées, notamment par Almon (1965)[48] et Griliches (1967)[49]. Mais, grâce à la fonction de retard de Koyck, une distinction peut être ainsi établie entre les ajustements de court terme et de long terme mentionnés plus haut. Nerlove (1958) propose une explication similaire en dis-

---

[48] Almon S., (1965), "The Distributed Lag Between Capital Appropriations and Expenditures", *Econometrica*, vol. 30, p. 178-196.
[49] Griliches Z., (1967), *op. cit.*

tinguant entre la demande de court et de long terme, sous l'hypothèse que la demande, à une période donnée, atteint un équilibre partiel ou désiré. Nerlove considère la demande de long terme d'une matière première sans rigidité :

$$D_t^* = a_0 + a_1 Y_t - a_2 p_t \qquad (2.2.10.)$$

où D_t^* représente la demande de long terme et les autres variables sont définies telles que précédemment. Puisque les valeurs réelles de la demande de long terme ne peuvent pas être observées, l'équation (2.2.10.) ne peut être estimée. Par conséquent, on suppose que la consommation courante varie proportionnellement à la différence entre la demande de long terme et la consommation passée :

$$D_t - D_{t-1} = \beta(D_t^* - D_{t-1}) \qquad (2.2.11.)$$

où β est un coefficient représentant le taux ou la vitesse d'ajustement impliquant que la demande réelle s'ajuste partiellement c'est-à-dire qu'elle parcourt une part de la distance vers l'équilibre. L'équation (2.2.11.) signifie également que la consommation réelle est une fonction à retards distribués de la consommation passée :

$$D_t = \sum_{t=0}^{n} \beta(1-\beta)^t D_{t-1}^* \qquad (2.2.12.)$$

C- Réaction de la consommation d'une matière première aux fluctuations de son prix

Les résultats des tests montrent que la consommation réagit au avec retard pour cinq produits sur les dix produits de notre échantillon (tableau 3.). Les consommations du café, du coton, du plomb et du zinc réagissent au prix avec un retard d'un an. La consommation du cuivre présente un retard de réaction de 2 ans par rapport à l'évolution du prix. En revanche, les résultats des tests ont été négatifs pour les consommations de l'aluminium, du cacao, de l'étain et du nickel. En outre, le prix ne réagit à la consommation avec un retard d'un an que pour l'étain et le plomb alors que pour les autres produits les résultats sont négatifs.

La consommation dépend du processus de transformation et du produit fini qui peut intégrer une proportion plus ou moins importante de la matière première. Parfois, la matière première constitue la composante principale du produit fini comme le cacao pour le chocolat, le sucre pour le sucre raffiné, le café pour le café moulu, en grains ou soluble, le blé pour le pain ou la pâtisserie et le pétrole pour l'essence, par exemple. Ce sont surtout les produits agricoles alimentaires mais également quelques produits non alimentaires comme le coton ou le caoutchouc pour certains produits finis qui sont le plus consommés. Les autres produits essentiellement miniers occupent une place relativement faible dans le produit fini. Le cuivre constitue une petite proportion de la fabrication des appareils électriques, le plomb et le nickel dans celle des automobiles. En outre, deux produits miniers peuvent constituer un produit d'alliage comme le cuivre et l'étain qui forment le laiton, par exemple.

A moyen terme, le prix de la matière première se répercute donc sur le prix du bien final et sur le comportement du consommateur. Par contre, dans d'autres cas, la part de la matière première, surtout dans les produits industriels, peut être très limitée (étain dans les boîtes de conserve, cuivre dans les appareils électroménagers, etc.). Au lieu du consommateur final, le comportement de l'industriel, par rapport à l'évolution du prix, est alors déterminante dans la demande de la matière première sur le marché international. En général, la consommation d'une matière première réagit avec retard à l'évolution de son prix. A court terme, l'élasticité-prix de la consommation est le plus souvent très faible sauf pour certains produits agricoles alimentaires. L'importance des délais de réaction dépend de plusieurs facteurs qui agissent sur le comportement du consommateur. En période de hausse des prix, le comportement du consommateur va se manifester par des phénomènes de substitution par rapport au produit et à la technologie de production. Mais ce comportement est conditionné par différents facteurs : le niveau d'activité économique générale ; les coûts de production et le niveau de concurrence entre les producteurs ; le revenu des consommateurs et la consommation par tête ; la qualité du produit ; la régularité des approvisionnements ; les innovations techniques ; les conditions de commercialisation, etc.

Tableau 5 : Elasticités de la consommation

Produits	Elasticité-revenu[a]	Elasticité-prix	Evolution de l'élasticité-revenu[b]
Boeuf	0.56	-0.34	-3.10
Maïs	1.00	-0.27	2.87
Sucre	0.89	-0.07	-1.28[c]
-Etats-Unis	1.00	-0.12	0.44
-Union Européenne	0.11	-	-0.09
-Reste du monde	1.00	-0.07	-1.63
Café	0.62	-0.17	0.35
Cacao	0.62	-0.19	0.20
Soja	1.00	-0.28	-1.31
Coton	1.00	-0.75	-2.87
Cuivre	1.00	-0.08	7.28

a : L'élasticité-revenu est calculée par rapport au changement du PNB réel.
b : L'évolution de l'élasticité-revenu est le changement en % de la consommation engendré par 1% de taux de croissance de l'activité économique générale.
c : moyenne pondérée.

Source : Lord M.J., (1991), *op. cit.*, p. 192.

Le cuivre, le soja, le coton et le maïs ont une élasticité-revenu proche de l'unité alors que le sucre, le café et le cacao présentent, d'après les calculs, une consommation inélastique au revenu. Le marché international du sucre présente un cas particulier parce qu'il est constitué par trois marchés distincts et protégés (américain, européen et reste du monde) expliquant, en grande partie, l'évolution du prix international du sucre[50]. Pour le café, les résultats de l'élasticité-revenu de long terme (0,62) présentés par Lord (1991) sont proches de ceux de Akiyama et Duncan (1982)[51] et de Hwa (1985)[52] avec 0,45. Les élasticités-revenu du

[50] Koehl J.-L., (1992), *Le sucre*, Paris, Economica, col. "Cyclope", p. 57-87.
[51] Akiyama T. ; Duncan R.C., (1982), *op. cit.*
[52] Hwa E.C., (1985), *op. cit.*

coton sont comparables à celles de Monke et Guisinger (1985)[53] avec 1,25 et à celles de Adams et Behrman (1976)[54] avec 1,2, alors que pour le cuivre, elles sont proches de Hwa (1985) avec 0,9. En effet, les délais de réaction sont plus ou moins longs en fonction de la part de la matière première dans le bien final. La part de la matière première dans le coût du produit fini est souvent minime. Les produits composés en partie de la matière première n'occupent qu'une petite proportion du budget des ménages. A court terme, les modèles de consommation évoluent peu.

Conclusion

Les hypothèses de retards de réaction de la production et de la consommation par rapport à l'évolution du prix nous ont conduit a retenir les tests de causalité au sens de Granger pour montrer les interactions dans le processus d'ajustement production-consommation-prix. Ces tests nous ont permis de détecter des relations causales pour la plupart des produits étudiés. Ils ont montré qu'il existe des interactions entre la production, la consommation et le prix de chaque produit. Ces interactions se traduisent par des réactions décalées entre la différence consommation moins production et prix selon un processus d'ajustement endogène et propre à chaque marché. En effet, ce processus d'ajustement entre la production et la consommation réagit généralement avec retard à l'évolution du prix du produit considéré confirmant les analyses empiriques de nombreux auteurs, Labys (1973)[55], Lord (1991)[56], et Maizels (1992)[57], notamment.

Les interactions entre la différence consommation moins production et prix ainsi que les retards de réaction qui en découlent débouchent le plus souvent sur un processus cyclique

---

[53] Monke E.A. ; Guisinger S.E. (1985), "International Trade Constraints and Commodity Market Models : An Application to the Cotton Market", *Review of Economics and Statistics*, vol. 7, n°1, p. 98-107.

[54] Adams F.G. ; Behrman J.R. (1976), *Econometric Models of World Agricultural Commodity Markets*, Cambridge, Massachusetts, Ballinger.

[55] Labys W.C., (1973), *op. cit.*

[56] Lord M.J., *op. cit.*

[57] Maizels A., (1992), *op. cit.*

endogène tel qu'il a été décrit dans *supra* (2.3). Les répercussions de ces retards de réaction sur les situations de marché se traduisent globalement par un enchaînement de phases d'excédents et de pénurie, des comportements caractéristiques des macro-acteurs sur la plupart des marchés internationaux de matières premières. Ces retards de réaction présentent des similitudes et se traduisent par des phénomènes de convergence dans les évolutions des conjonctures de nombreux marchés de matières premières.

Cependant, les résultats montrent que les retards de réaction dépendent de la nature de chaque produit selon qu'il soit d'origine agricole ou minière. Les résultats des tests ont montré que les délais de réaction de la différence consommation moins production varient généralement de 1 à 4 ans selon les produits. Ainsi, tous les produits ne réagissent pas de la même façon et les retards de réaction de la production et de la consommation par rapport au prix dépendent des spécificités de chaque produit. Ces retards de réaction liés aux spécificités de chaque marché débouche parfois sur des phénomènes de divergence dans les évolutions des conjonctures des marchés de matières.

CHAPITRE 3

ALLOCATION INTERTEMPORELLE DU PRODUIT ET REGULATION DU MARCHE INTERNATIONAL

La dynamique des marchés internationaux de matières premières, telle qu'elle a été décrite au chapitre précédent, montre que la production et la consommation réagissent avec retard et excès à l'évolution du prix dans le moyen terme. Ces retards de réaction ont conduit notamment à s'interroger sur l'existence d'interactions entre la différence consommation moins production et le prix. Or, les écarts entre la consommation et la production débouchent sur des incitations au stockage ou au déstockage qui se concrétisent à court terme à travers des mécanismes d'allocation intertemporelle du produit[1]. Le stockage intervient ainsi dans le processus endogène d'ajustement production-consommation-prix et dans les mécanismes de retards de réaction qui présentent des similitudes dans de nombreux marchés et qui se traduisent par des phénomènes de convergence dans les évolutions des conjonctures de ces marchés. En outre, sur de nombreux marchés internationaux de matières pre-

[1] Calabre, S. (1985), *Prix et conjoncture sur les marchés à terme de produits*, Abidjan, CEDA, p.87-116.

mières, les cours boursiers servent de référence dans le commerce international et leur évolution sur les marchés à terme guide la répartition dans le temps de l'utilisation des disponibilités en produits. Cette évolution des cours boursiers conduit les opérateurs à stocker ou à déstocker en fonction de la différence entre les flux de production et de consommation. Les interactions entre les situations de marché, les relations entre cours et les incitations au stockage orientent l'allocation intertemporelle du produit. Cependant, la qualité de cette allocation est étroitement liée aux prévisions qui fondent les décisions des opérateurs.

Mais, l'évolution à moyen terme du prix d'une matière première dépend de l'état d'approvisionnement de son marché qui résulte surtout de la différence entre la consommation et la production du produit au fil des années. De plus, cette évolution reste soumise aux spécificités de chaque produit et à différents facteurs exogènes (saisonnalité des récoltes, conditions climatiques, accidents, situation politique et sociale, etc.) qui agissent aussi à court terme par le jeu des offres et des demandes de stocks et qui finissent par influencer, lorsqu'ils sont de grande ampleur, la dynamique de moyen terme du marché par les décisions de produire et de consommer. Les spécificités de chaque produit et ces facteurs exogènes débouchent parfois sur une divergence dans les évolutions des conjonctures des marchés de matières premières.

À moyen terme, les mécanismes d'allocation intertemporelle du produit et les relations entre cours au comptant et à terme dépendent de la situation réelle du marché et répondent au processus cyclique endogène d'ajustement prix-quantités. Aussi, la première section montre comment les disponibilités en produits et les incitations à stocker se traduisent par des relations entre cours au comptant et à terme ainsi que par des anticipations sur l'état d'approvisionnement futur du marché qui est lié à la dynamique de moyen terme de ce marché. Elle montre comment, au delà des fluctuations de court terme, la dynamique de moyen terme est réelle et s'exprime dans l'évolution des cours (3.1.).

La dynamique de moyen terme du marché d'une matière première résulte des rapports de force entre producteurs et consommateurs ainsi que des stratégies de leurs comportements sur le marché international. La structure du marché et les comportements des acteurs influencent l'évolution de la production et de la consommation c'est-à-dire le processus endogène d'ajustement du marché. Les retards de réaction qui en résultent peuvent présenter des similitudes et se traduire par une convergence ou une divergence dans les évolutions des conjonctures des marchés de matières premières. La deuxième section présente alors les caractéristiques des différents régimes concurrentiels et analyse les mécanismes de régulation induits par les comportements des producteurs sur le marché international d'une matière première (3.2.).

3.1. ALLOCATION INTERTEMPORELLE DU PRODUIT ET RELATIONS ENTRE COURS SUR LE MARCHE BOURSIER

Les réactions retardées de la production et de la consommation par rapport aux fluctuations du prix d'un produit analysées dans le chapitre précédent se traduisent, sur le marché international, par un enchaînement de phases d'excédents et de pénurie qui peuvent s'étendre sur plusieurs années. Or, l'équilibre ou le déséquilibre du marché résulte de la différence consommation moins production mais également des mouvements de stocks. Les incitations au stockage se reflètent dans l'évolution des cours sur les marchés à terme et entraînent des phénomènes d'anticipation. Elles traduisent l'état réel d'approvisionnement du marché qui est étroitement lié à l'évolution à moyen terme de ce marché.

De nombreux produits disposent de marchés à terme et les cours boursiers servent souvent de référence dans le commerce international. L'évolution des cours boursiers résulte de la dynamique de moyen terme du marché et l'allocation intertemporelle du produit entraîne une incitation au stockage et des ajustements entre les cours au comptant et à terme et des relations de report ou de déport (*3.1.1.*). En outre, des phénomènes d'anticipation et de spéculation poussent les opérateurs à s'adapter aux nouvelles situations de marchés et leurs comportements débouchent sur des enchaînements de fluctuations des cours (*3.1.2.*). Les phénomènes spéculatifs servent parfois à expliquer l'évolution du prix des matières premières mais une grande partie des opérations boursières se réalisent selon des prévisions dans les prochains mois ou années. Cependant, des perturbations exogènes affectent cette évolution à moyen terme du prix et le jeu des offres et des demandes de stocks intervient dans le processus cyclique endogène parce qu'il reflète la dynamique de moyen terme du marché (*3.1.3.*).

3.1.1. Allocation intertemporelle du produit et mécanismes d'ajustement entre cours au comptant et à terme

L'écart entre la consommation et la production plus les stocks débouche sur un état d'approvisionnement du marché, une allocation intertemporelle du produit et une incitation à stocker (A). Les disponibilités en produit se traduisent par des relations entre cours au comptant et à terme de report (B) ou de déport (C) qui exprime l'état d'approvisionnement du marché et la dynamique de moyen terme qui lui est liée.

A- Allocation intertemporelle du produit et incitation au stockage

L'équilibre du marché ne se réalise pas seulement par un processus d'ajustement entre la production et la consommation mais également par un mécanisme d'ajustement entre la demande et l'offre de stocks c'est-à-dire par une incitation au stockage. L'offre de stocks exprime la différence entre la production courante et la consommation courante. À l'équilibre du marché, l'offre de stocks est égale à la demande de stocks. Sur le marché, les offres de matière première correspondent à des liquidations de stocks et les demandes à des reconstitutions de stocks. L'évolution à court terme du prix d'une matière première résulte des mouvements de stocks qui constituent une sorte d'écran dans la confrontation de la production et la consommation puisque la matière première traverse plusieurs phases de stockage entre le moment où elle est produite et le moment où elle est consommée. Mais la question qui se pose consiste à savoir dans quelle mesure et par quels mécanismes le marché entraîne une incitation à stocker et quel est l'impact du volume courant des stocks sur les mécanismes de marché. La réponse à cette question permet d'aborder le problème de l'allocation intertemporelle du produit et de l'incitation à stocker.

L'allocation intertemporelle du produit se traduit par une répartition des disponibilités présentes et futures du produit entre les besoins présents et futurs. Elle consiste à mettre en réserve le produit c'est-à-dire à stocker et à mettre en attente les besoins qui sont partiellement satisfaits lorsque le produit est rare. Puisque les cours boursiers servent de référence dans le commerce international, c'est le marché à terme qui guide l'allocation intertemporelle du produit non seulement sur le marché boursier mais également sur le marché international. L'allocation intertemporelle du produit consiste à répartir au mieux dans le temps l'utilisation des disponibilités de produit au cours des prochains mois. Elle permet de distinguer les phénomènes de court terme qui portent surtout sur une gestion des stocks des phénomènes de moyen-long terme qui impliquent les décisions de produire et de consommer.

Les phénomènes de court terme conduisent à considérer la production comme exogène c'est-à-dire déterminée par des facteurs exogènes au marché (capacités de production installées, conditions climatiques, situation politique et sociale, etc.). Les incitations à stocker dépendent des relations entre les cours au comptant et à terme. Lorsque le cours à terme est égal ou supérieur à la somme du cours au comptant et du coût de stockage, il peut favoriser une incitation à stocker. En revanche, dans l'hypothèse où il n'y a pas de spéculateur et lorsque le cours à terme est inférieur à la somme du cours au comptant et du coût de stockage, l'incitation à stocker diminue. Les écarts entre le cours au comptant et le cours à terme tendent à refléter l'état d'approvisionnement du marché en physique présent et futur (*cf.* paragraphes B et C suivants). Les interactions entre situation de marché, relation entre cours et incitation à stocker déterminent l'allocation intertemporelle du produit. Mais, la qualité de cette allocation est déterminée par les prévisions qui incitent les opérateurs à prendre leurs décisions.

Les opérateurs peuvent spéculer en essayant d'acheter et de stocker des produits quand les prix sont bas pour les revendre lorsque les prix sont élevés. Ils chercheront à tirer un bénéfice entre le prix d'achat et le prix de vente moins le coût de stockage. Les opérateurs peuvent juger que le prix courant est élevé ou bas en comparant le prix courant et le prix futur anticipé. Le niveau des stock-outils des professionnels peut être à son maximum lorsque les prix sont bas et à son minimum permettant la poursuite de leur activité lorsque les prix sont élevés. Sur un marché de biens stockables, il faut distinguer la demande de consommation de la demande de marché qui est constituée à la fois de la demande de consommation et de la demande de stockage. Williams et Wright (1991)[2] présentent un modèle dont l'objectif est de déterminer par quels mécanismes de marché il y a allocation intertemporelle du produit en expliquant par quel processus se réalisent les interactions entre situation de marché, relation entre cours et incitation à stocker. Leur modèle montre quelles sont les interactions entre les opérations de stockage et l'évolution prix d'une matière première notamment à travers les élasticités-prix de la production et de la consommation. Il est basé sur le cas d'une culture agricole annuelle dont les surfaces cultivées peuvent être modifiées d'une année sur l'autre. Les conditions climatiques influencent la récolte et constituent une incertitude. Les producteurs, les consommateurs et les détenteurs de stocks sont preneurs de prix et neutres vis-à-vis du risque de revenu. Les producteurs qui doivent décider à l'avance des surfaces à cultiver et les détenteurs de stocks qui doivent tirer un profit de leur activité sont obligés d'anticiper le prix futur du produit.

La consommation dépend du seul prix courant et les consommateurs consacrent une petite part de leur budget à la consommation de ce produit. La demande de consommation courante et l'offre de production future ne dépendent pas des niveaux passés de consommation et de production. Chaque an-

[2] Williams, J.C. ; Wright, B.D. (1991), *Storage and Commodity Markets*, Cambridge, Cambridge University Press, p. 7-20.

née, les quantités récoltées et les quantités stockées constituent les quantités disponibles qui peuvent être destinées soit à la consommation soit maintenues en stock. Néanmoins, l'allocation intertemporelle du produit consiste à répartir les quantités pour la consommation immédiate et celles qui doivent être stockées jusqu'à la prochaine récolte. En outre, le producteur doit décider à l'avance des surfaces à cultiver. Selon ce modèle, chaque année, le marché s'équilibre. En outre, le modèle de Williams et Wright (1991) repose sur trois autres hypothèses principales :

– Chaque année, le producteur cultive des terres jusqu'à ce que le revenu marginal net attendu de la prochaine récolte soit égal au coût marginal de l'ensemencement;

– Durant chaque période, les détenteurs de stocks augmentent le volume de leurs stocks jusqu'à ce que la différence entre le prix courant et le prix futur anticipé couvre les intérêts et les frais d'entreposage;

– Les stocks ne peuvent, en aucun cas être négatifs.

Williams et Wright (1991)[3] montrent que si le prix prévu est trop élevé par rapport au prix courant, les opérateurs augmenteront le volume de leurs stocks et provoqueront une hausse du prix courant. Si le prix prévu est inférieur au prix courant, le volume des stocks sera nul. La relation possible entre le volume des stocks et le profit net prévu peut être représenté par les équations suivantes :

$$P_t + C - E_t(P_{t+1})/(1+i) = 0, \text{ alors } S_t > 0 \qquad (3.1.1.)$$

$$P_t + C - E_t(P_{t+1})/(1+i) \geq 0, \text{ alors } S_t = 0 \qquad (3.1.2.)$$

où P_t représente le prix au temps t, C le coût physique de stockage, E la distribution moyenne des prix, S le stockage et i l'intérêt. Chaque détenteur de stock veut augmenter les volumes stockés tant qu'il estime que le prix prévu en t+1 est supérieur au prix courant.

Sur le marché, la consommation dépend du prix et elle est représentée par la courbe de demande de consommation

[3] Williams, J.C. ; Wright, B.D. (1991), *op. cit*, p. 27-41.

dont la forme inverse s'écrit : $P_t = P_t(Q_t)$. L'équilibre du marché est réalisé lorsque la consommation est égale à la production (R_t) la variation des stocks, soit :

$$Q_t = R_t + S_{t-1} - S_t = D_t - S_t, \qquad (3.1.3.)$$

avec D_t, les quantités disponibles à la date t.

En l'absence de variation de l'offre et de la demande, il n'y aurait jamais de stockage pour un motif de spéculation parce que le coût marginal net de stockage est positif. L'activité de stockage résulte ici de chocs aléatoires de la production telles que les conditions climatiques. Ainsi, la production réalisée en temps tonnes s'écrit : $R_t = \overline{R}_t(1+v_t)$, avec $\overline{R}_t$ la production prévue en t et v_t la variable de modification des conditions climatiques. Sous ces hypothèses, la condition d'équilibre du marché avec stockage s'écrit :

$$P_t(D_t - S_t) + C - E_t\left[P_{t+1}((\overline{R}_{t+1}(1+v_{t+1})) + S_t - S_{t+1})\right]/(1+i) = 0 \qquad (3.1.4.)$$

$$P_t(D_t - S_t) + C - E_t\left[P_{t+1}((\overline{R}_{t+1}(1+v_{t+1})) + S_t - S_{t+1})\right]/(1+i) \geq 0 \qquad (3.1.5.)$$

Le producteur fixe sa production prévue en tonnes de manière à maximiser son profit prévu qui s'écrit comme la différence entre le revenu espéré et le coût des intrants et qui dépend de la surface plantée, soit :

$$E_{t-1} = (\pi) = E_{t-1}(R_t P_t) - R(\overline{R}_t) \qquad (3.1.6.)$$

La condition de maximisation du profit s'exprime par l'équation suivante :

$$\frac{\delta E_{t-1}(R_t P_t)}{\delta \overline{R}_t} = \frac{\delta R(\overline{R}_t)}{\delta \overline{R}_t}, \qquad (3.1.7)$$

avec $\dfrac{\delta E_{t-1}(R_t P_t)}{\delta \overline{R}_t}$ représentant l'accroissement prévu du revenu résultant de la hausse de la production prévue.

Ce modèle cherche à établir la relation entre les volumes stockés et la disponibilité à la date t d'une part et la production prévue à la date t+1 et la disponibilité à la date t d'autre part. Cette relation permet de montrer quelles sont les interactions entre les opérations de stockage et le prix d'une matière première en intégrant la contrainte de non-négativité des stocks et les valeurs des élasticités-prix de la production et de la consommation. Ces auteurs montrent que la fonction de stockage est discontinue et qu'au-delà d'un niveau de disponibilité (D_t) variant avec les paramètres du modèle notamment les valeurs des élasticités-prix de la production et de la consommation il devient intéressant de stocker une partie des quantités disponibles sur le marché. En outre, la propension marginale à stocker les quantités disponibles est inférieure à 1 c'est-à-dire que le montant des stocks ne tend pas vers l'infini en cas de chocs continuellement positifs.

La relation entre le stockage et la disponibilité débouche sur une courbe de demande du marché qui exprime les quantités disponibles en fonction du prix et représente la demande de consommation ainsi que la demande de stockage (*cf.* graphique 1).

Graphique 1 : *Demande de marché et stockage*
(Modèle de Williams et Wright, 1991)[4]

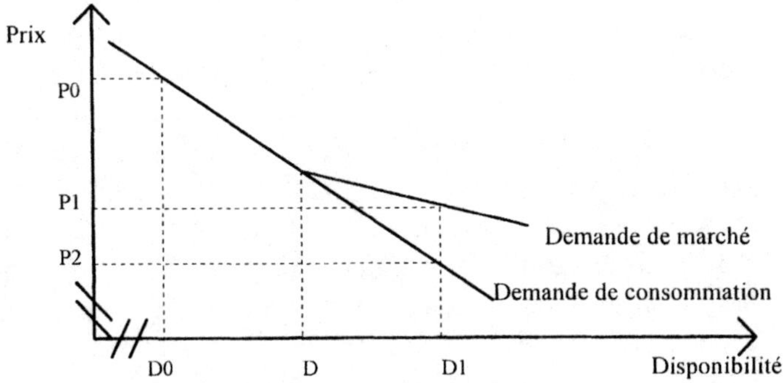

[4] Williams, J.C. ; Wright, B.D. (1991), *op. cit*, p. 40.

Pour une disponibilité (D) courante faible ($D_0 \langle D$), le prix courant (P_0 est élevé et le prix futur attendu est faible parce que la production risque fort d'augmenter et la seule demande provient de la consommation. En revanche, à une disponibilité courante forte ($D_1 \rangle D$) correspond un prix courant faible et un prix futur attendu élevé parce que la disponibilité en t+1 risque fort d'être inférieure à la disponibilité en t et une partie des quantités disponibles est stockée. Cette situation tend à limiter la baisse du prix courant par rapport à celle où la demande de marché est constituée seulement de la demande de consommation et le prix se situe à P_1 au lieu de P_2.

Ce modèle montre, selon les hypothèses précisées plus haut, de quelle manière et dans quelle mesure le stockage influence l'évolution du prix d'une matière première. Les auteurs analysent, en particulier, la manière dont le stockage permet d'absorber et d'étaler dans le temps les effets des chocs exogènes du marché. Ce modèle présente les conditions d'influence des opérations de stockage sur la variabilité du prix du produit en tenant compte de la contrainte de non-négativité des stocks, d'une part, en fonction de la valeur de l'élaticité-prix de la demande et de l'offre, d'autre part.

En outre, une faible élasticité-prix de la demande peut inciter au stockage dont le rôle devient important en permettant d'absorber une part sensible des chocs de production. Le stockage d'une partie de la production peut entraîner sinon une hausse, du moins une stabilisation du prix. Quant à l'élasticité-prix de l'offre, elle se répercute sur les incitations au stockage découlant des réactions de la production aux fluctuations des prix sur le marché (3.1.4. et 3.1.5.). Ce modèle permet de faire trois observations principales portant sur l'allocation intertemporelle d'un produit et les mécanismes de stockage. En premier lieu, la courbe de demande du marché est non linéaire en raison de la contrainte de non négativité des stocks. Les opérations de stockage n'influencent donc le prix que lorsque le niveau des disponibilités est relativement élevé. Cependant, des chocs exogènes de grande ampleur peuvent perturber les mécanismes de stockage et diminuer la demande de stockage jusqu'à la rendre nulle.

En deuxième lieu, les opérations de stockage peuvent influencer le prix du marché parce que le modèle de consommation évolue peu; sinon, ce sont les quantités consommées et non les modifications du niveau des stocks qui agissent sur le prix. Enfin, une élasticité-prix de la production élevée entraîne une forte flexibilité des opérations de stockage. Mais le modèle reste limité aux hypothèses posées c'est-à-dire aux cultures agricoles annuelles dont les surfaces cultivées peuvent être modifiées d'une année sur l'autre et qui sont soumises aux aléas climatiques. Les producteurs, les consommateurs et les détenteurs de stocks sont preneurs de prix. De plus, les producteurs et les détenteurs de stocks doivent anticiper le prix futur du produit et les stocks ne peuvent en aucun cas être négatifs. Ce modèle est donc une simulation de l'impact des opérations de stockage sur l'évolution du prix d'une culture annuelle.

B. Marché en situation d'excédents et relations de report entre cours

Un marché en situation d'offre excédentaire signifie que les quantités disponibles sur le marché sont supérieures aux besoins des utilisateurs et des consommateurs. Cependant, une partie des quantités faisant l'objet d'une décision de stockage pour différents motifs (stocks-outils ou stocks spéculatifs) ne sont pas considérés comme disponibles. Une partie des quantités stockées du produit peuvent être utilisés dans des opérations spéculatives, à court terme, ou dans des opérations d'arbitrage intertemporel[5]. Dans la mesure où le marché se trouve en situation d'excédents, les unités marginales des stocks ne procurent pas de rente de disponibilité représentant un certain nombre d'économies ou de gains. Si, pour l'ensemble du marché, le stockage d'une unité supplémentaire de produit n'entraîne pas de gain ou d'avantage financier, la rente marginale de disponibilité sera nulle. Aussi, les décisions de stocker du produit ne

[5] Les développements de cette recherche portant sur les relations de report et de déport ainsi sur les phénomènes d'anticipation sur les marchés à terme s'inspirent principalement des ouvrages suivants : Calabre S. (1980), *op. cit.* ; (1990), *op. cit.* ; (1997), *op. cit.*

tiennent compte que du coût marginal de stockage ou le supplément de coût lié au stockage d'une unité additionnelle. L'existence de stocks excédentaires se traduit par une relation de report entre cours, c'est-à-dire que le cours à terme est supérieur au cours au comptant.

Au temps t, soit P_C le cours au comptant, P le cours à terme et C_m le coût marginal de stockage. Les opérateurs peuvent prendre leurs décisions, c'est-à-dire se porter demandeurs ou offreurs sur le marché au comptant ou plutôt sur le marché à terme selon la différence entre (P_C+C_m) et P. Si le cours à terme P est supérieur à la somme du cours au comptant et du coût marginal de stockage, soit $P \rangle P_c + C_m$, les opérateurs choisissent de s'approvisionner au comptant plutôt qu'à terme, et ceux qui doivent vendre, s'adressent, en revanche, sur le marché à terme. L'arbitrage intertemporel prend la forme d'emprunts de produits et consiste en achat au comptant et revente simultanée à terme. Ces opérations exercent une influence sur l'écart entre le court au comptant et le cours à terme. Donc, le cours au comptant subit une pression à la hausse et le cours à terme une pression à la baisse. Ces pressions agissent tant que la relation $P = P_c + C_m$ n'est pas réalisée.

Si le cours à terme est inférieur à la somme du cours au comptant et du coût marginal de stockage, soit $P \langle P_c + C_m$, les opérateurs ont recours à des opérations de prêt de produit qui consiste en une vente au comptant et à un rachat simultané à terme. Ils choisissent de s'approvisionner à terme plutôt qu'au comptant et, inversement, de vendre au comptant plutôt qu'à terme. Ainsi, l'apparition d'un écart entre $P_c + C_m$ et P entraîne un déplacement des achats vers le marché à terme (achat et prêt de produit) et un déplacement des ventes vers le marché au comptant (vente et emprunt de produit)) jusqu'à ce que la relation $(P_c + C_m) = P$ se réalise.

C. Marché en situation de pénurie et relations de déport entre cours

En situation de pénurie de produit sur le marché, les stocks-outils sont faibles et les professionnels estiment que leur approvisionnement est insuffisant. La détention de stock entraîne non seulement un coût de stockage mais procure également une rente de disponibilité. Alors, le cours à terme est inférieur au cours au comptant et il y a une relation de déport entre cours.

L'unité supplémentaire de produit achetée au comptant procure à son détenteur une rente marginale de disponibilité égale au supplément de dépenses qu'entraîne son achat au comptant par rapport à son achat à terme. Les mécanismes d'établissement de la relation comptant-terme peuvent alors déboucher sur la relation suivante entre cours :

$$P = P_c + C_m - R_d \text{ ,ou } \quad P - P_c = C_m - R_d , \qquad (3.1.8.)$$

Cette nouvelle situation présente deux cas qu'il faut distinguer : $C_m \rangle R_d$ et $C_m \langle R_d$.

Lorsque la rente marginale de disponibilité est élevée, elle indique que les stocks-outils sont, en général, en deçà de leur niveau maximal. En réalité, puisque la rente marginale de disponibilité est supérieure au coût marginal de stockage, les opérateurs attribuent à la détention du produit des avantages qui compensent le coût de cette détention. Cette forte préférence pour le produit au comptant signifie, en particulier, qu'un grand nombre d'opérateurs peuvent utiliser leurs stocks pour la poursuite de leur activité professionnelle avant l'échéance du terme.

Par conséquent, les opérateurs prennent leurs décisions, c'est-à-dire se portent demandeurs ou offreurs sur le marché au comptant ou plutôt sur le marché à terme selon la relation ($P_C + C_m - R_d$) et P. Si le cours à terme est supérieur à la somme du cours au comptant et du coût marginal de stockage moins la rente de disponibilité, on aura :

$$P \rangle P_c + C_m - R_d \qquad (3.1.9.)$$

Cette situation influence les décisions des opérateurs et réoriente leurs comportements de la même manière que lorsque $P \rangle P_c + C_m$ en situation d'offre excédentaire. Il se produit donc un déplacement des achats vers le marché au comptant et des ventes vers le marché à terme jusqu'au rétablissement de l'égalité $P = P_c + C_m - R_d$

Si le cours à terme est supérieur au cours au comptant, on aura :

$$P \rangle P_c, \text{ ou } C_m \rangle R_d \qquad (3.1.11.)$$

Pour un volume donné de produit, la rente marginale de disponibilité est alors insuffisante pour compenser l'économie de coût que procurerait un achat à terme plutôt qu'un achat au comptant ou pour compenser le gain d'une opération de prêt à la place d'une détention de stock.

Si le cours à terme est inférieur à la somme du cours au comptant et du coût marginal de stockage moins la rente de disponibilité :

$$P_t \langle P_c + C_m - R_d \qquad (3.1.10.)$$

Les décisions des opérateurs se traduisent par un déplacement des demandes vers le marché à terme et des offres vers le marché au comptant jusqu'à ce que l'égalisation de (P_c+C_m−R_d) et P_t se réalise. En situation de pénurie, le cours à terme est inférieur au cours au comptant. Les détenteurs de stocks considèrent que le produit immédiatement disponible présente suffisamment d'avantages pour compenser les gains que procureraient des opérations d'arbitrage par prêt ou pour que l'achat au comptant du produit compense l'économie de coût obtenue par un achat à terme. La détention du produit procure donc une rente de disponibilité.

Le produit qui est disponible, notamment pour l'arbitrage par prêt, procure une rente de disponibilité qui surcompense le coût de stockage. En situation de pénurie, la rente de disponibilité est supérieure au coût de stockage ($R_d \rangle C_m$) et le cours à terme est inférieur au cours au comptant ($P \langle P_c$). Si la poursuite de son activité le lui permet, un opérateur acceptera d'acheter du produit à terme plutôt qu'au comptant puisqu'il économise, par cette opération, le coût marginal de stockage et qu'il réalise aussi un gain en capital sur le prix d'achat du produit. De plus, il ne vendra le produit au comptant en le rachetant simultanément à terme (arbitrage par prêt) puisqu'il économise, par cette opération, le coût marginal de stockage et qu'il réalise en plus un gain en capital. Cela signifie que les stocks marginaux qui font l'objet de ces décisions font partie des stocks-outils et qu'ils sont insuffisants. Par conséquent, la pénurie se traduit par une relation de déport effective sur le marché boursier.

3.1.2. Anticipations, enchaînements de fluctuations des cours et phénomènes spéculatifs

L'évolution des cours reflète les mouvements d'anticipation qui peuvent correspondre à des informations extérieures au marché boursier et qui concernent l'état futur d'approvisionnement du marché en produit ou la pression de la demande sur l'offre (A). En outre, les anticipations peuvent être liées au fonctionnement même du marché boursier et provoquer un mécanisme d'enchaînement de fluctuations des cours (B) ou déboucher sur des phénomènes spéculatifs et se traduire par des opérations de stockage de grande ampleur (C).

A. Anticipations et comportements des opérateurs sur le marché

Une anticipation correspond à une prévision qui intervient dans les calculs des opérateurs et oriente leurs comportements. La prévision porte sur l'état d'approvisionnement du marché, le niveau des stocks, les prix ou les activités des opérateurs boursiers en matière de besoins en produits, d'offre, de demande, de coûts, etc.

L'opérateur peut, par exemple, prévoir que l'accroissement de la production sera supérieur à 10% sans donner une valeur précise mais sa prévision ne peut en indiquer que le sens de variation. En outre, il se fixe un horizon temporel plus ou moins défini, sous la forme d'une date ou le plus souvent d'une période qui correspond à ses préoccupations et qui peut s'exprimer en plusieurs semaines, plusieurs mois, plusieurs années. Enfin, le degré de vraisemblance de la prévision et la probabilité de sa réalisation dépendent de l'opérateur qui l'exprime parce qu'il y porte une appréciation subjective qui peut être différente de celle d'un autre opérateur formulant la même prévision. Aussi, la décision que prend l'opérateur sera fonction des prévisions qui lui paraissent les plus vraisemblables et qui deviennent alors des anticipations. Si les prévisions portent sur un facteur exogène au marché boursier, les opérateurs prévoiront une baisse des cours à laquelle ils tentent d'adapter leurs comportements. De plus, en l'absence d'événement exogène nouveau pouvant modifier cette situation, ce mouvement d'anticipation initial se développe et se généralise progressivement en un mouvement cumulatif de hausse ou de baisse. En supposant que les évolutions des cours au comptant et à terme coïncident très souvent, la prévision à la baisse touche les deux cours. Les opérateurs adaptent alors leurs comportements et retardent autant que possible leurs décisions d'approvisionnement pour acheter le produit plus tard et à un prix plus bas.

En outre, la prévision d'une offre supplémentaire sur le marché boursier incite les opérateurs à réduire le niveau de leurs stocks-outils et, pour échapper à une baisse des prix, précipitent la vente de leur produit et inondent le marché avec leurs stocks excédentaires. La couverture des stocks augmente (vente à terme) et celle des achats futurs (achats à terme) diminue. Alors, une spéculation à la baisse (ventes non couvertes) s'étend sur les marchés au comptant et à terme. Tous ces comportements entraînent une baisse de la demande et une augmentation de l'offre tant sur le marché au comptant que sur le marché à terme provoquant ainsi une diminution des deux cours. Les mécanismes d'ajustement, tels qu'ils ont été décrits plus haut, maintiennent la relation $P = P_c + C_m$.

Les opérations d'arbitrage comptant-terme en particulier interviennent lorsque le mouvement de baisse se prolonge. En effet, durant la baisse, la pression de la demande sur l'offre ne coïncide pas nécessairement sur les deux marchés. Si elle tend à baisser plus rapidement sur le marché au comptant que sur le marché à terme, la somme $P_c + C_m$ diminuera plus vite que P et on aura $P \rangle P_c + C_m - R_d$ jusqu'à ce que le mécanisme de réajustement comptant-terme rétablisse l'égalité en freinant l'offre sur le marché au comptant et en l'encourageant sur le marché à terme. Ces mécanismes agissent, en particulier, grâce à des opérations d'arbitrage par emprunt de produit (achat au comptant et revente à terme).

Au contraire, une baisse du cours à terme plus rapide que celle de la somme du cours au comptant et du coût de stockage $(P_c + C_m)$ engage des mécanismes de réajustement basés notamment sur des opérations d'arbitrage par prêt de produit favorisée par les excédents. Les opérations d'arbitrage tendent donc à freiner le mouvement de baisse sur le marché où l'impact des anticipations est le plus élevé, tout en le généralisant à l'autre marché dont elles accélèrent la chute. Lorsque le marché boursier se trouve en situation d'offre abondante mais que l'état général des anticipations correspond à la prévision d'une réduction des stocks excédentaires et de l'approvisionnement du marché en produit, les opérateurs anticipent alors une hausse des cours et adaptent leurs comportements à la situation prévue. Les décisions des opérateurs dépendent de leurs prévisions de hausse des cours au comptant et à terme.

D'un côté, ils accélèrent autant qu'ils peuvent leurs approvisionnements au comptant et à terme dans le but d'éviter la hausse des cours et, de l'autre, ils retardent leurs ventes pour en tirer profit. L'occasion de se procurer un gain en capital sur les stocks encourage les opérateurs à réduire la couverture par des ventes à terme alors que le risque de perte financière sur les achats futurs provoque une hausse de la couverture par des achats à terme. En outre, si l'augmentation prévue du cours se confirme, elle encouragera une spéculation à la hausse sur les marchés au comptant et à terme. En réalité, la diversité des comportements des spéculateurs, des montants de leurs engagements et des spécificités de leurs prévisions débouche sur des actions de spéculation de moindre ampleur pour les uns et des mesures de prudence pour les autres. L'agrégation de ces comportements entraîne alors une augmentation de la demande et une diminution de l'offre sur les marchés au comptant et à terme. Ainsi, la demande suscitée, notamment, par le renouvellement rapide des stocks-outils tend à être largement supérieure à l'offre dont le niveau est réduit au minimum par la rétention des stocks.

Les seuls offreurs sont alors des opérateurs dont les anticipations sont différentes du mouvement d'anticipation dominant et des opérateurs qui sont contraints à la vente pour assurer la poursuite de leur activité ou la couverture de leurs dépenses. Ces comportements débouchent sur une hausse des cours au comptant et à terme. Cependant, les mécanismes d'ajustement comptant-terme maintiennent, entre les cours, la relation : $P_t = P_c + C_m$ (ou $P_t = P_c + C_m - R_d$ en situation de quasi-pénurie). Les opérations d'arbitrage jouent le même rôle que dans le cadre d'un mouvement d'anticipation à la baisse en situation d'offre abondante. Si le mouvement de hausse se poursuit, P_t augmentera plus rapidement, de telle manière que $P_t \langle P_c + C_m$. Les mécanismes d'ajustement comptant-terme rétablissent alors l'égalité entre les deux cours en réduisant la pression de la demande sur l'offre sur le marché au comptant et en l'encourageant sur le marché à terme. Ils sont favorisés, en particulier, par des opérations de prêt de produit grâce à la détention de stocks excédentaires par les opérateurs.

Mais, lorsque l'augmentation du cours au comptant est plus rapide que celle du cours à terme, le réajustement comptant-terme se réalise grâce aux opérations d'emprunt de produit. Les opérations d'arbitrage ralentissent donc légèrement le mouvement de hausse sur le marché où les répercussions des anticipations sont les plus sensibles et se généralisent pour l'autre marché où elles accélèrent l'augmentation du cours. Lorsque l'état général des anticipations est orienté vers une aggravation de la pénurie que connaît le marché boursier, les opérateurs prévoient une hausse des cours et adoptent les mêmes comportements que ceux qui sont suscités par une prévision de réduction des excédents en situation d'offre abondante analysée précédemment. L'agrégation de ces comportements débouche sur une hausse de la demande et une diminution de l'offre sur les marchés au comptant et à terme. L'offre *ex ante* est généralement inférieure à la demande *ex ante* et les mécanismes d'ajustement, sur le marché boursier, se réalisent par une hausse des cours au comptant et à terme. En outre, les choix intertemporels entre les cours au comptant et à terme maintiennent la relation $P_t = P_c + C_m - R_d$. L'aggravation de la pénurie suscite l'entrée sur le marché boursier des spéculateurs qui détournent une partie des achats de produit par des opérations de rétention spéculative de stocks au détriment de l'approvisionnement des professionnels. En outre, la prévision d'une aggravation de la pénurie favorise une réévaluation à la hausse de la rente marginale de disponibilité des stocks détenus et, par conséquent, un élargissement progressif de l'écart entre les cours au comptant et à terme.

B. Anticipations et enchaînements de fluctuations des cours

La prévision d'accroissement ou de réduction des excédents s'étend peu à peu et l'adaptation des comportements est progressive. Mais, la réaction du marché boursier est surtout marquée par la réaction des opérateurs à l'impact du mouvement d'anticipations[6]. Au fur et à mesure de la chute du cours, des anticipations à la baisse vont s'étendre et les opérateurs réalisent, de plus en plus, qu'ils ont eu raison de prévoir la diminution du cours.

Cependant, cette situation est le résultat des comportements d'anticipations des opérateurs, mais pas encore des répercussions de la cause exogène prévue d'accroissement des excédents. Les anticipations induites sont caractérisées par un processus cumulatif parce que la baisse des cours provoquée par les anticipations à la baisse, un jour donné, encourage de nouvelles anticipations à la baisse, le lendemain. Les opérateurs sont de plus en plus convaincus que le mouvement de baisse va se poursuivre et, de cette manière, les comportements à la baisse s'enchaînent, de jour en jour. De plus, plusieurs facteurs poussent les opérateurs à agir rapidement. La prévision à la baisse incite les opérateurs impliqués par le même horizon temporel à réadapter leurs comportements. Elle freine les phénomènes d'induction des anticipations et elle casse les ressorts du processus de variation du cours. Enfin, elle encourage la formation d'anticipations à la baisse au second degré qui conduit chaque opérateur à prévoir l'anticipation des autres et qui débouche sur une anticipation immédiate globale.

Constatant la situation excédentaire du marché, les offreurs réajustent leurs anticipations et proposent, le lendemain, cette offre non satisfaite à un cours plus bas que la veille en accentuant le mouvement de baisse du cours. Une nouvelle of-

---

[6] Ce paragraphe s'inspire de l'ouvrage de Calabre S. (1980), *Formation et évolution des cours des métaux*, Paris, Economica.

fre résultant de la généralisation des anticipations, de l'approvisionnement normal du marché boursier et, gonflée par les excédents accumulés, dépasse largement une demande toujours limitée au minimum nécessaire pour réapprovisionner les stock-outils. L'équilibre du marché se réalise, à nouveau, par une baisse du cours qui se renouvelle les jours suivants, en raison de la pression permanente exercée par une offre excédentaire. Par conséquent, la perturbation initiale constituée par la prévision d'un accroissement des excédents a déclenché un processus cumulatif de baisse du cours du produit qui est endogène au marché boursier. En effet, provoqué par la prévision d'une perturbation d'origine exogène, il est le résultat des mécanismes d'adaptation des comportements des opérateurs à l'évolution du cours et des répercussions de ces comportements sur cette évolution.

Si la prévision qui est à l'origine du mouvement d'anticipation se réalise, l'accroissement des excédents peut entraîner encore un gonflement de l'offre sur le marché et précipiter la baisse du cours. Ce processus cumulatif de baisse peut se poursuivre tant qu'un nouveau mouvement d'anticipation, contraire au précédent, ne s'est pas déclenché en entraînant un retournement de situation et des anticipations haussières. Le mouvement cumulatif de hausse, en situation d'excédents, découle des comportements d'anticipations haussières et des réajustements des anticipations suivant le mouvement de hausse qui est symétrique au mouvement d'anticipation de baisse. Ce mouvement d'anticipation haussière pousse les vendeurs à réduire leurs offres au minimum pour profiter du gain que procure la détention des stocks et les acheteurs augmentent leur demande pour échapper à la hausse prévue du coût d'approvisionnement.

De jour en jour, la demande va augmenter jusqu'à dépasser l'offre et provoquer une hausse du prix. La part de la demande non satisfaite reste importante en raison de la pratique des ordres de vente *stop loss*[7]. L'évolution du marché incite les demandeurs à réviser à la hausse leurs anticipations et, de jour

[7] Un ordre de vente *stop loss* est une ordre de vente donné par les propriétaires de produits aux courtiers qui ne doivent vendre qu'au dessus d'un cours minimum fixé.

en jour, un mouvement cumulatif de hausse des cours débouche sur une augmentation de la demande qui devient supérieure à l'offre. Le processus cumulatif est également encouragé et accéléré par les opérations spéculatives qui, en l'absence d'une nouvelle perturbation exogène, accentuent la hausse du cours. Si l'anticipation à la hausse se réalise, le niveau des stocks excédentaires se réduira entraînant une pression plus forte sur l'offre et accélérant le processus cumulatif de hausse du cours qui conduit à une rétention des stocks ainsi qu'à une diminution de l'approvisionnement du marché boursier.

Cette pression ne permet plus un réapprovisionnement normal des stock-outils et signifie que la marché boursier se trouve en situation de pénurie. La détention des stocks procure alors une rente de disponibilité et la relation entre cours au comptant et à terme devient : $P = P_c + C_m - R_d$, correspondant soit à une pénurie effective confirmée par la réalisation de la perturbation exogène initiale, soit une pénurie artificielle provoquée par la rétention de stocks pour des motifs spéculatifs. Lorsque l'état général des anticipations est orienté vers une aggravation de la pénurie, une augmentation des cours va pousser les opérateurs à adopter les mêmes comportements que lors d'une prévision de réduction des excédents en situation d'offre abondante. Ces comportements se traduisent par une augmentation de la demande et une diminution de l'offre sur les marchés au comptant et à terme où les cours continuent de monter. L'enchaînement des anticipations débouche sur un processus cumulatif de hausse semblable à celui d'une situation d'offre abondante. Les arbitrages intertemporels maintiennent, entre les cours au comptant et à terme, la relation $P = P_c + C_m - R_d$.

Cependant, ce processus de hausse favorise une politique de rétention de stocks pour des motifs spéculatifs qui accentue la situation de pénurie. D'autre part, la prévision d'une aggravation de la pénurie entraîne une hausse de la rente marginale de disponibilité (R_d) des stocks détenus et favorise, progressivement, les relations de déport, compte tenu que $R_d = P_c - P + C_m$ et que C_m est considéré comme constant. Si l'état général des anticipations porte sur une diminution de la pénurie, les comportements des opérateurs sont similaires à ceux déclenchés par une offre abondante avec anticipations d'accroissement des excédents qui ont été décrits plus haut. Néanmoins, la liquidation des stocks spéculatifs et des anticipations à la baisse sur le marché à terme peut conduire à un gonflement de l'offre et une chute des cours au comptant et à terme.

En outre, une prévision portant sur une atténuation de la pénurie tend à réduire la rente marginale de disponibilité et la relation de déport. Si la rente marginale de disponibilité est nulle, la relation de report entre cours au comptant et à terme est fortement encouragée traduisant une situation d'offre excédentaire. Les mécanismes de report s'expliquent par l'apparition effective des excédents, d'une part en raison la réalisation de la perturbation exogène, d'autre part à cause de la libération de stocks spéculatifs suite à une anticipation à la baisse. L'offre devient ainsi supérieure à une demande limitée au renouvellement des stock-outils.

Mais, les mécanismes explicatifs des relations entre cours au comptant et à terme fonctionnent de manière irrégulière parce que la liquidité du marché peut être faible par rapport au nombre d'intervenants et au volume des opérations. De plus, les anticipations des opérateurs peuvent diverger et les relations de report et de déport risquent d'être perturbées par le poids de certaines opérations. Le coût de stockage peut varier en fonction de l'évolution des taux d'intérêt durant un terme donné. La rente de disponibilité est une notion approximative parce qu'elle traduit des comportements individuels subjectifs qui évaluent des avantages procurés par la détention d'un stock. Mais, le coût de stockage est une donnée objective parce qu'il comporte les frais financiers d'entreposage, de manutention, et d'assurance.

Lorsqu'une relation de report tend à se prolonger sur plusieurs mois ou plusieurs années, elle permet de porter une appréciation sur l'état d'approvisionnement du marché. Aussi, un report peut indiquer une surproduction compte tenu des disponibilités du marché et de la demande de consommation tandis qu'un déport peut traduire une pénurie. Cependant, un report peut refléter une abondance d'offre de produit qui s'explique par une accumulation de stocks alors que la production annuelle reste inférieure à la consommation. Cette situation d'excédents peut se prolonger jusqu'à deux ans, trois ans ou plus selon le volume de stock accumulé.

3.1.3. Impact des facteurs exogènes sur les disponibilités en produits et interactions entre court et moyen terme

L'évolution du cours international d'une matière première sur plusieurs jours, semaines et mois dépend des mouvements de stocks, des phénomènes spéculatifs et de nombreux facteurs exogènes. Aussi, une évolution du cours sur plusieurs années peut se traduire par une succession de phases courtes et résulter de divers phénomènes. Les phénomènes spéculatifs expliquent parfois la dynamique de moyen terme des prix des matières premières. Ainsi, la spéculation sert d'explication à une hausse prolongée ou une chute durable du cours d'une matière première. Mais, un prix qui se maintient à un niveau artificiellement bas suppose un enchaînement incessant de ventes alimenté par des excédents de produit ou alors ces ventes s'arrêteront à un moment ou à un autre et la pression de la demande provoquera une hausse des prix. Par conséquent, une baisse prolongée du prix d'une matière première traduit un marché international en situation d'excédents.

En revanche, pour qu'un prix se maintienne à un niveau artificiellement élevé, il doit être accompagné d'un enchaînement ininterrompu d'achats qui assèchent le marché à moins que celui-ci ne se trouve réellement en situation de pénurie. Un achat spéculatif de grande ampleur peut toucher un marché de produit comme ce fut le cas de ceux du café (action du Groupe de Bogota en 1978-79) et de l'argent (action des frères Hunt en 1981)[8] mais, compte tenu des moyens financiers mobilisés et des risques courus, cette action ne peut durer que quelques mois. Ainsi, l'évolution à moyen terme du prix d'une matière première dépend de l'état d'approvisionnement de son marché

[8] Calabre S. (1990), *L'évolution des prix des produits de base*, Paris, Economica, p. 13.

qui peut être en excédent ou en pénurie et qui résulte de la différence entre la consommation et la production du produit au fil des années. L'analyse du chapitre précédent a déjà montré que cette évolution du prix reste soumise aux décisions de produire et de consommer.

Néanmoins, la dynamique à moyen terme du marché d'une matière première peut être perturbée par des facteurs exogènes d'origines diverses qui agissent d'abord à court terme par le jeu des offres et des demandes de stocks. Excepté les facteurs qui relèvent des comportements des macro-acteurs et qui font l'objet de la section suivante, les phénomènes de court terme interviennent dans la dynamique de moyen terme du marché notamment par la saisonnalité de la production, les conditions climatiques, les perturbations accidentelles et les opérations de stockage massif. En ce qui concerne la saisonnalité de la production qui touche les produits agricoles, le profil saisonnier des récoltes qui est souvent convergent ou divergent au niveau mondial (hémisphère Nord et Sud, par exemple) pourrait faire penser que chaque approvisionnement annuel du marché international entraînerait une chute des prix qui augmenteraient entre les campagnes. Mais, les ventes anticipées, le développement des marchés à terme, l'amélioration des techniques de couverture et les incitations à stocker des opérateurs débouchent sur une allocation intertemporelle du produit et parfois une sorte de lissage de l'évolution du prix d'une matière première.

Cependant, la saisonnalité des récoltes peut continuer à influencer l'évolution du prix parce que les prévisions de récolte entraînent des mouvements d'anticipations durant les mois précédant les campagnes. Lorsque les prévisions sont plutôt convergentes, la reconstitution des stocks des utilisateurs peut être retardée ou accélérée et, au fil des campagnes, l'évolution du prix du produit correspond à l'orientation à moyen terme du marché. Si la saisonnalité influence l'évolution à court terme du prix, elle débouche sur un mouvement moyen du prix du marché qui peut s'orienter à la hausse ou à la baisse selon l'évolution du bilan statistique. L'arrivée du produit sur le marché n'entraîne pas forcément une baisse du prix et, même si les flux d'offre tendent à peser sur le prix, les variations s'enroulent autour d'une trajectoire qui traduit l'évolution à moyen terme du marché.

Aussi, les décisions commerciales se fondent non seulement sur l'état d'approvisionnement courant du marché mais également sur des prévisions de la prochaine campagne. Si les prévisions conduisent, par exemple, à penser que la récolte est insuffisante par rapport à la demande de consommation, les producteurs peuvent se considérer en mesure d'exiger un prix plus élevé que lors d'une situation d'excédents. Pour assurer leur approvisionnement, les transformateurs se retrouvent alors contraints d'accepter des prix plus élevés. Mais ces mécanismes de fixation des prix résultent de la combinaison des opérations au comptant et de couverture, de phénomènes d'anticipation, d'incitations au stockage impliquant les interventions de courtiers ou de négociants, etc. Ils reflètent l'état d'approvisionnement réel du marché et sa dynamique de moyen terme.

Par ailleurs, l'influence des conditions climatiques sur l'état d'approvisionnement du marché peut entraîner un déséquilibre important sur le marché allant soit dans le sens du processus cyclique soit dans le sens contraire (les phénomènes cycliques des marchés de matières premières ont été traités plus amplement dans le chapitre 2). Par exemple, une sécheresse ou un gel touchant un gros pays producteur (ou plusieurs petits producteurs) peut se traduire par une pénurie temporaire d'un ou deux ans même si les capacités de production sont potentiellement excédentaires. Mais, cette pénurie correspond-elle à un retournement du processus cyclique ou à une perturbation passagère qui ne fait que le décaler par un prolongement de la phase de surproduction ? Si la production retrouve son ancien niveau, il s'agira d'une perturbation du processus cyclique. Mais, les investissements en capacités de production suscités par la hausse des prix qui suivent une sécheresse peuvent ne pas être suffisants pour relancer la production en raison des délais de mise en culture. La demande de consommation reste supérieure à la production et la pénurie peut se prolonger sur plusieurs années. Si la production ne retrouve pas son niveau, cette perturbation se traduit alors par un effet de cliquet et un retournement du marché.

Quant aux perturbations accidentelles, elles touchent en particulier les marchés des produits miniers où peuvent se produire des accidents dans les mines, dans les infrastructures de transport ou dans les raffineries. L'impact de ces perturbations accidentelles sur la dynamique de moyen terme s'évalue par rapport au bilan statistique annuel du marché international. Des événements politiques, économiques et sociaux (grèves, instabilité politique, guerre civile, etc.) peuvent également toucher sérieusement la production d'un pays producteur important. Par exemple, la production de café de l'Angola a été détruite par la guerre civile des années 1970 et 1980. Il en est de même de la production de café de l'Ouganda durant la même période. Ces guerres civiles ont provisoirement évincé du marché international ces producteurs qui se plaçaient parmi les dix premiers pays producteurs mondiaux de café. Ces événements expliquent pour partie les hausses des prix du café des années 1970. Lorsque les répercussions d'une perturbation accidentelle sur la dynamique du marché sont importantes, elles se traduisent par des variations de prix qui se répercutent sur les décisions des producteurs et des consommateurs. Une hausse du prix peut encourager des investissements en capacités de production et ralentir la consommation du produit. Si un pays producteur important est touché et que la baisse de sa production est durable, la pression à la hausse peut durer plusieurs années et déboucher sur un nouveau processus cyclique. Si les répercussions des perturbations accidentelles sont de durée limitée, elles se traduiront par une amplification ou un décalage du processus cyclique. Une perturbation de grande ampleur touchant la production peut aggraver une phase de pénurie. En situation d'excédents, elle entraînera un retournement temporaire du marché retardant le retour à l'équilibre.

Enfin, des opérations de stockage de grande ampleur peuvent sérieusement toucher la dynamique du marché d'un produit. Les répercussions des stocks régulateurs mis en place par les accords internationaux et les phénomènes de stockage liés à des comportements caractéristiques des producteurs sont traités dans la section suivante parce qu'ils s'intègrent aux mécanismes de régulation du marché international. Les opérations de stockage stratégique et de stockage spéculatif sont prises en compte parce qu'elles entraînent des répercussions sur la dynamique de moyen terme des marchés. Le stockage stratégique obéit à des objectifs de sécurité des approvisionnements pour l'activité économique et militaire. Les États-Unis (et le Japon lors des hausses des prix du pétrole), en particulier, ont constitué des stocks stratégiques impressionnants, à la suite de la guerre de Corée et surtout pendant la guerre froide. Le stock stratégique américain d'étain, par exemple, représentait deux années de production minière mondiale en 1955[9]. Les achats du stock stratégique américain ont d'abord permis de résorber une phase de surproduction mondiale et d'encourager ensuite une extension des capacités de production qui ont débouché sur une grave surproduction et une chute des prix en 1956 au moment de l'arrêt de ces achats.

D'autres produits miniers comme le nickel, l'aluminium et le cuivre ainsi que le pétrole ont fait l'objet d'un stockage stratégique. L'existence même d'un stock stratégique sur le marché d'un produit exerce généralement une pression à la baisse sur le prix. Par contre, sur le marché international de l'étain, les ventes du stock stratégique américain ont contribué à la régulation du marché durant les années 1960 et 1970. Les mouvements de stocks spéculatifs n'ont de répercussions sur la dynamique de moyen terme des prix que s'ils prennent des dimensions exceptionnelles et qu'ils mobilisent des moyens financiers considérables. Compte tenu de leur ampleur et des risques courus, les opérations de stocks spéculatifs ne sont généralement pas fréquentes. Cependant, même si une opération spéculative de grande ampleur échoue, ses répercussions sur l'évolution du cours sont suffisamment importantes durant plusieurs mois ou plusieurs années, pour affecter les décisions des producteurs et des consommateurs et perturber éventuellement l'évolution du processus cyclique du marché du produit concerné. Par exemple, si l'opération de stockage spéculatif aggrave une phase de pénurie par un assèchement du marché, elle prolongera la phase suivante d'excédents par l'arrivée en production des projets d'investissement en capacités suscités

[9] Calabre S. (1991), *op. cit.*

par la pénurie. Lors d'une phase excédentaire, un stockage spéculatif risque de retarder les mécanismes d'ajustement entre la production et la consommation.

Des relations étroites existent entre les cours boursiers et les prix du physique. Aussi, la différence consommation moins production débouche sur des incitations positives ou négatives à stocker et se traduit par des relations de report et de déport entre cours au comptant et à terme qui reflètent l'état d'approvisionnement du marché. Un report peut ainsi indiquer une surproduction compte tenu des disponibilités et de la demande de consommation alors qu'un déport peut révéler une pénurie. Cependant, un report peut correspondre à une offre abondante de produit en raison d'une accumulation de stocks alors que la production reste inférieure à la consommation. La différence entre les cours au comptant et à terme reflète généralement l'état d'approvisionnement du marché en physique présent et prévu pour le futur. Les interactions entre les situations de marché, les relations entre cours et les incitations à stocker guident l'allocation intertemporelle du produit. Néanmoins, la qualité de cette allocation intertemporelle dépend des prévisions qui fondent les décisions des opérateurs. Mais, à moyen terme, le jeu des mécanismes boursiers résulte principalement de l'état d'approvisionnement réel du marché. Ainsi, une grande partie des opérations boursières se réalisent d'après les prévisions de l'évolution à moyen terme du cours dans les prochains mois ou années.

En outre, cette évolution à moyen terme du cours résulte du processus cyclique endogène d'ajustement entre la production et la consommation qui dépasse les phénomènes boursiers. Cependant, elle peut être perturbée par des facteurs exogènes telles que la saisonnalité de la production, les conditions climatiques, les accidents dans les exploitations ou les opérations de stockage massif. Lorsque l'impact d'une perturbation exogène sur la dynamique du marché d'une matière première est de grande ampleur, il se traduit par des variations de prix qui se répercutent sur les décisions des producteurs et des consommateurs.

3.2. REGULATION DU MARCHE D'UNE MATIERE PREMIERE ET COMPORTEMENTS CARACTERISTIQUES DES PRODUCTEURS SUR LE MARCHE INTERNATIONAL

La régulation du marché international d'un produit dépend de la manière dont se combinent les comportements des macro-acteurs et les phénomènes par lesquels la situation de marché évolue, à travers des phases de surproduction, de pénurie ou d'équilibre. Des phénomènes de surréaction, des équilibres instables, des évolutions brutales montrent que la dynamique du marché résulte des comportements caractéristiques des producteurs sur le marché international. L'agrégation de ces comportements débouchent sur différents régimes de régulation et se traduit par des phénomènes de convergence ou de divergence dans les évolutions des conjonctures des marchés internationaux de matières premières. L'explication de ces régimes de régulation et des comportements des producteurs nous conduit à adopter la méthodologie utilisée par (Calabre)[10] pour mieux montrer les coïncidences dans l'évolution de ces marchés.

L'évolution à la hausse ou à la baisse du prix d'un produit aboutit inévitablement sur un couplage, à moyen terme, entre les prix et les quantités sur le marché international (*3.2.1.*). En outre, chaque situation de marché peut conduire à un régime concurrentiel particulier et à une régulation spécifique du marché. De nombreux marchés de produits ont connu un régime concurrentiel contrôlé qui bloque les phénomènes de surréaction grâce à une entente entre producteurs et consommateurs ainsi qu'à une organisation spécifique du marché (*3.2.2.*). Cependant, le contrôle simultané des prix et des quantités reste difficile à réaliser au niveau mondial en raison de la vive concurrence entre les producteurs. Aussi, les mécanismes d'ajustement entre la différence consommation moins production et le prix conduisent à des phénomènes de surréaction dus aux contraintes de dépendance par rapport au produit et aux

[10] Calabre S. (1995), « Régimes de régulation et formes d'organisation des marchés de matières premières », in Calabre S. (Ed.) : *Matières premières, marchés mondiaux, déséquilibres, organisation*, Paris, Economica, p. 9-40.

comportements des acteurs (*3.2.3.*). Mais, de fortes variations de prix d'un produit entraînant de grands déséquilibres entre la production et la consommation peuvent déboucher sur un accord international de produit ou un système de financement compensatoire. L'expérience des accords internationaux de produits montre que les instruments mis en place pour contrôler le marché du produit concerné butent fréquemment contre les mécanismes endogènes du marché et posent la question des limites d'une tentative de contrôle d'un marché (*3.2.4.*).

3.2.1. Mécanismes d'ajustement prix-quantités sur le marché d'une matière première

Sur la plupart des marchés internationaux de matières premières, lorsque le prix d'un produit évolue à un niveau élevé, il encourage généralement un accroissement de la production et un ralentissement de la consommation qui débouchent quelques années plus tard sur une baisse de ce prix. En revanche, lorsque le prix de ce produit évolue à un niveau faible, il provoque progressivement une diminution de la production et encourage la consommation qui entraînent quelques années plus tard une hausse de ce prix. Ce processus d'ajustement débouche inévitablement sur un couplage à moyen-long terme entre le prix et les quantités sur le marché international d'une matière première[11]. Les retards de réaction qui résultent du processus d'ajustement production-consommation-prix et leurs similitudes se traduisent par des phénomènes de convergence et de divergence dans les évolutions des conjonctures des marchés de matières premières (*cf. supra*, chapitre 2.).

Un prix qui se maintient à un niveau élevé rend les capacités de production installées rentables, encourage leur extension et le lancement de nouveaux investissements. La rentabilité des nouvelles exploitations et leur compétitivité peuvent être plus fortes que celles des anciennes et présenter une productivité plus élevée ainsi qu'un seuil de rentabilité plus faible. De plus, un haut niveau de prix assure la poursuite de

[11] Calabre S. (1997), *op. cit.*

l'activité des exploitations dont les coûts de production sont élevés et élargit la gamme de productivités selon les exploitations et les pays. Sur le marché international du cacao, par exemple, la forte hausse des prix du début des années 1980 a favorisé l'entrée sur le marché de nouveaux producteurs très compétitifs comme la Malaisie et l'Indonésie qui pratiquent une cacaoculture intensive avec des coûts de production faibles et de hauts rendements. En revanche, les exploitations du Ghana sont devenues moins compétitives parce que la moyenne d'âge des cacaoyers se situe entre 35 et 40 ans et chaque année 20 000 hectares de cacaoyers de plus de 50 ans cessent de produire. De plus, l'âge moyen des planteurs ghanéens s'est également élevé durant cette période[12].

Par contre, un prix bas réduit la rentabilité de nombreuses exploitations notamment les plus anciennes et celles dont la productivité est la plus faible entraînant une diminution de leur entretien par manque de moyens. De nombreux producteurs sont touchés par la baisse des recettes et fonctionnent le plus souvent à perte sans pouvoir renouveler leurs installations et assurer le maintien des capacités de production existantes. Entre temps, la consommation est progressivement encouragée par les phénomènes de substitution qui se réalisent par la mise sur le marché de produits concurrents. L'évolution du prix à la hausse ou à la baisse peut durer plusieurs années et dépend de la flexibilité et des délais de réaction de la production et de la consommation. À un haut niveau de prix correspond un marché international en situation de pénurie et à un prix bas un marché en excédent. Par conséquent, le prix d'un produit ne peut rester longtemps au dessus ou au dessous de sa trajectoire d'équilibre de moyen terme. La trajectoire d'équilibre correspond à l'ajustement, à moyen terme, entre le prix et les quantités.

Le processus de retour vers la trajectoire du prix d'équilibre entraîne très souvent l'alternance de phases d'excédents et de pénurie. Une modification à moyen terme des quantités en-

---

[12] Jouve P. ; de Milly H. (1990), *Compétitivité du cacao africain, analyse du marché mondial et des principaux producteurs, ministère de la coopération et du développement*, *op. cit.*, p. 174-236.

traîne un rajustement entre la production et la consommation se traduisant par un couplage prix-quantités. Cependant, ce processus de retour vers la trajectoire du prix d'équilibre peut être dévié de sa trajectoire par des transformations technologiques induites par l'évolution du prix et qui modifient les coûts de production ou les possibilités de substitution dans la consommation. Cette déviation de la trajectoire peut relever de facteurs exogènes et de spécificités du produit et déboucher sur une divergence dans les évolutions des conjonctures des marchés de matières premières. La trajectoire suivante du prix d'équilibre peut donc être plus haute ou plus basse que l'ancienne. Mais, les modifications des conditions de production et de consommation peuvent mettre plusieurs années pour se réaliser et influencer le prix qui déclenchera le passage d'une phase de pénurie à une phase d'excédents ou inversement.

Cependant, la dynamique de mondialisation des marchés de matières premières situe ces mécanismes d'ajustement entre la production et la consommation au niveau mondial même si les réactions diffèrent d'un pays à l'autre et si certaines zones de production et de consommation restent plus ou moins durablement déconnectées du marché international. Ce processus d'ajustement prix-quantités touche généralement les grands marchés de produits qu'ils soient agricoles ou miniers et résulte de la combinaison des comportements des producteurs et des consommateurs. Il réagit à la concurrence entre ces acteurs et relève de l'économie de marché où les prix sont généralement libres. Mais, quelles sont les interactions entre prix, production et consommation lorsque l'une de ces variables est fixée ?

Si le prix est fixé, la production et la consommation auront tendance à se rajuster. Si le prix fixé se situe à un niveau supérieur à celui qui pourrait égaliser la production et la consommation courantes, le rajustement se réalisera en particulier grâce à l'encouragement de la production. À l'inverse, si le prix fixé se situe à un niveau inférieur à celui qui pourrait égaliser la production et la consommation courantes, le rajustement se réalisera par la hausse de la consommation. Néanmoins, les réactions retardées et excessives de la production et de la consommation qui subissent, en outre, l'impact des chocs exogènes, peuvent conduire à une succession de déséquilibres à moyen terme.

En réalité, la fixation administrative du prix dans un pays producteur a tendance favoriser des échanges clandestins à des prix de « marché noir ». Si le prix administré est trop faible, les prix des échanges clandestins seront plus élevés et incitent les producteurs à produire davantage hors du circuit officiel. Par exemple, sur le marché international du cacao, la chute du prix-producteur en Côte-d'Ivoire durant la fin des années 1980 a encouragé la commercialisation clandestine d'une partie de la production de cacao ivoirien par les circuits de commercialisation du Ghana où le prix du marché noir était plus élevé. En effet, le prix au planteur est passé de 400 à 250 FCFA au kg en juillet 1989 et à 200 FCFA en octobre de la même année Au Ghana, le prix garanti au producteur est passé de 12 cédis en 1982-83 à 174,4 cédis en 1989-90 correspondant alors à 191 FCFA/kg au taux officiel et à 145 FCFA au taux parallèle[13].

Si le prix administré est trop élevé, les prix du marché noir seront plus faibles et les producteurs auront tendance à augmenter leur production. La fixation administrative des prix est souvent réalisée sur les marchés des produits agricoles mais elle montre la difficulté de découpler durablement les prix et les quantités. Néanmoins, l'histoire des marchés internationaux des matières premières présente des expériences de fixation simultanée du prix et des quantités notamment sur le marché du pétrole mais également sur les marchés de plusieurs produits miniers.

3.2.2. Régime concurrentiel contrôlé et mécanismes de régulation d'un marché de matière première

D'importants déséquilibres entre la production, la consommation et des variations brutales des prix encouragent souvent des tentatives de régulation contrôlée du marché d'un produit (A). Ils peuvent déboucher sur un système de prix-producteur qui intègre, à moyen terme, les mécanismes d'interaction entre

---

[13] Jouve P. ; de Milly H. (1990), *op. cit.*, p. 163 et 179.

la production et la consommation dans ses stratégies de production et de prix de vente du produit (B).

A. Caractéristiques d'un régime concurrentiel contrôlé

Une coordination des politiques des acteurs et/ou une organisation du marché basée sur des accords peut conduire à une atténuation ou un blocage des phénomènes de surréaction constituant ainsi un régime concurrentiel contrôlé. Les forces concurrentielles continuent à agir en permettant aux producteurs de rechercher leurs débouchés et aux consommateurs de s'assurer leurs sources d'approvisionnement. À moyen-long terme, les mécanismes endogènes d'ajustement production-consommation-prix ne sont pas totalement bloqués. Les retards de réaction qui en résultent présentent des similitudes et se traduisent par des phénomènes de convergence et de divergence dans les évolutions des conjonctures des marchés de matières premières.

Un régime concurrentiel contrôlé permet d'agir sur le prix, sur la quantité, ou sur les deux par des instruments qui s'appuient sur les mécanismes de marché. Cette forme de régulation fait intervenir des modalités d'organisation des marchés et des mécanismes de stabilisation qui font appel à une gamme d'instruments imposée par la conjoncture du marché international et qui peuvent déboucher sur un accord international de produit, une collusion de producteurs, ou une action concertée entre producteurs et consommateurs. Ces mécanismes de stabilisation peuvent se réaliser soit dans le cadre d'une procédure de concertation soit dans une atmosphère conflictuelle et une situation de marché surréactif. Ils peuvent toucher une dimension plus ou moins large du marché international mais, le plus souvent, ils concernent l'organisation des marchés, produit par produit, et se traduisent par des accords internationaux.

Mais, compte tenu notamment de la complexité des mécanismes de marché et des difficultés de la négociation, seuls les marchés de l'étain, du café, du cacao, du sucre et du caoutchouc ont fait l'objet d'accords internationaux. Les marchés de deux autres produits, le jute et l'huile d'olive, bénéficient d'un accord à portée commerciale sans mécanismes de régulation. Enfin, les accords internationaux de produit constituent également l'une des formes les plus caractéristiques de contrôle d'un marché international d'un produit et ils sont mis en place lorsque le marché du produit concerné est en situation d'excédents durable. Cependant, tous les produits ne font pas l'objet d'un accord international parce que leurs spécificités ne permettent pas de donner suite à des négociations et à un accord en raison notamment de la structure du marché et du niveau de la demande[14]. Les spécificités des produits et de leurs marchés ainsi que l'impact des facteurs exogènes empêchent d'aboutir à un régime concurrentiel contrôlé et débouchent sur une divergence dans les évolutions des conjonctures des marchés de matières premières.

B. Régime de prix-producteur et mécanismes de régulation du marché

De nombreux marché internationaux de matières premières tels que ceux du plomb et du zinc en particulier ont connu des systèmes de prix-producteur depuis la fin de la deuxième guerre mondiale jusqu'au premier choc pétrolier et pour d'autres produits (aluminium et nickel notamment) jusqu'au début des années 1980. Les marchés de ces produits étaient généralement dominés par quelques grandes firmes internationales et l'une d'elles jouait le rôle de leader en fixant le prix du marché qui servait de référence sur le marché international.

La fixation du prix tient compte de l'ajustement du marché et résulte d'une sorte d'organisation de la concurrence par rapport à une convergence d'intérêts entre les principaux producteurs et consommateurs. Un système de prix-producteur traduit le souci principal des producteurs concernés de contrôler le marché et de s'isoler des forces de la concurrence. Il correspond, en effet, à une situation de marché à structure oligopolistique ou quelques producteurs, à dimension internationale, fixent le prix de vente de leur produit leur permettant de couvrir les coûts de production, de rentabilité et de renouvellement des capacités ainsi que la sauvegarde des parts de marché. En outre,

[14] Newbery D.M.G. ; Stiglitz J.E., (1981), *The Theory of Commodity Price Stabilization, A Study in the Economy of Risk*, Oxford, Clarendon Press, p. 294-299.

les producteurs dominants maintiennent des surcapacités en menaçant de les mettre en œuvre et de provoquer une baisse des prix au cas où des producteurs concurrents lanceraient des projets de production risquant de mettre en cause leur position dominante.

Le prix fixé à un niveau généralement assez bas empêche également le développement de la production chez les autres petits producteurs et la venue de nouveaux producteurs en fonction des barrières à l'entrée (lourdeur des coûts d'investissements et d'installation, accès à la technologie, marchés captifs, etc.). Il permet aussi aux producteurs dominants le marché de préserver la croissance de la consommation et de décourager les effets de substitution vers d'autres produits. Il tient compte des phénomènes d'économie d'échelle dont bénéficient en général les grandes firmes minières. Une économie d'échelle correspond à une diminution des coûts unitaires de production lorsque la dimension de l'unité de production augmente. Les grandes firmes disposent de capacités de production élevées qui favorisent les phénomènes d'économie d'échelle et des coûts de production faibles alors que les petites entreprises sont limitées par des unités de production à taille réduite et des coûts de production plus élevés.

La fixation du prix par la firme leader prend en considération l'adaptation de la production à l'évolution de la consommation. Elle permet aux producteurs d'ajuster leur production aux variations de la consommation en stockant ou en offrant du produit d'une part, et en réduisant ou en augmentant le taux d'utilisation de leurs capacités de production, d'autre part. Par conséquent, un système de prix-producteur tient compte de la dynamique du marché (évolution de la consommation et concurrents potentiels). À moyen-long terme, les mécanismes d'interactions entre la production-consommation-prix deviennent donc une partie intégrante des stratégies de production et de prix de vente. Aussi, la similitude des retards de réaction dans le processus endogène d'ajustement à moyen-long terme débouche le plus souvent sur une convergence dans les évolutions des prix-producteurs sur la plupart des marchés de matières premières. Cette convergence s'est traduite par une stabilité des prix des produits concernés jusqu'en 1973-74. Avant le premier choc pétrolier, les variations des prix de ces produits étaient moins brutales alors que, par contraste, elles étaient beaucoup plus fortes après le premier choc pétrolier qui a provoqué des phénomènes de divergence dans les évolutions des conjonctures des marchés où le système de prix-producteur était en vigueur. En effet, le système de prix-producteur s'est effondré à la fin des années 1970 pour certains produits (cuivre) et au début des années 1980 pour d'autres (1981 pour le nickel, 1984 pour l'aluminium).

Une autre stratégie possible des producteurs consiste à pratiquer un prix de prédation dans le but de défendre leurs parts de marché (ou de les augmenter) contre les offensives de concurrents existants ou potentiels[15]. Elle consiste à pratiquer un prix bas permettant de réduire la rentabilité des concurrents réels ou potentiels et éventuellement de les évincer. Cependant, ce prix de prédation reste déterminé par la situation de marché du produit concerné selon qu'il soit en excédent ou en pénurie. Il implique une analyse approfondie des entreprises et des marchés de produits concernés. En effet, les producteurs et les consommateurs sont soumis à des contraintes de rentabilité, surtout à moyen terme, et font face à des forces concurrentielles existantes et potentielles. Le poids de ces contraintes dépend de la structure des marchés, du pouvoir de négociation et de la nature des produits.

Les mécanismes de marché peuvent être neutralisés dans le cas où des moyens permettent de fixer autoritairement et de contrôler à la fois le prix et la production, voire la consommation, au niveau de l'ensemble du marché international. Cette hypothèse ne parait pas réaliste même si un système parfaitement planifié peut être imaginé. Cependant, certaines situations particulières montrent que des producteurs ont été en mesure de fixer simultanément prix et quantités sur une période assez longue. Les marchés internationaux des produits miniers, notamment ceux de l'aluminium et du nickel, donnent une illustration de l'expérience du système de prix producteur et de

---

[15] Rey P. ; Tirole J., (1997), « Analyse économique de la notion de prix de prédation », *Revue Française d'Economie*, vol. XII, n°1, hiver 1997, p. 3-32.

son impact sur la différence consommation moins production, sur la régulation ainsi que sur l'évolution de la conjoncture du marché d'une matière première. Les systèmes de prix-producteur sont étroitement liés à la dynamique de moyen-long terme des marchés dont les évolutions des conjonctures présentent des phénomènes de convergence et de divergence selon les spécificités des produits et l'impact des facteurs exogènes.

Le système de prix-producteur sur le marché de l'aluminium

Six grandes compagnies internationales surnommées *The Big Six* (Alcoa, Kaiser, Reynolds, Alcan, Alusuisse et Péchiney) ont dominé le marché de l'aluminium entre la fin de la Deuxième Guerre mondiale et le premier choc pétrolier[16]. Elles constituaient un groupe relativement homogène de monoproducteurs intégrés verticalement imposant des barrières à l'entrée dans l'industrie sous forme de prix de transfert et polarisant ainsi la réalisation des profits dans les stades les plus ultimes de la filière[17]. En amont, la surcapacité chronique et les bas prix qu'elle a entraînés représentaient un obstacle difficile à surmonter pour d'éventuels nouveaux entrants dans l'industrie du minerai.

En outre, cette situation offrait aux *Big Six* l'avantage de choisir leurs concurrents dans la décision de les approvisionner ou non en bauxite et alumine. Elles ont instauré un système de prix-producteur qui leur a permis de contrôler le marché grâce à un rapport de forces favorable. Mais, l'avantage de ce système de prix-producteur n'a pas survécu au premier choc pétrolier de 1973-74. Les hausses des prix des produits énergétiques des années 1970 ont complètement bouleversé les conditions de production de l'aluminium. Elles ont conduit, notamment à l'augmentation des coûts de la main d'œuvre, des produits intermédiaires et des coûts d'infrastructure et d'équipement. Ces changements dans les facteurs de production ont débouché sur une concurrence plus vive entre les producteurs basée sur la compétitivité et sur une modification des parts de

[16] Nappi C. (1994), *L'aluminium*, Paris, Economica, « Cyclope », p. 65-79.
[17] De Sà P. (1992), *op. cit.*, p. 151-166.

marché. De plus, durant les années 1980, les écarts entre les différents producteurs ont été amplifiés par des phénomènes monétaires importants (inflation, taux de change).

Les producteurs les plus compétitifs sont ceux qui sont localisés dans les pays où l'énergie est peu coûteuse comme le Brésil qui dispose de sources hydrauliques ou Bahreïn et Doubaï qui bénéficient de l'énergie pétrolière et gazière à très bas prix. Ainsi, les producteurs dégageant des marges bénéficiaires importantes, grâce à la rente énergétique, ont adopté une politique commerciale plus agressive dans le but d'augmenter leur part de marché. De même, la hausse très sensible des coûts de production provoquée principalement par la flambée de prix du pétrole et l'intervention croissante des États dans l'industrie par les nationalisations ont mis en difficulté les capacités productives des *Big Six* qui ont vu leurs marges de profit diminuer. De nombreuses usines aux États-Unis et au Japon où les sources énergétiques étaient essentiellement basées sur le pétrole ont été marginalisées. Cette situation a posé un dilemme aux firmes dominantes en matière de stratégie productive et d'investissements en capacités de production.

Jusqu'en 1973-74, le marché international de l'aluminium était régulé par les firmes dominantes qui « programmaient » l'extension des capacités de production et qui anticipaient l'évolution de la demande. La croissance des firmes et la dynamique de l'industrie de l'aluminium dépendaient donc des stratégies d'orientation de ces « majors ». La principale stratégie était d'investir en capacités de production à contre-conjoncture dans le but de mieux répondre à la demande qui suit la reprise économique. Mais, les projets d'investissement sont devenus de plus en plus onéreux en raison de l'augmentation systématique du coût marginal de long terme et les anticipations de la demande sont de plus en plus difficiles. Les *Big Six* ont tenté de résister à la concurrence des nouveaux producteurs en supportant des hausses systématiques des prix qui sont devenus plus instables à cause des écarts de prix entre producteurs et de la faiblesse de la demande. Ainsi, les écarts moyens entre les prix de l'aluminium d'une année sur l'autre sont plus importants depuis 1973-74. Depuis sa mise en place, le prix-producteur était fixé par la firme leader Alcan jusqu'en 1984.

Par ailleurs, l'évolution des différences entre les prix-producteurs et les prix de marché ont débouché sur la création d'un marché à terme de l'aluminium au *London Metal Exchange (LME)*, en 1977. Le marché de l'aluminium est donc entré dans un processus de surréaction avec un enchaînement de phases plus accentuées de surproduction et de pénurie ainsi que des phénomènes de substitution lorsque le prix est suffisamment élevé. Le caractère surréactif du marché peut être illustré par la phase d'excédents de la période 1980-81 qui a entraîné une grave crise de l'industrie de l'aluminium et l'éclatement de la structure oligopolistique de l'industrie ainsi que l'abandon du prix-producteur[18].

L'ajustement de l'offre et la demande s'effectue donc selon les nouvelles formes de la concurrence. L'entrée sur le marché de nouveaux producteurs a provoqué un accroissement de l'offre et un gonflement des stocks qui ont pesé sur les prix, notamment ceux des marchés à terme. La rigidité des structures de production des « majors » n'a pas permis d'absorber le surplus global de production de l'industrie de l'aluminium surtout depuis le premier choc pétrolier et de stopper la baisse régulière de leurs parts de marché. Les écarts entre la production et la consommation sont devenus plus importants alors que jusqu'en 1974 les volumes de production et de consommation mondiales sont très proches. Même la fermeture temporaire des firmes marginales n'a pas empêché la baisse des prix. La fin du système de prix-producteur a rendu possible l'entrée de nouveaux concurrents sur le marché, notamment le Brésil qui a d'abondantes ressources hydrauliques ou certains pays producteurs de pétrole comme Bahreïn et Doubaï qui disposent de sources énergétiques à très bas prix et qui ont donc l'avantage de produire l'aluminium avec des coûts de production très faibles.

Au cours des vingt dernières années, compte tenu de son caractère énergétivore qui peut atteindre 40% des coûts directs de production[19], la consommation d'énergie explique les

---

[18] Nappi. C. (1994), *op. cit.*, p. 103.
[19] *Ibid.*, p. 30.

grandes tendances de l'évolution de l'industrie de l'aluminium tant au niveau des capacités de production et des parts de marché qu'au niveau de la répartition géographique. En Europe, la production d'aluminium de première fusion s'est stabilisée, depuis une décennie, à un niveau moyen annuel de 3 millions de tonnes. Les contraintes de coûts ne permettent pas à l'industrie européenne de se développer davantage en termes de volume. Aux États-Unis, le niveau le plus élevé de la production a été atteint en 1980 et le niveau le plus bas en 1986. Mais, leur part dans la production mondiale n'a cessé de baisser passant de 32,2% en 1973 à 18,8% en 1993. Cependant, la dépréciation du dollâr par rapport aux principales monnaies des places boursières, la renégociation de plusieurs contrats d'approvisionnement et des conventions salariales d'une part, la reprise économique américaine d'autre part, ont contribué au regain de la compétitivité de l'industrie de l'aluminium de 1987 à 1992 par rapport au creux de production de 1986. Ainsi, plusieurs usines fermées pendant la récession ont été remises en route et leurs capacités totales se sont élevées à 400 000 tonnes. En revanche, les producteurs dont les coûts énergétiques sont peu élevés ont du moins maintenu leur part de marché sinon développé leur production dans d'importantes proportions. Les capacités de production d'aluminium de première fusion du Canada ont beaucoup augmenté surtout depuis le début des années 1980 et, plus récemment, de manière spectaculaire entre 1990 et 1993 en raison de l'entrée en production de nouveaux projets. La production canadienne est ainsi passée respectivement de 1 567 400 tonnes à 2 308 900 tonnes. L'Australie a régulièrement augmenté sa production mais à un rythme plus lent que ses concurrents jusqu'au début des années 1980.

En Amérique Latine, c'est le Brésil qui est le plus important producteur avec une production qui a sensiblement augmenté durant ces dernières années. Cependant, depuis 1990, sa production a tendance à stagner. Le Venezuela, deuxième pays producteur latino-américain, a surtout développé ses capacités de production à partir de la fin des années 1970 et son plafond de production a été atteint en 1991 avec près de 610 000 tonnes alors qu'en 1973 le volume de production s'élevait seulement à

4 100 tonnes. La perte de la position dominante des *Big Six* a favorisé l'entrée sur le marché de nouveaux producteurs incités par l'abondance de leurs réserves énergétiques et des coûts de production faibles. Ainsi, au Moyen Orient, les pays producteurs de pétrole ont acquis un avantage extraordinaire grâce à la flambée des prix des produits pétroliers dont les coûts de production sont les plus bas du monde (Bahreïn, Doubaï, Arabie Saoudite, notamment). Bahreïn a été l'un des premiers pays pétroliers à s'introduire dans la production de l'aluminium qui est passée, en vingt ans, de 102 700 à 449 000 tonnes. Doubaï est le deuxième pays du Moyen Orient à entrer sur le marché de l'aluminium et sa production est passée de 153 200 tonnes en 1985 à 242 300 en 1993. Les projets d'installation de capacités de production pour un total de près de 800 000 tonnes en Arabie Saoudite, à Qatar et aux Émirats Arabes Unis n'ont pas abouti.

Le système de prix-producteur sur le marché du nickel

Jusqu'à la fin des années 1920, le marché international du nickel était quasiment dominé par seulement trois firmes multinationales fondées pour la plupart d'entre elles au début du siècle dont *International Nickel Company* (Inco), l'entreprise française Société Le Nickel (SLN), et Mond Nickel. C'est la Première Guerre mondiale qui a provoqué une croissance exceptionnelle de la demande de nickel et Inco détenait déjà, en 1913, 55% de la production mondiale alors que la part de SLN représentait 33% et celle de Mond Nickel 11%. Les parts de marché ont évolué ensuite en faveur d'Inco qui a racheté une entreprise en difficulté, la *British American Nickel Company* (*BANCO*) qui avait déjà fusionné avec Mond Nickel. Cette opération a permis à Inco d'accaparer 90% des parts de marché, en 1929 au détriment des autres firmes du secteur. En 1928, une autre firme importante est créée en Afrique du sud sous le nom Falconbridge Nickel Mines et s'impose sur le marché international du nickel.

La Deuxième Guerre mondiale relance la consommation de nickel et favorise l'entrée de nouveaux producteurs surtout à travers l'application d'un procédé technique permettant l'exploitation des gisements de minerai oxydé (latérite) et l'exploitation pratique de la mine de minerais oxydés d'Oriente à Cuba. De même, ce procédé est également appliqué au minerai sulfuré de la mine canadienne de Lynn Lake par Sherritt Gordon, un nouveau concurrent. D'autre part, les achats du stock stratégique américain entretiennent la demande et ravivent la concurrence entre producteurs en bouleversant les parts de marché. La firme Inco a réussi à résister à la concurrence en contrôlant jusqu'au début des années 1960 encore 65% du marché alors que son concurrent le plus immédiat, Falconbridge, détient à peine 10%. Inco à résisté à la concurrence grâce à de solides barrières à l'entrée dans l'industrie du nickel dont la concentration des réserves de minerai sulfureux à haute teneur dans un nombre réduit de pays où elle exploite les mines. Cette position dominante va s'effriter progressivement surtout à cause de la mise en place d'une puissante métallurgie du nickel, au Japon, alimentée par les importations du métal calédonien, australien et soviétique. Entre 1969 et 1970, la pénurie provoquée par la longue grève dans la mine canadienne d'Inco localisée à Sudbury va avantager Falconbridge qui reprend au même moment l'exploitation du gisement dominicain abandonné par Inco en 1956.

Sur le marché international du nickel, les parts de marché des producteurs traditionnels ont sensiblement diminué en raison du caractère surréactif du marché et de la multiplication des nouveaux producteurs. Jusqu'à la fin des années 1960, le marché international du nickel était encore à structure oligopolistique avec les firmes Inco, Falconbridge, Sherritt Gordon, SLN, Hanna Mining (*The Big Six*) et les producteurs japonais qui détiennent en totalité 90% de la production du nickel, excepté celle des pays de l'Est. Par contre, les deux chocs pétroliers et une demande soutenue ont favorisé l'entrée de nouveaux producteurs et la multiplication du nombre d'entreprise se partageant le marché. Ainsi, à partir de 1980, 44 entreprises issues de 26 pays différents agissaient sur le marché international du nickel limitant le pouvoir de marché des producteurs traditionnels. Aussi, la part des quatre grandes firmes multinationales, Inco, Falconbridge, SLN et Western Mining, a chuté à 60% du marché.

Depuis le début des années 1970, l'évolution du marché international du nickel a subi de fortes perturbations avec des déséquilibres importants[20]. Le marché international du nickel a été, pendant longtemps, régie par le régime de prix-producteur entraînant des rentes absolues grâce à de solides barrières à l'entrée comme la concentration des réserves de minerais sulfureux à fortes teneur dans un nombre restreint de pays. Mais l'exploitation économique des gisements de minerai oxydé (latérite) grâce à un nouveau procédé technique a favorisé l'entrée de nouveaux producteurs qui ont, en outre, été encouragés par la pénurie sur le marché du nickel entre 1969 et 1970. En effet, la flambée des prix du métal consécutive à cette pénurie a atteint 7 $ la livre sur le marché libre au quatrième trimestre de l'année 1969. Ces prix qui représentent six fois le prix-producteur ont provoqué une multiplication des investissements dans l'industrie du nickel.

Désormais, les trop forts déséquilibres du marché n'ont plus permis d'imposer un prix-producteur. En effet, la pénurie de la fin de l'année de 1969 a entraîné une importante hausse des prix du métal en passant d'une moyenne annuelle de 7 208 $/t en 1969 à 8 167 $/t en 1970. Cette hausse très sensible du prix a déclenché une vague d'investissement en capacités non seulement de la part des producteurs traditionnels qui ont essayé de maintenir leurs parts de marché mais également de la part de nouveaux entrants encouragés par l'abaissement des barrières à l'entrée et la perspectives de réaliser des profits. Cependant, la plupart des investissements en capacités lancés dans les années 1970 ont été consacrés à l'exploitation des gisements latérites requérant une consommation d'énergie beaucoup plus importante que celle des minerais sulfurés. Dans le but de maintenir leur parts de marché et de se protéger des nouveaux arrivants, les firmes nord-américaines surtout (Amax, Falconbridge, Inco, Western Mining Corp., etc.) ont développé ces nouveaux projets entre 1970 et 1977 avec une capacité totale annuelle moyenne de 180 000 tonnes. Ces investissements ont été déme-

[20] De Sà P. (1992), *Industrie minière mondiale, études de l'Observa-toire des matières premières, ministère de l'industrie et du commerce extérieur*, *op. cit.*, p. 167-182.

surés par rapport à l'évolution de la demande et ont provoqué, quelques années plus tard au moment de leur entrée en production, une surproduction qui a duré une quinzaine d'années et qui a entraîné la fermeture de nombreuses mines non rentables.

Aussi, la surproduction a entraîné une guerre des prix, des pertes financières pour de nombreuses entreprises et un bouleversement des parts de marché. Une légère reprise de la consommation en 1983 a encouragée une hausse des prix du nickel qui s'est confirmée en 1984. Une guerre des prix déclenchée, en 1985, par Inco a permis le rétablissement, une année plus tard, d'un prix-producteur à 1,75 $/livre (*Inco's European Consumers Nickel Price, IECNP*) qui a provoqué l'élimination de nombreux producteurs marginaux[21]. Sur le marché international, le prix du nickel était fixé par la firme leader Inco jusqu'en 1977. La fixation du prix par Inco a été rétablie en 1979 et abandonnée en 1981. Le prix-producteur n'a plus servi de référence au prix international depuis cette date. Il était fixé à un niveau suffisamment bas pour décourager la production chez les autres petits producteurs et l'entrée de nouveaux concurrents sur le marché (*cf.* B *supra*).

Le système de prix-producteur américain sur le marché du cuivre

Entre la fin de la Deuxième Guerre mondiale et le début des années 1970, l'industrie nord-américaine du cuivre était fortement concentrée et dominée par trois firmes : Anaconda, Kennecott et Phelps. Ces firmes avaient également des parts dans d'autres firmes étrangères comme Kennecott qui contrôlait El Teniente au Chili ou Anaconda qui détenait la majorité des parts de Chuquicamata. Pour protéger les producteurs américains de cuivre suite à une chute des cours qui sont passés de 53 cts/kg en 1929 à 9,5 cts/kg en 1932, le gouvernement américain a imposé une taxe de 8,8 cts/kg sur les importations de cuivre. Cette situation a favorisé l'annonce de façon unilatérale par les producteurs américains d'un prix de vente de leur produit et la mise en place d'un système de prix-producteur

[21] De Sà P. (1990), *Le nickel*, Paris, Economica, « Cyclope », p. 32-40.

américain qui va perdurer jusqu'en 1977. L'évolution du prix-producteur américain et du prix international (LME) se caractérise par deux périodes au cours desquelles le prix-producteur américain est resté inférieur au prix international entre 1950 et 1977 et supérieur entre 1978 et 1996. La première période correspond à la position dominante des producteurs américains qui bénéficiaient de protection douanière et de diverses mesures gouvernementales de soutien. Durant cette période, la plus grande partie du commerce mondial de cuivre se réalisait en prenant pour référence le prix des producteurs américains.

À partir de 1978, les firmes américaines ont été défavorisées par une hausse continue de leurs coûts de production et leur pouvoir de marché a été affaibli par le contrôle progressif de l'industrie minière par certains pays producteurs (Zaïre, Zambie, Chili, par exemple) qui ont adopté désormais le cours LME comme référence dans leurs transactions commerciales. De plus, les efforts accrus de récupération du métal secondaire et la recherche de produits de substitution notamment par l'industrie automobile ont encore affaibli le pouvoir de marché des producteurs américains. Enfin, les fortes fluctuations du dollar américain ont favorisé les autres monnaies des producteurs concurrents qui ont pu proposer les cours du COMEX et augmenter leurs exportations en particulier vers les États-Unis. Ainsi, la hausse des exportations du cuivre chilien vers les États-Unis s'est élevée à 300% entre 1978 et 1983 passant de 85 000 à 321 000 tonnes[22].

3.2.3. Régime concurrentiel surréactif et comportements des producteurs sur le marché international

Les difficultés de contrôler simultanément les prix et les quantités, surtout au niveau mondial, conduisent souvent à un régime concurrentiel surréactif et à des comportements caractéristiques des producteurs sur le marché international (A). Ainsi, une baisse prolongée des prix peut pousser un ou plusieurs producteurs dominant le marché international à adopter un compor-

---

[22] De Sà P. (1992), *op. cit.*, p. 209.

tement de régulateur volontaire en réduisant leur production (B). De même, un marché en situation de surproduction peut inciter des producteurs à résister à la baisse des prix par une augmentation du volume de leur production (C). Une baisse des prix favorise également des comportements non-coopératifs qui avantagent généralement les producteurs les plus compétitifs (D). En outre, la situation politique, économique et sociale peut contraindre un producteur à se comporter en producteur soldeur sur le marché international en proposant des quantités importantes de produit sans tenir compte de l'évolution du prix international (E).

A. Caractéristiques d'un régime concurrentiel surréactif

La concurrence entre producteurs et entre utilisateurs conduit le plus fréquemment à un régime concurrentiel surréactif parce qu'il est difficile de contrôler simultanément les prix et les quantités surtout au niveau mondial. Les phénomènes de surréaction proviennent des retards de réaction de la production et de la consommation par rapport au prix qui se manifestent en termes de taux de croissance et même de niveau absolu de l'une et de l'autre. Les retards de réaction résultent du libre jeu des mécanismes de marché et s'expliquent par les contraintes de dépendance et par les comportements des acteurs.

Sur le marché international, les écarts entre les niveaux de compétitivité et les actions des différents producteurs entraînent des stratégies de défense ou de conquête des parts de marché. De plus, les consommateurs et les utilisateurs du produit sont incités à rechercher les approvisionnements les moins chers exacerbant la concurrence entre les producteurs. Enfin, en fonction de la situation du marché, la concurrence entre les producteurs et les consommateurs du produit tend à favoriser une baisse des prix. Les mouvements de baisse à moyen terme des prix provoquent des réactions retardées de la production et de la consommation qui se traduisent par une phase de pénurie. Les mouvements de hausse à moyen terme des prix entraînent des réactions retardées de la production et de la consommation qui débouchent sur une phase d'excédents. L'alternance des phases d'excédents et de pénurie se traduit par des phénomènes de ressorts cycliques qui résultent de la dynamique de moyen terme mais qui peuvent être perturbés par des chocs exogènes (*cf.* chapitre 2 *supra*). Ces ressorts cycliques reflètent les phénomènes de surréaction de la production et de la consommation aux mouvements de baisse ou de hausse à moyen terme des prix. Sur le marché international d'un produit, ce sont donc les interactions production/consommation/prix qui favorisent les phénomènes de surréaction.

Lors des phases de baisse, certains producteurs sont incités à adopter des comportements non-coopératifs notamment ceux qui sont les plus compétitifs cherchant ainsi à accroître leurs parts de marché. Lors des phases de baisse, les producteurs manifestent des comportements de résistance dans la baisse. Ils contribuent alors à accentuer la baisse des prix et à prolonger la phase des excédents qui les met progressivement en position de « régulateurs forcés ». En effet, les premiers producteurs évincés du marché sont ceux qui sont les moins compétitifs alors que les producteurs qui bénéficient d'une productivité élevée continuent à produire. Le prolongement de la phase des excédents accentue la baisse des prix jusqu'à toucher les producteurs les plus compétitifs qui se retrouvent contraints à réduire la progression de leur production. L'ensemble des producteurs est ainsi plus ou moins engagé à participer au processus d'assainissement du marché et de limitation de la production pour éponger les stocks excédentaires.

Néanmoins, ces mécanismes de surréaction sont plus ou moins dynamiques et restent soumis à l'influence des facteurs exogènes comme l'évolution de l'activité économique générale, les situations politiques et sociales, les conditions climatiques, les transformations des structures des marchés, etc. Depuis la fin des systèmes de prix-producteur qui ont régit de nombreux marchés de métaux (*cf.* l'analyse des paragraphes précédents), la plupart des marchés internationaux de matières premières fonctionnent sous un régime concurrentiel surréactif notamment les produits métalliques et agricoles (de cultures pérennes en particulier). Leur évolution à moyen terme est marquée par des mécanismes de ressorts cycliques qui résultent des phénomènes de surréaction analysés au chapitre précédent.

B. Comportements de producteurs régulateurs volontaires

Un pays producteur peut se trouver en position de régulateur volontaire lorsqu'il accepte d'adapter sa production pour favoriser l'équilibre entre offre et demande mondiales. En période de surproduction ou pour éviter que le marché se trouve en situation de saturation, l'action du pays régulateur volontaire consiste à limiter sa production et ses exportations pour faciliter une résorption des excédents. En période de pénurie ou pour empêcher que le marché connaisse une situation de rationnement, il peut accroître progressivement sa production, si les spécificités naturelles et techniques du produit le permettent, en adaptant le degré d'utilisation de ses capacités de production aux besoins du marché dans le but de s'opposer à un risque de pénurie.

L'histoire des marchés internationaux de matières premières montre quelques exemples de pays régulateurs volontaires dont les interventions et les méthodes sont spécifiques. Diverses méthodes de régulation ont été expérimentées par ces pays mais les objectifs et les succès sont très mitigés. Elles ont consisté, par exemple, en la suppression partielle des plantations, en la destruction d'une partie de la production ou du retrait momentané du marché international. Sur le marché du cacao, notamment, la Côte-d'Ivoire s'est retirée provisoirement du marché international au cours de la saison 1987-1988 parce que le prix du produit était jugé trop bas. Ce retrait avait pour objectif principal de provoquer un relèvement du prix en asséchant le marché mais il est resté sans effet en raison de la situation excédentaire du marché. Le but principal des pays producteurs régulateurs volontaires est généralement d'empêcher surtout les baisses du prix international du produit et de le maintenir dans une fourchette qui soit acceptable pour le pays dominant le marché.

Un pays producteur peut jouer le rôle de régulateur volontaire lorsque sa part sur le marché international est suffisamment importante pour influencer l'évolution du prix. Il intervient sur un marché en situation de surproduction et un prix international à un niveau suffisamment bas ou pour d'autres raisons, un prix assez élevé. L'intervention du pays régulateur volontaire signifie qu'il doit sacrifier à brève échéance ses exploitations les moins rentables pour défendre le prix international. Ainsi, sur de nombreux marchés, des producteurs dominants ont joué ce rôle. Sur le marché international du café, le Brésil a aussi été l'un des premiers pays producteurs à avoir tenté de réguler volontairement le marché international[23]. De 1900 à la fin des années 1960, il a procédé à un stockage massif et à des opérations de destruction spectaculaire d'un volume important de café. Son principal objectif était d'empêcher le prix international de baisser. En effet, entre 1906 et 1927, le Brésil a adopté une politique nationale de stockage et de contrôle strict des volumes exportés. Il est devenu un « offreur résiduel ». À partir de 1920, l'État de Sao Paulo a appliqué seul une politique de prix, de stockage et de restriction des exportations. En 1927 et 1929, deux récoltes records ont conduit à des stocks importants. En 1929, le Brésil a produit 30 millions de sacs alors que la consommation mondiale était estimée à 23 millions.

La politique de contrôle strict des exportations est devenue problématique. En 1931, le Conseil National du Café est créé et une politique nationale de destruction des excédents est adoptée. La même année, 2,8 millions de sacs seront détruits. En 1932, le Conseil National du Café décidera la destruction de 9,3 millions de sacs. En 1933, la création du Département National du café poursuivra la politique d'élimination des excédents par la destruction de 13,9 millions de sacs. Entre 1931 et 1942, la destruction de 78 millions de sacs sera réalisée, soit l'équivalent de 3 années de consommation mondiale de l'époque. En 1946, le Département National du Café est dissout. En 1952, la création de l'Institut Brésilien du Café avait pour objectif le contrôle strict de toute la filière caféière : prix minimum à l'exportation ; quota de contribution ; négociation d'accord annuel de livraison avec importateurs ; distribution des

[23] Daviron B. (1993), *Conflit et coopération sur le marché international du café, une analyse de longue période, thèse de doctorat en agroéconomie*, École Nationale Supérieure Agronomique de Montpellier, p. 35-95.

permis d'exportation ; approvisionnement des torréfacteurs et fixation d'un prix unique à la consommation. En 1961, à sa création, le Groupe Exécutif de Rationalisation de la Caféiculture s'est préoccupé de la réorganisation de la caféiculture brésilienne. De 1962 à 1967, deux programmes d'arrachage des caféiers sont mis en œuvre sur la base de subventions et 1,4 million de pieds sont arrachés ajoutés à 700 000 pieds arrachés « spontanément ». Cette régulation volontaire a surtout profité à son principal concurrent sur le marché, la Colombie qui, encouragée par le niveau élevé du prix, a fortement développé sa production. Elle a ainsi favorisé l'expansion du marché des concurrents au lieu de les évincer.

C. Comportements de résistance dans la baisse des producteurs

Il faut distinguer les comportements à la baisse des comportements dans la baisse des producteurs. Les comportements à la baisse correspondent aux tentatives et aux actions des producteurs de contrer une baisse des prix en se constituant en cartels, en intervenant sur les marchés à terme, en procédant à une rétention du produit, etc. Les comportements dans la baisse consistent à poursuivre voire à augmenter la production, même à perte, lorsque le prix continue de baisser[24].

Ces comportements cherchent à compenser par les quantités les pertes de recettes d'exportation dues à la baisse des prix pour faire face aux diverses contraintes (financières, économiques, politiques, sociales). Un pays producteur doit supporter une large gamme de coûts qui entrent dans la production d'une matière première et qui couvrent les coûts d'exploitation proprement dits, les coûts en capital, les coûts d'entretien et de poursuite des activités de production, et les coûts macroéconomiques ou « collectifs ». La répartition de ces coûts dépend largement de la nature des produits et diffère sensiblement selon les pays producteurs. Le rapport entre les coûts fixes et les coûts variables détermine les décisions des producteurs en

---

[24] Calabre S. (1992), « Résistance des producteurs de matières premières à la baisse des prix et dynamique à moyen terme du marché », *Cahiers du GAMMAP*, Série Recherche, n°6, Faculté des sciences économiques, Université Pierre Mendès France, Grenoble 2.

termes d'investissement en capacités de production. Des coûts variables élevés et une forte baisse du prix peut entraîner les producteurs à diversifier leurs activités. Lorsque les coûts fixes sont importants, les producteurs sont encouragés à produire davantage même à perte pour en limiter la charge. En effet, des coûts fixes élevés, de lourdes charges financières liées à l'endettement, des risques de troubles sociaux et politiques en cas de réduction de la production, le souci de maintenir sa part sur le marché international sont autant de contraintes pour la poursuite de la production et de l'exportation du produit même dans des conditions non rentables.

Si les capacités de production d'une matière première ont une longue durée de vie impliquant des coûts fixes élevés, la production de celle-ci tend à être rigide et sa rentabilité peut porter sur une longue période justifiant ainsi une production à perte durant plusieurs années. Néanmoins, cette situation tend à prolonger et à aggraver la situation de surproduction et d'effondrement des prix. Elle se retrouve surtout sur les marchés de produits miniers où les grandes compagnies se retrouvent souvent dans une position de régulateurs forcés. Calabre (1992)[25] illustre le clivage coûts fixes/coûts variables par un classement des pays producteurs en fonction du niveau de rigidité ou de flexibilité de leur production. Par exemple, en Bolivie (étain) et en Côte-d'Ivoire (cacao), la production est plutôt rigide en raison des coûts sociaux élevés impliqués par le changement. En revanche, en Malaisie, la production d'étain est plutôt flexible parce que les exploitations sont de petite taille et les coûts sociaux qu'entraînent les modifications de la production sont faibles.

D. Comportements de producteurs non coopératifs

Une situation de marché excédentaire peut constituer, pour certains pays à coûts de production faibles, un avantage puisqu'ils poursuivent leur production avec des marges bénéficiaires malgré la baisse des prix. Ces pays sont qualifiés de non coopératifs parce qu'ils poussent les pays les moins compétitifs dans

[25] Calabre S. (1992), *op. cit.*

une situation de régulateurs forcés et leur attitude peut se justifier par une politique de défense ou de conquête agressive de parts de marché. Ce sont souvent de nouveaux pays producteurs dont les coûts de production sont plus faibles grâce à des équipements et des techniques avancées, des conditions d'exploitation avantageuses (terres de culture fertiles, gisements riches en minerais), une infrastructure déjà disponible et performante, des contraintes de dépendance par rapport au produit moins sensibles, etc.

L'histoire des marchés internationaux du cacao et du café notamment illustrent les comportements non coopératifs de producteurs. Durant les années 1980, le marché international du café a été fortement marqué par des comportements non coopératifs et une tendance à l'éclatement qui apparaissent sous trois formes[26] :

–1. Développement du marché hors quota : en principe, le marché hors quota est ouvert et les pays producteurs signataires de l'accord international se sont engagés à ne pas y pratiquer des prix inférieurs aux prix du marché avec quota. Mais, dès 1982, le marché hors quota qui est un marché résiduel, a pris un essor inquiétant avec 15% du marché mondial. Il permet à certains pays producteurs d'y écouler leurs stocks mais la concurrence y est sévère et les prix subissent une forte tendance à la baisse. À partir de 1988, le différentiel de prix entre les deux marchés est devenu important puisque les cafés sont négociés sur le marché hors quota entre 40 et 50% moins cher que le prix fixé par l'Accord. Le marché hors quota est alimenté par les stocks considérables accumulés depuis le contingentement de 1980 dans de nombreux pays producteurs, en particulier en Indonésie, au Mexique, et au Costa-Rica. Les termes de l'Accord n'ont pas pris en compte les évolutions des appareils de production depuis 1972 et les modèles d'intensification de la production dans certains pays.

–2. Divergence des conjonctures des marchés de l'Arabica et du Robusta : la consommation s'est déplacée des cafés les moins chers (Robusta et Arabicas non lavés) vers les cafés

[26] Daviron B. ; Lerin F., (1990), *Le café*, Paris, Economica, Col. « Cyclope », p. 83-91.

les plus chers (Arabicas colombiens doux et Autres Doux) entraînant des écarts importants entre les prix internationaux de ces produits.

–3. Divergence des stratégies d'exportation en raison de l'hétérogénéité des modèles de développement : le marché est dominé par deux groupes de pays qui ont des objectifs contradictoires dans la politique de stabilisation des prix et des recettes d'exportation. Le premier groupe, constitué par le Brésil et l'Indonésie, a une stratégie de promotion des exportations. Le Brésil intègre la caféiculture dans une stratégie de développement endogène par la recherche d'effets d'entraînement entre la caféiculture et les industries en amont grâce à l'intensification, d'une part, et en aval grâce à l'activité de solubilisation, d'autre part. Cette politique va à l'encontre d'une stratégie de limitation des exportations. En Indonésie, les potentialités de la caféiculture se présentent comme un débouché possible pour l'excédent de main-d'œuvre. De plus, la caféiculture indonésienne, bénéficie de l'absence de fiscalité et d'une réglementation libérale dans le domaine de la production et de la commercialisation. Le deuxième groupe est caractérisé par des pays ayant une stratégie d'exportation basée sur le maintien d'un prix international à un niveau élevé en raison du prélèvement opéré sur la caféiculture. En Colombie, l'action de la FEDECAFE et la fonction de redistribution qu'elle assure exigent un taux de prélèvement élevé sur les recettes d'exportation. En Côte d'Ivoire, une partie du budget de la Caisse de Stabilisation est affecté à l'investissement public et au remboursement de la dette de l'État.

Sur le marché international du cacao, les positions de pays producteurs comme la Malaisie et l'Indonésie ont conduit à des comportements non coopératifs en particulier durant les années 1980 pendant lesquelles ces deux pays ont fortement développés leur production grâce des techniques de gestion et de production capitalistiques (*cf. supra*, chapitre 2, section 2). Par exemple, des conditions de production très compétitives par rapport aux concurrents (notamment des coûts de production faibles) ont poussé la Malaisie, quatrième producteur mondial, à ne pas signer l'accord international de 1986 (CCCE, 1988)[27]. Cependant, l'attitude non coopérative de certains pays producteurs ne peut pas se prolonger sur une longue période parce que le comportement de résistance dans la phase de baisse des prix des autres producteurs tend à réduire les marges bénéficiaires de la quasi-totalité des producteurs. En définitive, si les producteurs non coopératifs ne sont pas disposés à adopter une stratégie de régulateurs volontaires, ils risqueront à leur tour de se retrouver en position de régulateurs forcés mais en étant plus avantagés que les producteurs les moins compétitifs qui subissent lourdement la régulation par la fermeture des exploitations les moins rentables.

E. Comportements de producteurs soldeurs

Depuis le début des années 1980 en particulier, certains pays producteurs offrent leurs produits sur les marchés internationaux des matières premières (aluminium, zinc, plomb, nickel, étain notamment) malgré une évolution défavorable des prix internationaux. C'est le cas des anciens pays du bloc de l'Est dont les calculs économiques n'avaient pas les mêmes bases que celles des pays occidentaux. Leurs décisions de produire et de vendre sont déterminées par des contraintes budgétaires qui ne tiennent pas compte du rapport entre les coûts de production et le prix du marché international. En effet, jusqu'à la fin des années 1980, leur prix de revient pouvait parfois être supérieur au prix du marché international et le principal objectif de leurs exportations était de se procurer des devises qui permettent de payer les importations de produits indispensables à leurs économies. Depuis le début des années 1990, l'effondrement des monnaies des pays de l'Est et le niveau bas des salaires favorisent généralement les produits en provenance de ces pays.

C'est le cas également de pays disposant de stocks importants constitués dans des circonstances particulières (échec d'opérations de rétention, liquidations de stocks stratégiques devenus inutiles, effondrement politique des pays de l'Est,

---

[27] Caisse Centrale de Coopération Economique (1988), Cacao, Dossier « Produit », Division des Études Générales.

exportations massives de certains pays producteurs). Les quantités commercialisées par ces pays qui peuvent être assimilées à de véritables « soldes » de produit dans la mesure où les prix demandés sur le marché sont plus bas que les prix internationaux courants et ne couvrent pas toujours leurs prix de revient réels (*cf.* tableau 6). Selon une étude de la firme Anthony Bird Associates, le coût moyen d'opération des fonderies d'aluminium au milieu de l'année 1996 s'est élevé au niveau mondial à 1 251 $/tonne. Au cours de l'année 1996, le coût moyen des fon-deries occidentales s'est fixé à 1 198 $/tonne et celui des fonderies des pays de l'Est à 1 395 $/tonne. En considérant que le coût de production est égal au coût d'opération augmenté du coût du capital et d'un profit normal, le coût moyen mondial est de 1 560 $/tonne, le coût moyen des pays occidentaux de 1 500 $/tonne et celui des pays de l'Est de 1 740 $/tonne.

Tableau 6 : *Coûts moyens de production d'aluminium ($/tonne)*[28]

Pays	*Fin des années 1980*	*1994*	*Milieu de 1996*
Allemagne	1675	1344	
Australie		992	
Brésil		1168	
Canada	1124	948	
Espagne	1675	1256	
États-Unis	1786	1278	
France	1543	992	
Grande-Bretagne		1168	
Iran (nouveaux projets)	1190		
Italie	1719		
Norvège		1146	
Venezuela	1036	1036	
Moyenne des pays de l'Ouest	*1274-1384*	*1129*	*1198*
Moyenne des pays de l'Est		*1278*	*1395*
Moyenne mondiale			*1251*

Ces opérations de solde précipitent alors le marché international dans un mouvement progressif de baisse des prix. Ce sont les

[28] Calabre S., (1997), « Étude sur le marché international de l'aluminium », Rapport n°2, juillet.

différents comportements des producteurs sur le marché international influencés par des contraintes de dépendance spécifiques qui conduisent à divers régimes de régulation des marchés et qui se reflètent sur l'évolution du prix de la matière première concernée. Depuis le début des années 1990, les marchés internationaux de produits miniers particulièrement ceux de l'aluminium, du plomb, du zinc, et du nickel sont fortement marqués par les comportements de soldeurs des pays producteurs de l'ancien bloc de l'Est. En ce qui concerne le marché international d'aluminium, les flux d'exportations nettes des pays de la CEI vers les pays occidentaux a sensiblement augmenté entre 1990 et 1996 (*cf.* tableau 7).

Tableau 7 : *Exportations nettes d'aluminium des pays de la C.E.I. vers les pays occidentaux (milliers de t)*[29]

1990	*1991*	*1992*	*1993*	*1994*	*1995*	*1996*
274	935	1 100	1 567	2 148	2 063	2 110

Sur le marché international du nickel, la Russie joue également un rôle de producteur soldeur et exerce une pression à la baisse sur le prix international. En 1994, les exportations russes ont sensiblement augmenté et les livraisons « au noir » s'ajoutent aux exportations officielles pour atteindre 160 à 170 000 tonnes[30]. Malgré une baisse de sa production de 4% en 1995, la Russie a projeté une hausse de 3% de sa production en 1996 et un accroissement de 20 à 25% de ses exportations. Mais, compte tenu de ses difficultés à assumer ses charges salariales, à s'approvisionner en énergie et à fournir régulièrement le minerai à l'usine d'affinage de Severonickel, ces objectifs semblent difficiles à réaliser[31]. De plus, des pays occidentaux comme les États-Unis ou l'Australie détiennent d'importants stocks stratégiques qui pèsent lourdement sur les prix interna-

[29] Calabre S., (1997), « Étude sur le marché international de l'aluminium », *op. cit.*

[30] Saadi H., (1995), « Le nickel », in Albagli C., (1995), *Le nouveau bilan économique, politique et social*, Paris, Bréal-*Les Échos*, p. 114-117.

[31] *Idem, op.cit.*, p. 134-137.

tionaux. Le niveau des stocks américains de nickel s'est élevé à 19 100 tonnes en 1995 et à 15 900 tonnes en décembre 1996[32].

Les pays de la CEI ainsi que la Chine notamment ont tendance à exercer une pression en tant que producteurs soldeurs sur les marchés du plomb et du zinc. En ce qui concerne le plomb, la Chine a augmenté ses exportations de 40 000 tonnes en 1993 soit le tiers de ses exportations totales annuelles. De plus, les mines de la Russie et du Kazakhstan constituent de nouvelles sources d'approvisionnement malgré des problèmes techniques d'exploitation. Sur le marché international du zinc, les exportations de la Corée du sud, du Kazakhstan et de la Chine ont sensiblement augmenté. Entre 1992 et 1995, les exportations de la Chine ont atteint 300 000 tonnes. En 1994, le marché international du zinc a connu des ventes massives de la Russie et du Kazakhstan ainsi que des liquidations de stocks stratégiques des États-Unis et de l'Australie. Ces ventes ont provoqué une chute du prix du produit qui est descendu à moins de 1 000 $/tonne[33].

3.2.4. Expérience des accords internationaux de produit

Lorsque les phénomènes de surréaction entraînent de forts déséquilibres entre la production et la consommation et des variations brutales des prix sur le marché international d'un produit, les producteurs et les consommateurs peuvent être incités à concevoir des instruments de régulation dans le cadre d'un accord international (A). Mais, l'impact d'un accord international de produit sur la dynamique de moyen terme du marché dépend des instruments mis en place pour contrôler l'évolution de la production (B). Aussi, les répercussions d'un accord international sur la conjoncture du marché d'un produit reste étroitement liée aux mécanismes d'interaction entre la production, la consommation et le prix ainsi qu'à l'évolution de la structure et du régime de régulation de ce marché (C).

---

[32] *World Metal Statistics*, (1997), February.

[33] Charly L., (1995), « Le zinc », in Albagli, C. (1996), *Le nouveau bilan économique, politique et social*, Paris, Bréal-*Les Échos*, p. 119-120.

A. Les accords internationaux de produits et leur impact sur les conjonctures des marchés

Les accords internationaux de produits s'appuient principalement sur trois instruments : un stock régulateur, des quotas d'exportation, et/ou des retraits du marché. L'application de ces instruments est basée sur la comparaison entre l'évolution réelle du prix du marché et une fourchette d'intervention fixant un objectif de prix. L'intervention d'un stock régulateur ou des retraits du marché dépendent de la position du prix international sur la fourchette de prix de l'accord. Lorsque le prix international se situe sur une partie médiane correspondant à l'objectif fixé, les instruments de l'accord n'entrent pas en jeu. Lorsque le prix international descend dans une partie inférieure bornée par un prix plancher, le directeur du stock régulateur *peut* soutenir le prix en procédant à des achats sur le marché (*may buy*). Si le prix international atteint le plancher, le directeur du stock *doit* acheter (*must buy*). Lorsque le prix international monte dans une partie supérieure bornée par un prix plafond, le directeur du stock régulateur *peut* ralentir ou bloquer la hausse du prix en procédant à des ventes sur le marché (*may sell*). Si le prix international atteint le plafond, le directeur du stock *doit* vendre (*must sell*) jusqu'à l'épuisement de ses réserves.

Les retraits du marché sont effectués par les producteurs et peuvent correspondre à des rachats de produit ou d'un stockage temporaire d'une partie de la production. Les quotas d'exportation sont également déterminés par une fourchette de prix. Lorsque le prix international atteint un prix plancher, un système de quotas d'exportation est mis en œuvre pour réduire l'offre sur le marché international. Dans le cas d'une hausse du prix international, les quotas d'exportation peuvent être augmentés pour améliorer l'offre sur le marché international. Lorsque le marché se retrouve en situation de pénurie, les quotas peuvent être suspendus ou supprimés.

Les accords internationaux de produit sont mis en œuvre principalement pour lutter contre des phases d'excédents et de chute des prix des produits sur des marchés en régime concurrentiel surréactif. Un stock régulateur ne peut être constitué que lors d'une phase de surproduction pour limiter l'offre sur le marché international compte tenu des moyens financiers qui lui sont accordés et qui lui permettant de procéder à des achats selon l'évolution du prix international. Les principaux objectifs des accords de produit portent sur une meilleure régulation des marchés, cherchent à éviter de grands déséquilibres entre la production et la consommation, et à prévenir de fortes variations dans l'évolution des prix des produits. Même si un accord de produit vise à stabiliser ou à lisser les fluctuations annuelles du prix notamment celles qui sont liées aux conditions climatiques ou à l'évolution du rythme de l'activité économique générale des grands pays consommateurs, des facteurs importants relevant de la dynamique de moyen terme du marché ne sont pas pris en compte tels que l'évolution des capacités de production, l'entrée sur le marché de nouveaux producteurs, les mécanismes de ressorts cycliques, etc. En raison de leur portée temporelle limitée, les instruments d'un accord de produit ne peuvent ni prévenir ni bloquer l'enchaînement des phases d'excédents et de pénurie résultant d'une dynamique de moyen terme.

En outre, lorsque la fourchette de prix est fixée à un niveau incitant les producteurs à investir en capacités de production et les consommateurs à freiner leur consommation, le marché aura tendance à évoluer vers une phase d'excédents en favorisant la relance des phénomènes de ressorts cycliques. Aussi, pour que les instruments d'un accord de produit soient efficaces dans la régulation du marché, ils doivent bloquer les ressorts cycliques et rompre l'interaction production/consommation/prix. Mais, les instruments des accords internationaux de produits présentent généralement des limites temporelles pour deux raisons principales. D'une part, le stock régulateur n'a qu'une capacité limitée, de l'ordre de 10 à 15% de la production mondiale, et lorsqu'une phase de surproduction s'étend sur plusieurs années, ses interventions sur le marché international arrivent rapidement à leurs limites. Si les capacités de ce stock étaient augmentées, les retombées économiques ne seraient pas meilleures parce que l'importance des ressources en capital ainsi mobilisées pourraient être utilisées à d'autres opérations plus profitables avec des effets sur la dynamique à moyen terme du marché. Les affectations des aides du STABEX posent le même problème. Par exemple, les capitaux mobilisés pourraient servir à la diversification de la production dans les pays producteurs les plus vulnérables, c'est-à-dire ceux dont l'économie est largement dépendante du produit d'exportation.

D'autre part, les contingents d'exportation ou les retraits de marché présentent les mêmes limites dans la mesure où des producteurs sous la pression des contraintes économiques sociales et politiques finissent, tôt ou tard, par abandonner leur action. Les contingents d'exportation ne peuvent avoir un impact sensible et durable sur la production que si la part de la production mondiale effectivement contrôlée est importante et la discipline des membres signataires de l'accord réelle. De plus, le calcul des quotas reste délicat parce qu'il contraint certains pays producteurs à sacrifier une partie de leur production au profit d'autres producteurs concurrents. La répartition des quotas reflète généralement les stratégies des producteurs qui cherchent à défendre ou à conquérir des parts de marché. Puisque les quotas sont calculés en fonction des productions et des parts de marché au cours d'une période antérieure (de 3 à 6 ans selon les produits), le contingentement des exportations tend à figer la répartition des exportations entre pays et à défavoriser les producteurs les plus compétitifs. En outre, son impact est asymétrique puisqu'il permet de lutter contre les excédents mais n'agit pas contre les pénuries.

L'action des instruments de l'accord de produit dépend principalement de la dynamique à moyen-long terme du marché. À moyen-long terme, l'évolution des capacités de production des producteurs débouche sur une grande variété de potentiels de production, de niveaux de compétitivité et de stratégies commerciales. L'ensemble des cultures agricoles annuelles des pays en développement est concerné par cette dynamique dans la mesure où la substitution d'une culture à une autre ne peut se faire dans des délais très courts et que leurs capacités évoluent progressivement. Même si les instruments d'un accord de produit ont pu agir efficacement de manière temporaire, les mécanismes de marché à moyen terme sont beaucoup plus puissants et posent le problème de la régulation du marché en termes de comportements et de stratégies des principaux producteurs et consommateurs. La réussite d'un accord de produit dépend des instruments mis en place pour contrôler l'évolution de la production.

Or, compte tenu du nombre élevé de producteurs tant dans les pays en développement que dans les pays industrialisés et de la volonté de certains d'entre eux de profiter d'une compétitivité avantageuse, la régulation d'un marché reste problématique. Une entente entre les pays producteurs ne dure généralement pas longtemps en raison des contraintes d'ordre économique, politique et social même si, sur les marchés de certains métaux non-ferreux, des producteurs se sont entendus et ont favorisé le fonctionnement d'un système de prix-producteur pendant de nombreuses années (aluminium et nickel, notamment). Un pays producteur dominant peut jouer le rôle de régulateur volontaire si les incidences sur les recettes d'exportation sont supportables en raison de faibles coûts de production ou d'un niveau de diversification élevé. Ce mode de régulation ne dure pas longtemps, non plus. En outre, malgré l'objectif de prix fixé, la situation reste généralement instable et n'empêche pas l'entrée sur le marché de nouveaux producteurs ou des fluctuations brusques de l'offre. En fait, le niveau de prix visé est souvent éloigné de celui qui permet un ajustement approximatif de la production et de la consommation. Il ne couvre pas toujours l'ensemble des coûts de production et de renouvellement des capacités parce que la vive concurrence et la situation souvent excédentaire du marché a tendance à tirer le prix du marché vers le bas.

De plus, les goûts des consommateurs évoluent peu et la croissance de la consommation est lente. Mais l'objectif de prix ne peut être atteint que lorsque la structure des coûts de production et des parts de marché reste relativement stable. Par contre, certaines analyses insistent sur les difficultés techniques comme la fixation d'une fourchette de prix, le financement de l'accord ou la répartition des parts de marché pour déterminer les quotas d'exportation. Par exemple, sur le marché international du cacao, les négociations pour la conclusion d'un accord ont débuté au milieu des années 1950 et elles n'ont abouti qu'en 1972. La fourchette de prix fixée par l'accord de 1975 était de 39-55 cents/lb alors que les prix du cacao sont passés d'une moyenne de 51 cents/lb à 71 cents/lb en 1974 et à 56,5 cents/lb en 1975[34]. Elle était très éloignée du prix moyen du marché qui était de 93 cents/lb en 1976 et de 172 cents/lb en 1977. La fixation d'une fourchette de prix semble très difficile à réaliser parce qu'elle doit tenir compte de nombreux indicateurs économiques comme le niveau général des prix, l'évolution de la production et de la consommation, etc.

B. Évolution des conjonctures des marchés et accords internationaux de produits

L'histoire de chaque accord international dépend de l'évolution du prix du produit concerné. De fortes variations du prix international d'un produit peuvent favoriser les négociations et la signature d'un accord international de produit. En effet, des variations brutales des prix internationaux et de grands déséquilibres entre la production et la consommation peuvent pousser les principaux producteurs et consommateurs à négocier un accord international de produit.

Néanmoins, l'expérience des accords internationaux de produits montre que la conjoncture de chaque marché international évolue selon la nature du produit. L'analyse de l'évolution et de la régulation des marchés de l'étain, du café et du caoutchouc illustre les interactions entre la différence consommation moins production et prix ainsi que les instruments mis en place pour réguler un marché par un accord international de produit.

Évolution et régulation de la conjoncture du marché international du café

L'Accord International sur le café est le fruit de négociations qui ont démarré dès 1936 par la *Pan American Coffee Conference* et qui ont abouti, en 1957, à l'Accord de Mexico. En 1962, un accord multilatéral sur le café réunissant 74 pays

[34] Maizels A., (1992), *op. cit.*, p. 131-132.

producteurs et consommateurs a été signé pour une période de cinq ans. C'est un accord de long terme, basé sur le contingentement, signé en pleine surproduction et couvrant 90% de la production exportable. L'Accord aura pour effet un arrêt de la baisse des cours pendant la période 1962-1968. En octobre 1968, le deuxième accord international sur le café est entré en application pour une période de cinq ans. Il sera prorogé de 1973 à 1975 et de 1975 à 1976. Le système de contingentement est réadapté avec « l'ajustement sélectif » (variable selon les types de café) en complément de « l'ajustement au *prorata* ». Durant la période 1962-1968, les désaccords entre le Brésil et les USA ont abouti sur la prise en compte du café soluble dans le système de contingentement. En outre, un renforcement de la production a été mis en œuvre par la création d'un fonds de diversification financé par une contribution obligatoire de 60 cts/sac au delà de 100 000 sacs exportés. Cette contribution a été directement utilisée par le pays producteur sur son propre territoire, à hauteur de 80%. Ce deuxième accord fut reconduit en situation de pénurie et les contingents n'avaient pas subi de modification depuis 10 ans.

Le troisième accord est entré en vigueur en octobre 1976 pour une période de 6 ans avec une reconduction de 1982 à 1983 et un bouleversement du système de contingentement. Le marché fut divisé en deux et s'est retrouvé composé par les pays avec quotas et les pays sans quota. Mais de fortes variations de la production ont perturbé l'accord et ont fait passer le marché d'un état de surproduction chronique sur lequel étaient construits les 3 accords de 1962, 1968, 1976, à un état de pénurie. En effet, la production du Brésil fut sérieusement affectée en 1975, 1977, 1979 par les gelées et la sécheresse. Le quatrième accord sur le café, entré en application en octobre 1983 sur une période de 6 ans, sera prorogé de deux ans à partir de juillet 1989. Son fonctionnement a été sérieusement perturbé par la sécheresse de 1985 qui a touché la production brésilienne qui a chuté de 33 millions de sacs en 1985-1986 à 13,9 millions de sacs en 1986-1987. Le risque de pénurie a fait passer les cours de 119,1 cts/lb en septembre 1985 (Prix Indicatif Composite, PIC 1976) à 213 cts/lb en janvier 1986. L'abondance des stocks représentant 2,5 millions de tonnes en 1984-1985 et 2,7 millions de tonnes en 1985-1986 a provoqué une baisse des cours. Par conséquent, le contingentement fut suspendu pendant la période allant du 19 février 1986 au 6 octobre 1987. Le quatrième accord sur le café a subi deux dysfonctionnements majeurs :

– existence d'un double marché (café touriste) : les excédents des pays membres sont vendus à des pays non membres à des prix inférieurs de 20 à 50% aux prix de l'OIC.

– inadaptation du système de quotas qui est apparu trop rigide pour permettre un ajustement régulier de l'offre à une demande croissante de cafés de qualité supérieure (Arabica et Autres Arabicas Doux).

En 1987-1988, la production mondiale s'est élevée à 6,4 millions de tonnes dont 2,6 millions de tonnes pour le Brésil. Cet excédent a maintenu les cours de début de campagne en dessous de 120 cts/lb alors qu'ils étaient situés à près de 104 cts/lb en octobre 1987. Dans sa politique de soutien des cours, l'OIC a procédé à plusieurs « coupures » en réduisant le quota global annuel de 58 millions de sacs (3,5 millions de tonnes) en octobre 1987 à 51,5 millions de sacs en juillet 1988. Malgré cette action, les cours sont restés inférieurs à 120 cts/lb. En outre, pendant la campagne 1987-1988, la demande de l'Arabica a été forte alors que celle du Robusta a fléchi entraînant une évolution divergente des cours des deux variétés et une perturbation de la moyenne mobile de l'OIC[35]. Depuis 1989, l'accord international fonctionne sans clauses économiques et le marché est livré à la libre concurrence. En septembre 1993, les producteurs de café ont créé l'Association des Producteurs de Café (APC) pour agir sur les cours par un système de rétention de la production et une limitation des ventes (Marchés Tropicaux, 1996)[36]. En 1994 un nouvel accord international est signé sans dispositions économiques. La forte hausse des prix internationaux du café de 1994 a anticipé la mauvaise récolte du Brésil. Les prix sont passés de 69,91 cents/lb en 1993 à 148,53 cents/lb

---

35 Daviron B.; Lerin F., (1990), *op. cit.*

36 *Marchés Tropicaux* (1996), « Le café », 5 juillet, p. 1411-1415.

en 1994. En 1995, les prix internationaux se sont stabilisés à 149 cents/lb alors qu'en 1996 ils ont chuté à 120 cents/lb. En revanche, les prévisions pour l'année 1997 fixent un prix annuel moyen à 174 cents/lb[37].

Cependant, l'évolution et la régulation du marché international du café reste déterminée par les mécanismes cycliques endogènes d'ajustement production-consommation-prix qui se déroulent à moyen-long terme. Les résultats des tests de causalité ont montré que les interactions entre la différence production moins consommation et prix présentent des retards de réaction de 4 ans (tableaux 3 et 4). La mise en place de l'accord international sur le café a été favorisée par une situation prolongée de surproduction sur le marché international. Lorsque le marché international se trouve en situation de pénurie, les clauses économiques sont généralement supprimées. En réalité, le renouvellement ou la prorogation provisoire de quelques années de l'accord dépend de la situation réelle du marché qui résulte de la dynamique de moyen-long terme.

Évolution et régulation de la conjoncture du marché international de l'étain

Depuis les années 1920, et surtout dans le but de stopper la chute des cours en phase de surproduction, de nombreuses tentatives de régulation du marché international de l'étain ont été expérimentées. Elles ont abouti à la mise en place de six accords internationaux successifs d'une durée totale de 30 ans s'étalant de 1956 à 1985[38]. La durée d'un accord s'élevait à 5 ans mais elle était en quelque sorte décalée par rapport à l'évolution à moyen-long terme de la conjoncture du marché. L'accord international a été mis en place pour stopper la chute des cours sur un marché en situation d'excédents. En fait, il a cherché a atténuer les déséquilibres excessifs résultant du processus d'ajustement production-consommation-prix qui se déroule à moyen-long terme. Les résultats des tests montre effectivement que la différence production moins consommation

---

[37] *Bulletin mensuel des prix des produits de base*, vol. XIV n°3, 1996 et XVII n°4, 1997, CNUCEED.

[38] Calabre S., (1991), *L'étain*, Paris, Economica, col. « Cyclope », p. 82-103.

réagit au prix avec un retard de 4 ans et qu'elle se traduit par un enchaînement de phases d'excédents et de pénurie.

La fin de la première guerre mondiale et la mise sur le marché des stocks accumulés ont provoqué la chute des cours. L'intervention du gouvernement de la Fédération des États Malais, en 1919, par des achats d'étain sur le marché a permis de relever légèrement les cours. Il renouvela son action, en 1920, en achetant et stockant toute la production malaise mais sans aucun effet sur les cours de Londres et de New York. La récession de 1921-1922 a entraîné une augmentation du niveau des excédents sur le marché mondial. Le « *Pool de Bandoeng* » constitué par les gouvernements de la Malaisie et des Indes Orientales Hollandaises s'est engagé à contrôler l'offre, en achetant 20 000 tonnes, afin de déclencher une remontée des cours de 168 £/t à 240 £/t. Le stock constitué fut revendu au rythme de 5% du volume d'avril 1923 à décembre 1924, et le cours est remonté à 239 £/t dès décembre 1923.

Par ailleurs, le découragement de l'exploitation minière par des prix déprimés et le redémarrage de l'activité économique ont conduit les cours à grimper entre 1925 et 1926. Le niveau atteint par les prix a déclenché la remise en exploitation des gisements à faible teneur abandonnés pendant les années précédentes et le recours à des techniques plus capitalistiques. Dès 1927, l'accroissement des capacités de production a généré une surproduction et, en 1928, les deux groupes producteurs les plus importants, Patino et Anglo-Oriental, ont procédé au stockage de près de 5% de la production mondiale avec un objectif de soutien des prix à 300 £/t environ. Mais, la crise de 1929 et l'effondrement de la consommation ont mené la baisse du prix de l'étain à 175 £/t, en février 1930.

La création en 1929, à Londres, de l'Association des producteurs d'étain s'est fixée pour objectif la limitation de la production et le stockage au niveau des fonderies. En 1931, un accord international, d'une durée de deux ans, a été signé entre la Malaisie Britannique, le Nigeria, la Bolivie et les Indes Orientales Hollandaises. Cet accord visait à réaliser un équilibre raisonnable entre la production et la consommation, à éliminer les stocks et relever les prix. Selon les quotas définis à partir de la production de 1929 (18 600 tonnes, environ), d'importantes réductions ont été effectuées. En 1931, les réductions se sont élevées à 22% et, en 1932-33, elles représentaient 67%. Par ailleurs, un « Pool International de l'Etain », financé par « The Anglo-Oriental Corporation » et par le gouvernement des Indes Orientales Hollandaises, ont acheté 21 000 tonnes d'étain. Grâce à ces interventions, les cours ont remonté à 228 £, en décembre 1933.

L'accord international fut renouvelé pour quatre ans, en 1934, avec l'adhésion du Congo Belge, de l'Indochine Française, du Siam, et du Rwanda-Burundi. La production de 1929 est restée la référence de base mais les réductions de production furent ramenées à 10% et un stock régulateur fut mis en place en mars 1936. Les quotas de production ont été maintenus pour le nouvel accord de 1937 signé par des pays contrôlant 86% de la production mondiale. En juin 1938, en raison de la récession, le stock régulateur fut amené à constituer une réserve de 10 000 tonnes et, pour la première fois, une fourchette de prix, comprise entre 200 et 230 £, fut instituée. Mais, le déclenchement de la guerre a provoqué une remontée du cours à 397 £, en septembre 1939. Le stock régulateur avait déjà récupéré 15 000 tonnes, soit 10% de la production mondiale qu'il a revendus après la baisse du cours à 285 £, en décembre 1939.

Le Conseil International de l'Etain fut dissous en 1946 consécutivement à un accord formel signé en 1942 resté sans effet pendant la guerre. Mais, dès 1948, un Groupe International d'Etude sur l'Etain est mis en place pour préparer un accord entre producteurs et consommateurs. Les Etats-Unis sont devenus le principal pays consommateur pesant d'un poids important dans les négociations. Pendant la période 1948-1953, la surproduction fut atténuée par la constitution du stock stratégique américain à cause de la Guerre froide et de la guerre de Corée (1950-1953). Mais l'existence de ce stock a exercé une pression à la baisse sur les cours qui ont commencé effectivement à chuter. Cette situation a poussé les producteurs à accepter la constitution d'un stock régulateur de 25 000 tonnes par un accord négocié en 1953 et signé en 1954 mais qui n'entrera en vigueur qu'en 1956. Depuis cette date, six accords internationaux, d'une validité de 5 ans, se sont succédés jusqu'en 1985. Cependant, leurs objectifs ont été adaptés à l'évolution de la conjoncture du marché et le nombre de pays signataires a progressivement augmenté.

Le premier accord sur l'étain a été signé en période de surproduction essentiellement provoquée par la constitution du stock stratégique américain qui a d'abord asséché le marché puis encouragé les investissements en capacités de production. L'objectif de cet accord était de réduire l'offre sur le marché grâce au stock régulateur. Le deuxième accord souffrait des risques de liquidation du stock stratégique américain. Le troisième accord était fortement imprégné des besoins de développement économique des pays producteurs qui se sont exprimés notamment lors de la quatrième session de la CNUCED de 1964. Le quatrième accord encourageait l'amélioration des techniques d'extraction et l'amélioration du niveau de productivité. Le cinquième accord avait pour objectif de réconcilier les intérêts communs des producteurs et des consommateurs. Avec la participation des États-Unis, l'accord englobait 90% de la consommation, excepté les pays de l'Est. Mais, la signature du sixième accord, en 1982, a buté sur des divergences persistantes entre producteurs et consommateurs à propos de la baisse du prix de l'étain. Cet accord a pris fin en 1985 à cause de graves divergences entre les producteurs et les consommateurs[39].

Évolution et régulation de la conjoncture du marché international du cacao

La régulation du marché international a fait l'objet d'un accord de produit et de systèmes de financement compensatoires essentiellement du STABEX et du Fonds Commun pour les produits de base de la CNUCED. L'accord international de produit a été le fruit de négociations longues qui ont démarré en 1956 et abouti en 1972 par un contingentement et un stock régulateur qui n'ont pas fonctionné parce que les prix ont fluctué en dessus de la fourchette fixée à cause d'un marché en situation de pénurie et de demande soutenue. Le deuxième ac-

[39] Calabre S., (1991), *op. cit.*

cord international qui fut signé selon les mêmes principes, en 1975, n'a pas non plus fonctionné parce que les États-Unis qui sont le premier pays consommateur mondial n'y ont pas adhéré.

Le troisième accord international qui fut conclu en 1980 a été mis en place dans une conjoncture de marché très défavorable aux producteurs avec une situation d'excédents et un mouvement de baisse des prix. En outre, seul le principe du stock régulateur a été maintenu avec un volume de 250 000 tonnes alors que le contingentement a été abandonné. De même, l'absence des Etats-Unis et de la Côte-d'Ivoire a fait défaut ainsi que la non prise en compte des fluctuations monétaires qui ont rendu cet accord totalement inopérant. Le quatrième accord qui n'a été signé qu'en 1986 après deux années de travaux est entré en vigueur en janvier 1987. Mais dans la mesure où sa mise en place n'a exercé aucune influence sur la stabilisation des prix du marché international et que les stocks mondiaux s'élevaient à 200 000 tonnes, l'ICCO a été conduit à suspendre les clauses économiques en mars 1990 et à le proroger d'une période de deux ans à compter d'octobre 1990. Cependant, la quantité de cacao détenue par le stock régulateur est passée de 235 000 tonnes en 1992 à 250 000 tonnes en 1993 accentuant la baisse du prix international. Un marché en situation d'excédents depuis 1987 a entraîné la plupart des pays producteurs de cacao à réduire leur production en négligeant l'entretien de leurs plantations et en renonçant à leur renouvellement.

Au Brésil par exemple, la baisse des prix a découragé les producteurs dans leur lutte contre une maladie parasitaire dénommée « balai de sorcière » parce qu'elle dénudait complètement les cacaoyers. Cette maladie a provoqué une baisse de la production brésilienne de 7% durant la saison 1991/92 et de 10% en 1992/93. Elle a touché près de 85% des exploitations brésiliennes en 1993/94 et réduit la production à 270 000 tonnes alors qu'elle s'élevait à 400 000 tonnes environ en 1984. De plus, les importations des pays de la CEI ont chuté à 95 000 tonnes en 1993 alors qu'elles s'élevaient à 200 000 tonnes en 1992. Le stock régulateur a également écoulé 4 250 tonnes par mois soit 51 000 tonnes en 1993/94.

L'accord international conclu en 1993 a recueilli l'adhésion de la Malaisie mais pas celle de l'Indonésie et son champ d'intervention ne porte pas sur une régulation directe du prix international. Son principal objectif est d'organiser la promotion de la consommation et une gestion concertée des politiques de production avec la création de « Comités de Production » qui ont décidé de réduire la production mondiale de 375 000 tonnes au cours d'une période 5 ans. Mais, cette situation excédentaire qui s'est prolongée sur plusieurs années a fini par pousser les producteurs à négliger leurs capacités de production. Ainsi, les principaux pays producteurs ont vu leur production chuter en 1994/95 : la production de l'Indonésie est passée de 248 000 tonnes à 243 000 t, celle de la Malaisie a baissé de 40% avec 122 000 t, celle du Brésil est tombée à 228 000 t. Par contre, la production ivoirienne est montée à 854 000 t. Cependant, le broyage et la consommation, au niveau mondial, ont peu augmenté avec 1,7% seulement. En 1995/96, la quantité de cacao détenue par le stock régulateur est évaluée à près 77 000 tonnes et le total des stocks mondiaux avoisine 1 109 000 t, soit 5 mois de broyages mondiaux. En réalité, l'accord international du cacao dépend principalement de l'évolution à moyen-long terme de la conjoncture du marché. Les résultats des tests des tableaux (3 et 4) montrent que la différence production moins consommation réagit au avec un retard de 4 ans. Les mécanismes d'ajustement production-consommation-prix se traduisent par des fluctuations pluriannuelles du prix et un enchaînement de phases d'excédents et de pénurie.

L'analyse des comportements caractéristiques des producteurs et des consommateurs sur les marchés internationaux de matières premières révèle qu'un régime de régulation peut se traduire par plusieurs situations de marché. Un régime de régulation résulte de la combinaison complexe des principaux comportements caractéristiques des producteurs, des facteurs exogènes et des mécanismes cycliques endogènes des marchés. Or, les mécanismes cycliques endogènes et les répercussions des facteurs exogènes débouchent sur des phénomènes de convergence dans les évolutions des conjonctures des marchés de matières premières. Un régime de prix-producteur peut fonctionner sur un marché en situation d'excédents ou en pénurie. Il en est de même d'un régime concurrentiel contrôlé tel que celui d'un accord international de produit. Un régime concurrentiel surréactif évolue avec un enchaînement plus ou moins rapide des phases de surproduction et de pénurie. Ainsi, sous les différents régimes de régulation peuvent se succéder des situations de marché acheteur, vendeur ou équilibré. Une situation de marché plus ou moins affirmée peut déterminer le passage d'un régime de régulation à un autre selon les conditions de production et de consommation de la matière première considérée.

Mais, le changement de régime de régulation est également provoqué ou encouragé, en grande partie, par l'impact des facteurs exogènes tels que l'histoire du développement des pays producteurs, l'évolution de la technologie de production et la croissance de la consommation dans les principaux pays industrialisés. Il dépend des spécificités des produits qui entraînent des phénomènes de divergence dans les évolutions des conjonctures des marchés.

Conclusion

La différence entre les volumes de consommation et de production entraîne des incitations à stocker et débouche sur des relations de report et de déport entre cours sur le marché à terme. Un report correspond à une situation de marché en excédent et un déport à une situation de pénurie. Les similitudes dans les mécanismes de retards de réaction et l'enchaînement des phases d'excédents et de pénurie se reflètent dans ces relations de report et de déport et débouchent sur des phénomènes de convergence et de divergence dans les évolutions des conjonctures des marchés de matières premières.

Dans la mesure où les cours boursiers servent de référence au commerce international, le marché à terme répartit dans le temps l'utilisation des disponibilités du produit non seulement sur le marché boursier mais aussi sur le marché international. La différence entre les cours au comptant et à terme reflète donc l'état d'approvisionnement du marché en physique présent et prévu pour le futur.

Ainsi, les interactions entre les situations de marchés, les relations entre cours et les incitations au stockage guident l'allocation intertemporelle du produit. Cependant, la répartition de l'utilisation des disponibilités du produit dans le temps dépend des prévisions qui permettent aux opérateurs de prendre les décisions d'acheter ou de vendre. Mais, à moyen terme, les phénomènes boursiers sont influencés par l'état d'approvisionnement réel du marché et une grande partie des opérations boursières se réalisent selon les prévisions du cours dans les prochains mois ou années. Cette évolution à moyen terme du cours résulte d'un processus cyclique endogène d'ajustement entre la production et la consommation qui dépasse le jeu des mécanismes boursiers. Ce processus cyclique endogène d'ajustement présente des similitudes dans les mécanismes de réaction sur de nombreux marchés et débouche sur une dynamique de convergence dans les évolutions des conjonctures de ces marchés.

Mais, elle peut subir l'impact des perturbations exogènes comme la saisonnalité de la production, les conditions climatiques, les accidents dans les exploitations ou les opérations de stockage de grande ampleur. Lorsque les effets d'une perturbation accidentelle sur la dynamique du marché sont importants, ils se traduisent par des variations de prix qui influencent les décisions des producteurs et des consommateurs. Ainsi, une perturbation accidentelle peut aggraver une phase de pénurie ou entraîner un retournement temporaire d'un marché en situation d'excédents. Ces perturbations exogènes se traduisent par une divergence dans les évolutions des conjonctures des marchés touchés.

La dynamique de moyen terme du marché et sa régulation dépendent également de la combinaison des comportements des macro-acteurs sur le marché international. Le processus de régulation du marché d'une matière première passe du marché *stricto sensu* à l'économie mondiale du produit où s'ajustent la production et la consommation en réaction aux fluctuations du prix international du produit. Mais, les réactions retardées de la production et de la consommation dépendent de la nature de la matière première et de la place qu'elle occupe dans l'économie du pays producteur. Elles sont liées aux conditions de production et de consommation qui constituent « l'économie du produit ».

Les producteurs réagissent à la situation du marché international qui peut être en excédents ou en pénurie par des comportements spécifiques qui relèvent de la nature du produit, de leur position sur le marché, de la place qu'occupe le produit dans leur économie et de leur conditions politiques et sociales. La position de chaque pays producteur sur le marché international et la place de la matière première dans son économie fondent ses décisions en matière d'investissement en capacités de production.

Ces comportements déterminent le niveau de concurrence entre producteurs et débouchent sur différents régimes de régulation des marchés internationaux de matières premières. Le passage d'une situation de marché à une autre détermine la nature du régime de régulation qui peut être basé sur un système de prix-producteur, ou avoir les caractéristiques d'un régime concurrentiel surréactif ou contrôlé[40]. Un régime de prix-producteur n'empêche pas un déséquilibre entre la production et la consommation. Il en est de même du régime concurrentiel contrôlé.

Un régime concurrentiel surréactif reflète une situation où la production et la consommation réagissent avec excès et retard à l'évolution du prix. La durée de chaque régime de régulation dépend de l'évolution des conditions de production et de consommation de la matière première qui sont elles-mêmes liées à l'amélioration des techniques de production et au rythme de l'activité économique générale.

---

[40] Calabre S. (1995), « Régimes de régulation et formes d'organisation des marchés de matières premières », in Calabre S. (Ed.), *op. cit.*

DEUXIEME PARTIE

L'IMPACT DES FACTEURS GLOBAUX SUR LES MARCHES DE MATIERES PREMIERES

CHAPITRE 4

LES REPERCUSSIONS DU RYTHME DE L'ACTIVITE ECONOMIQUE GENERALE SUR LES CONJONCTURES DES MARCHES DE MATIERES PREMIERES

La consommation des matières premières dépend étroitement de la dynamique économique dans les principaux pays consommateurs dont les demandes d'importation et de consommation varient en fonction du rythme de leur activité économique générale. Elle est également influencée par l'évolution technologique En effet, la dynamique économique globale des pays industrialisés a des répercussions directes sur la consommation de matières premières qui est étroitement liée à l'évolution de la production industrielle et à la progression du PNB dans ces pays.

Au cours des « trente glorieuses », la croissance économique était généralement rapide et la demande de matières premières était soutenue. En revanche, le ralentissement de la croissance économique, en particulier durant les années 1980, a freiné la consommation globale des matières premières. Cet affaiblissement de la consommation s'est traduit par des phénomènes de substitution qui ont été favorisés par le progrès technique. Elle est due également aux répercussions des phénomènes monétaires notamment lorsque le niveau des prix des matières premières a accru la pression inflationniste et déclenché des politiques monétaires et fiscales restrictives dont les effets sont encore ressentis sur les marchés internationaux de matières premières.

Des interactions existent entre les marchés de matières premières et elles se réalisent par les effets de substitution et les complémentarités entre produits dans la consommation de matières premières. Elles peuvent être observées en particulier sur la plupart des marchés de produits miniers mais également sur de nombreux marchés de produits agricoles. Par ailleurs, les effets de substitution et de complémentarité entre produits peuvent déboucher sur des mouvements de synchronisation de l'évolution des prix et de convergence dans l'évolution des conjonctures des marchés internationaux de matières premières. De même, les phénomènes d'anticipation et les opérations boursières spéculatives peuvent entraîner des mouvements joints et excessifs des prix des matières premières. En outre, les facteurs macroéconomiques peuvent également favoriser une tendance commune des prix.

À moyen terme, en réaction à l'évolution de l'activité économique générale, les mécanismes d'ajustement entre la production et la consommation de matières premières se traduisent par une succession de phases d'excédents et de pénurie sur les marchés internationaux. Un ralentissement du rythme de l'activité économique générale dans les pays consommateurs peut entraîner une réduction de la demande (ou un accroissement plus lent) de matières premières sur de nombreux marchés qui peuvent se retrouver en situation d'excédents. À l'inverse, un niveau d'activité économique générale élevé a tendance à encourager une augmentation de la demande de matières premières sur plusieurs marchés qui peuvent se retrouver progressivement en situation de pénurie.

La première section montre quelles sont les répercussions de la dynamique économique dans les principaux pays industrialisés sur la consommation de matières premières. Le niveau de la demande de matières premières dans les pays consommateurs a un impact sur les décisions d'investissement en capacités dans les pays producteurs. L'analyse des interactions entre les conjonctures des marchés de matières premières fait l'objet de la deuxième section. Elle permet de comprendre comment une conjoncture d'un marché peut influencer celle d'un autre marché et quelles sont les coïncidences ou parfois les divergences dans les évolutions de leurs conjonctures.

La troisième section est consacrée aux phénomènes de convergence et de divergence qui caractérisent de nombreux marchés de matières premières. L'évolution de l'activité économique générale est elle-même marquée par des phénomènes cycliques qui conduisent à s'interroger sur leurs répercussions dans la dynamique cyclique endogène des marchés de matières premières en termes de convergence ou de divergence d'évolution. Les deux phénomènes cycliques semblent se superposer même s'ils obéissent à des mécanismes différents. Cependant, compte tenu des perturbations exogènes et des spécificités de chaque produit, ces phénomènes n'agissent pas uniformément sur tous les marchés.

4.1. RYTHME DE L'ACTIVITE ECONOMIQUE GENERALE ET EVOLUTION DE LA CONSOMMATION DE MATIERES PREMIERES

La consommation des matières premières est étroitement liée au rythme de l'activité économique générale et, en particulier, à l'évolution du PNB des pays consommateurs. Si ce rythme est élevé, la demande globale de consommation des matières premières sera généralement importante. De plus, lorsque la demande est forte, les prix des matières premières ont tendance à augmenter entraînant des phénomènes de substitution au produit et dans la technologie de production (*4.1.1.*).

Ainsi, durant la période des trente glorieuses, la croissance économique des principaux pays industrialisés a suivi un rythme accéléré avec de fortes retombées sur la consommation de matières premières dont le volume a sensiblement augmenté. Cependant, cette période s'est également accompagnée d'un accroissement du niveau général des prix avec une forte pression inflationniste et une flambée des prix de la plupart des matières premières consécutivement aux chocs pétroliers de 1973-74 et 1979-80. Des interactions existent entre les phénomènes monétaires et la consommation des matières premières (*4.1.2.*).

Cependant, l'évolution de l'activité économique générale se caractérise par des phénomènes cycliques qui sont principalement expliqués par des chocs exogènes dans la théorie des cycles réels ou par des mécanismes endogènes sur lesquels se fonde la théorie de la régulation. Ces phénomènes cycliques de l'activité économique générale et ceux des marchés de matières premières se chevauchent (*4.1.3.*).

4.1.1. Impact du niveau de l'activité économique générale sur la consommation de matières premières

Le rythme de l'activité économique générale dans les principaux pays consommateurs (Etats-Unis, Japon, Canada, Union Européenne, notamment) exerce une influence sur la consommation de matières premières et sur les décisions d'investissements en capacités de production dans les pays producteurs. Selon la théorie des cycles réels[1], la dynamique de l'activité économique générale subit l'impact de chocs réels qui peuvent être de divers types : chocs dans les niveaux de productivité, chocs dans les dépenses gouvernementales, etc. Si l'effet de substitution intertemporel est suffisamment fort, les conséquences d'un choc relativement faible peuvent être importantes[2].

Cependant, pour mieux comprendre les phénomènes cycliques, de nouvelles analyses telles que celles de Kydland et

---

[1] Abraham-Frois G. ; Berrebi E., (1995), *Instabilité, cycles, chaos* ; Paris, Economica.

[2] Long J.R. ; Plosser C.I., (1983), « Real Business Cycle », *Journal of Political Economy*, vol. 91, p. 1345-1370. Mankiew N.G. ; (1989), « Real Business Cycles: A New Keynesian Perspective », *Journal of Political Economy*, vol. 3-3, Summer, p. 79-90. Plosser C.I., (1989), « Understanding Real Business Cycle Models », *Journal of Economic Perspectives*, vol. 3-3, p. 51-77, Summer. Barro R.J., (1989), *Modern Business Cycle Theory*, Basil Blackwell. Abraham-Frois G., (1994), *La dynamique Chaotique*, Paris, Sirey-Dalloz.

Prescott (1982)[3] ou de Long et Plosser (1983)[4] ont cherché à expliquer le comportement des variables économiques en réponse aux variations de l'environnement économique, comme des changements dans la technologie, les goûts ou les politiques publiques. Ces analyses tentent de décrire les caractéristiques du phénomène cyclique de l'activité économique. L'évolution cyclique de l'activité économique générale se traduit par un enchaînement de phases d'expansion et de récession qui se répercute sur les marchés internationaux de matières premières par une convergence ou une divergence dans les évolutions de leurs conjonctures. Une phase de croissance économique peut correspondre à une hausse de la consommation de matières premières alors qu'une phase de récession peut provoquer une réduction ou une limitation de la demande de matières premières.

En revanche, selon la théorie de la régulation[5], l'évolution des systèmes politiques et sociaux débouche sur des « régimes d'accumulation » et de certains « modes de régulation ». Un régime d'accumulation est un mode de réallocation systématique du produit régissant, sur une période donnée, une certaine adéquation entre les transformations des conditions de la production et les transformations des conditions de la consommation. L'évolution de l'activité économique générale est caractérisée par un régime d'accumulation intensive axé sur la croissance de la consommation de masse. Cependant, ce régime d'accumulation est accompagné de « formes institutionnelles, de procédures, d'habitudes agissant comme forces coercitives ou incitatives »[6]. Les formes institutionnelles sont indispensables au fonctionnement d'un régime d'accumulation et représentent les aspects spécifiques, à une période donnée, de certains rapports sociaux (les formes monétaires, les « configurations du rapport salarial », les formes de la concurrence, les

[3] Kydland F.; Prescott E., (1982), « Time to Build and Aggregate Fluctuations », *Econometrica*, vol. 50, p. 1345-1370.
[4] Long J.R. ; Plosser C.I., (1983), *op. cit.*
[5] Boyer R., (1986), *Théorie de la régulation, une analyse critique*, Paris, Agalma-La Découverte.
Boyer R. ; Saillard Y., (1995), *Théorie de la régulation, L'état des savoirs*, Paris, La Découverte.
[6] *Idem*, p. 33.

modalités d'adhésion au régime international et les formes d'intervention de l'État).

Cet ensemble de formes institutionnelles est appelé « mode de régulation » et agit précisément par le jeu des formes institutionnelles en reproduisant les rapports sociaux fondamentaux, en soutenant et orientant le régime d'accumulation en vigueur et en assurant la compatibilité de l'ensemble des décisions décentralisées. La performance des régimes d'accumulation produit la croissance longue, les formes institutionnelles correspondantes parvenant à réguler, c'est-à-dire à canaliser et à guider les grands traits de l'accumulation. Les déséquilibres et les contradictions antérieures seront ainsi atténués jusqu'à ce que leur succès fasse surgir de nouvelles « limites » à la poursuite de l'accumulation.

En général, une demande élevée et des prix en hausse peuvent favoriser la recherche de produits-substituts et/ou des changements dans la technologie de production. Dans les pays de l'OCDE, la production industrielle a augmenté avec une moyenne annuelle de 3% des années 1950 jusqu'à la fin des années 1970 mais elle a chuté à 1,9% en 1988. Ce ralentissement de la croissance industrielle a entraîné une diminution globale de la demande de produits intermédiaires y compris celle des matières premières, en particulier durant la période 1971-1980 et 1980-1986 (*cf. infra,* tableau 8).

Depuis la fin de la Deuxième Guerre mondiale en particulier, la consommation de la plupart des matières premières a généralement suivi une tendance à la hausse. D'une part, le développement industriel a entraîné une hausse importante de la consommation de la plupart des matières premières métalliques ; d'autre part, le relèvement des revenus et du pouvoir d'achat ont conduit les ménages à consommer plus de matières premières d'origine agricole. En période de forte croissance, le niveau élevé de la demande et des prix des matières premières les plus utilisées (grands métaux, café, blé, coton, caoutchouc, sucre, cacao, par exemple) a été favorisé par un rythme rapide de l'activité économique dans les principaux pays industrialisés mais également par le dynamisme économique de nouveaux pays industrialisés (Corée, Taiwan, Hong Kong, Chine). Cette hausse de la demande a encouragé la recherche de produits-substituts et ralenti la progression de la consommation. Ainsi, les deux chocs pétroliers et la crise économique des années 1980 en particulier ont été suivis par une baisse de la consommation de nombreuses matières premières.

Tableau 8 : *Consommation des principales matières premières dans les pays à économie de marché entre 1963 et 1986*

	Consommation[a] (milliards de $)[b]				Taux de croissance (% annuel)		
Produit	1963-65	1971-73	1978-80	1984-86	1963-71	1971-80	1980-86
Matières premières Agricoles[c]	24,8	25,9	23,6	23,5	0,6	-1,3	-0,1
Minéraux et métaux[d]	32,6	48,0	54,4	52,7	5,0	1,8	-0,5
Total des matières premières	57,4	73,9	78,0	76,2	3,2	0,8	-0,4
Produits synthétiques[e]	21,9	53,2	63,8	72,7	11,6	2,6	2,3
Tous produits	79,3	127,1	141,8	148,9	6,1	1,6	0,8
Production industrielle des pays de l'OCDE					5,5	3,0	1,5

(a) : moyenne annuelle pour chaque période.
(b) : quantités consommées en valeur; prix moyen des années 1978-80.
(c) : coton, laine, sisal, jute, caoutchouc, bois non conifères, tabac.
(d) : aluminium, cuivre, minerai de fer, plomb, minerai de manganèse, nickel, étain, tungstène, zinc et phosphates.
(e) : fibres, caoutchouc synthétique et produits plastiques.

Source : Maizels (1992) : *op. cit*, p. 186.

La flambée des prix des produits pétroliers des années 1970 a entraîné la hausse des coûts de production où l'énergie peut représenter près du tiers du coût total notamment sur les marchés de l'aluminium et du cuivre[7]. Elle a favorisé des phénomènes de substitution entre produits et une modification de leurs prix relatifs. Cette situation peut illustrer en particulier les marchés internationaux du cuivre et de l'aluminium où les prix relatifs ont encouragé la consommation de l'aluminium entre 1953 et 1973 alors que la hausse des coûts de l'énergie a favorisé celle du cuivre entre 1973 et 1988. En effet, durant la pre-

[7] Nappi C., (1994), *op. cit.*, p. 29.

mière période, le prix du cuivre a augmenté de 3,4% par an contre 1,3% pour l'aluminium et la deuxième période a vu le prix du cuivre croître de 5,1% contre 1,6% pour l'aluminium[8].

De plus, le renchérissement des produits énergétiques a exacerbé la concurrence et entraîné des bouleversements dans les structures industrielles qui se sont traduits par des changements notamment dans les coûts de production, les niveaux de compétitivité et les parts de marché. La limitation des coûts de production a entraîné une diminution de la part de la matière première dans le produit fini grâce à des procédés techniques de production de plus en plus élaborés. Ainsi, l'industrie lourde traditionnelle a régressé au profit des industries électroniques et électriques utilisant une quantité sensiblement moins importante de matières premières dans le produit fini. La miniaturisation des produits électroniques et l'utilisation de produits composites a ralenti la demande de consommation notamment d'étain et de cuivre. Durant les années 1980, un ralentissement sensible de l'activité économique dans les principaux pays industrialisés et une situation d'excédents sur de nombreux marchés de matières premières ont exercé une pression à la baisse sur les prix.

Mais, les effets de la crise économique sur le revenu des ménages et la tendance à la stagnation de leur pouvoir d'achat peuvent ralentir et même freiner la consommation dont l'évolution est également liée à la progression démographique. Alors, dans quelle mesure la faible progression de la consommation de nombreuses matières premières depuis le début des années 1980 dans les pays développés reflète-t-elle le ralentissement de l'activité économique générale plutôt que les effets de l'innovation technologique ? Le niveau d'activité économique générale peut reprendre tôt ou tard et l'innovation technologique peut se prolonger et/ou s'intensifier. La question posée a été analysée notamment par Tilton (1989)[9] et par Maizels (1992)[10] en cherchant les interactions entre les changements

---

[8] Nappi C., (1990), *op. cit.*, p. 74.

[9] Tilton J.E., (1989), « The New View of Minerals and Economic Growth », *Economic Record*, vol. 65, n°90, September, cité par Maizels (1992), *op. cit.*, p. 188.

[10] Maizels A., (1992), *op. cit.*, p. 185-191.

dans la consommation et le revenu réel ainsi que dans l'intensité d'usage des matières premières dans les pays de l'OCDE. En utilisant les données de 6 grands métaux, l'analyse de Tilton (1989) a montré qu'entre 1973 et 1985, la stagnation ou, pour certains métaux, la baisse dans la consommation est provoquée, à la fois par le ralentissement de la croissance économique, en comparaison avec la période 1960-1973, et une diminution de l'intensité d'usage des métaux notamment par un effet-prix. Les changements dans la composition des produits finis peuvent également expliquer la baisse de l'intensité d'usage.

Maizels (1992)[11] a trouvé que, durant la période 1963-1973, le volume total de consommation des matières premières naturelles a augmenté de 3,2% par an (*cf. infra*, tableau 9 p. 204). L'auteur montre que si la consommation des matières premières non transformées avait augmenté au même taux que la production industrielle, elle aurait atteint un taux d'accroissement moyen de 6% par an pendant cette période. Cependant, selon cette analyse, la substitution de nombreuses matières premières agricoles par des produits synthétiques représente une diminution de la consommation totale de matières premières agricoles équivalente à 3% par an. Pendant la période 1971-80, la baisse du niveau d'activité économique générale a entraîné une baisse de près de 3% de la consommation des matières premières. De plus, les transformations dans la technologie de production ainsi que les phénomènes de substitution ont représenté selon Maizels (1992) une perte de 2,5% dans la consommation totale de matières premières. Le prix élevé d'une matière première peut rendre économiquement rentable les modifications du processus de production soit pour utiliser une quantité moindre de matière soit pour fabriquer un produit-substitut.

La concurrence des produits de substitution a été sensible sur les marchés internationaux de nombreuses matières premières. La consommation de produits agricoles comme celle du coton, par exemple, ou du caoutchouc naturel s'est déplacée vers des produits synthétiques. La consommation de caoutchouc naturel, par exemple, a de nouveau augmenté après le premier

---

[11] *Idem*, p. 186.

choc pétrolier alors que celle du caoutchouc synthétique a stagné. Néanmoins, la chute des prix des produits pétroliers des années 1980 a encouragé la consommation de caoutchouc synthétique.

De même, la consommation des produits métalliques comme l'étain, le cuivre, ou le plomb s'est réorientée vers les fibres optiques et s'est accompagnée d'une utilisation de plus en plus importante du métal secondaire. La demande de produits-substituts peut être encouragée par un niveau élevé des prix des matières premières concernées. L'énergie nucléaire a été développée parce que le haut niveau du prix du pétrole sur le marché international permettait la rentabilité des installations et de la production de l'énergie nucléaire à un prix compétitif. Les phénomènes de substitution sont généralement favorisés par un niveau élevé des prix mais également, pour de nombreux produits, par des contraintes d'environnement. Ils débouchent sur des effets qui introduisent une différenciation horizontale des produits par la qualité tant sur les marchés des matières premières minérales qu'agricoles. Certains producteurs ont relevé la qualité des fibres du coton dont le prix est plus élevé par rapport aux fibres synthétiques et arrivent même à élargir les parts de marché du coton grâce aux mélanges avec d'autres fibres. Les usages du coton et des produits à base de coton dépendent des prix relatifs et des performances techniques soumises à l'appréciation des consommateurs.

Thigpen et Mitchell (1991)[12] ont montré que les prix du coton sont devenus plus concurrentiels par rapport à ceux des fibres synthétiques durant les années 1980, en particulier en 1982, 1985 et 1986. Ce changement des prix relatifs a entraîné une modification du choix des consommateurs et la demande de coton a augmenté de 3,8% durant la période 1980-1985. De plus, avec cette évolution des prix relatifs, la demande de produits textiles à base de coton aurait continué à croître jusqu'en 1987. Par contre, la demande de fibres synthétiques dans les pays industrialisés a augmenté seulement de 1,8% entre 1980 et 1985[13]. En ce qui concerne le caoutchouc naturel, l'amélioration

---

[12] Thigpen M.E.; Mitchell D.O., (1991), *op. cit.*, p. 121-138.
[13] *Ibid.*, p. 133.

des procédés techniques de production et l'augmentation de la productivité lui ont permis de maintenir sa position sur le marché par rapport à celle du prix du produit synthétique. De plus, les usages spécifiques du caoutchouc naturel en matière de production de pneus à structure radiale, et dans le domaine médical grâce au développement de l'usage des gants et de préservatifs limitent la concurrence du caoutchouc synthétique. Par ailleurs, les normes de plus en plus restrictives en matière de pollution freinent la fabrication et l'usage du caoutchouc synthétique.

Les phénomènes de substitution et les mécanismes de marché qui leur sont liés sont généralement expliqués par la théorie du cycle de vie du produit selon laquelle la production, la consommation et les prix des matières premières suivent un cycle de vie bien défini et portant sur trois phases· Au cours d'une première phase, après la découverte d'un produit ou le démarrage de son utilisation à grande échelle, la consommation augmente rapidement au fur et à mesure que ses qualités deviennent mieux connues, sa commercialisation est soutenue par une recherche scientifique et une campagne d'information et de diffusion du produit. Ensuite, le produit subit une phase de maturation pendant laquelle il est plus largement utilisé et le taux de croissance de la production ralentie. Au cours de la troisième phase, la production se maintient à un niveau élevé mais avec un taux de croissance faible. Finalement, la production suit une longue phase de baisse reflétant principalement les difficultés d'augmenter l'offre.

Ces trois phases du cycle de vie du produit minéral ont débouché sur l'idée du cycle de vie du produit basée sur quatre phases et qui porte plutôt sur un produit manufacturé[14]. Le cycle de vie du produit manufacturé répond notamment à des con-

---

[14] Vernon R., (1971), *Sovereignty at Bay : The Multinational Spread of US Enterprises*, New York, Basic Books; traduit en français (1973) sous le titre : *Les entreprises multinationales, la souveraineté natio-nale en péril*, Paris, Calmann-Lévy.

Vernon R., (1972), *The Economic and Political Consequences of Multinational Enterprises : An Anthology*, Cambridge, Massachusetts, Harvard University Press; traduit en français (1974) sous le titre : *Les conséquences économiques et politiques des entreprises multinationales*, Paris, Laffont.

traintes de stratégie commerciale pour des firmes multinationales. L'analyse développée par Labys et Waddell (1989)[15] explique les modifications périodiques dans la consommation des matières premières, essentiellement minérales, par l'évolution du progrès technologique qui conduit les industriels à remplacer les matériaux traditionnels par de nouveaux matériaux plus performants. Cette analyse distingue cinq groupes de produits minéraux qui ont parcouru un cycle de vie sous plusieurs périodes durant ce siècle (tableau 9).

Tableau 9 : *Pic d'intensité d'utilisation dans le cycle de vie de produits minéraux sélectionnés*

Périodes	*Pic de l'intensité d'utilisation*	*Produits minéraux sélectionnés*
Période I : 1900-1950	Avant 1939	Arsenic, cuivre, minerai de fer, plomb, étain, zinc
Période II : 1925-1970	Juste après 1945	Amiante, bismuth, molybden, nickel,
Période III : 1935-1975	1956-1970	Chrome, lithium, manganèse, vanadium
Période IV : 1945-1985	Après 1970	Aluminium, cobalt, minerai de phosphate
Période V : 1955-	-	Gallium, germanium, métaux précieux, titane, yttrium

Source : Labys et Waddell (1989).[16]

Pendant la période 1937-1974, les quatre premiers groupes de produits ont atteint chacun un pic « d'intensité d'utilisation » (*intensity in use*)[17], défini comme la consommation par unité de PNB aux Etats-Unis, le cinquième n'ayant pas encore terminé son ascension. Cette analyse expliquant les phénomènes de substitution par l'évolution du progrès technique est présentée plutôt comme une succession de phases que comme un mouvement tendanciel de long terme[18]. Néanmoins, l'analyse de tels

[15] Labys W.C.; Waddell L.M., (1989), « Commodity Lifecycles in US Materials Demand », *Resources Policy*, vol. 15, September, p. 238-252.
[16] Labys, W.C.; Waddell, L.M. (1989), *idem*.
[17] *Intensity in Use* est définie comme le rapport entre l'utilisation du métal et le PNB.
[18] Drucker P., (1986), « The Changing World Economy », *Foreign Affairs*, vol. 64, n°4.

cycles reste essentiellement empirique. En effet, l'existence de ces cycles conduit à s'interroger jusqu'à quel point la hausse de la valeur ajoutée procurée par des produits entrant dans de nouveaux cycles compense la perte de la valeur ajoutée des produits qui sont remplacés. L'évolution du marché de produit qui en découle atteindrait ainsi un pic avant de décliner et de subir les effets des phénomènes de substitution. Cette approche du cycle de vie peut expliquer notamment les phénomènes de substitution qui touchent les marchés internationaux de matières premières dans la mesure où elle est basée sur des techniques de transformation des produits et leur intensité d'utilisation. L'amélioration du progrès technique et la recherche de nouveaux produits se traduisent en particulier par l'utilisation d'une quantité moindre de matière première ou d'un matériau composite concurrent.

Aussi, cette théorie du cycle de vie du produit a déjà fait l'objet de nombreuses critiques montrant que si ce cycle existait, il serait lié aux conditions économiques générales et un produit métallique donné serait dans une phase de maturité dans les pays les plus industrialisés alors qu'il serait dans une phase initiale dans les pays en développement[19]. Des mécanismes inverses devraient également fonctionner comme, par exemple, le passage d'une phase de déclin d'un produit à une phase de maturité en cas de découverte de nouveaux produits minéraux. En fait, ce phénomène du cycle de vie du produit dépend de l'évolution de la technologie de production dans le pays concerné et du rythme de son activité économique générale. La théorie du cycle de vie du produit privilégie l'approche commerciale en mettant l'accent sur l'évolution de la production selon un mouvement non renouvelable allant de la phase de démarrage à la phase de déclin. Elle ne prend donc pas en compte les mécanismes endogènes de la conjoncture du marché d'une matière première qui débouchent sur un processus cyclique caractérisé par des phénomènes de surréaction.

[19] Humphreys D. (1982), «A mineral commodity life cycle? relationships between Production, Price and Economic Resources», *Resources Policy*, vol. 8.

4.1.2. Répercussions des phénomènes monétaires sur la consommation de matières premières

Les phénomènes monétaires entraînent parfois un ralentissement de la consommation de matières premières en particulier lorsque la hausse des prix des matières premières aggrave l'inflation et déclenche des politiques monétaires restrictives. La relation entre les hausses des prix des matières premières et l'inflation dépend non seulement des caractéristiques structurelles de l'économie, de la stabilité du pouvoir d'achat des salariés et des politiques gouvernementales mais également du poids relatif des matières premières dont les prix ont augmenté dans la production et la consommation globales. Dans la mesure où son utilisation est très large dans l'industrie et les transports, le pétrole constitue un cas particulier d'autant plus que son prix est généralement très volatile.

Dans ce domaine, les études empiriques sont nombreuses. Un modèle différenciant les produits finis dans leur processus de transformation a montré que, aux Etats-Unis, près de la moitié de la hausse de l'indice du prix à la consommation, entre 1973 et 1974, pourrait être attribué à l'augmentation des prix des matières première[20]. Une étude plus générale a évalué les effets des fluctuations des prix des matières premières sur l'inflation au Etats-Unis, Japon et Allemagne durant les années 1970[21]. De grandes différences apparaissent entre les pays bien que, dans ces trois pays, les hausses des prix des matières premières, y compris ceux du pétrole, ont accentué les pressions inflationnistes, surtout en 1974 pour le Japon et l'Allemagne et en 1979 pour les Etats-Unis.

Une autre étude a démontré les interactions entre les indices des prix des matières premières non-énergétiques et les indices des prix à la consommation dans sept grands pays de l'OCDE en utilisant des données trimestrielles pendant la pério-

---

[20] Popkin J., (1974), « Commodity Prices and the U.S. Price Level », *Brookings Papers on Economic Activity*, 1.

[21] Bosworth B. ; Lawrence R.Z., (1982), *Commodity Prices and the New Inflation*, Washington, DC, The Brookings Institution.

de 1960-87[22]. Les résultats des tests de causalité de Gran-ger ont montré de grandes disparités parmi ces pays mais également des différences entre les groupes de matières premières. D'après cette étude, les modifications des prix des matières premières ont des répercussions significatives dans l'évolution des taux d'inflation des pays de l'OCDE bien que les interactions entre les prix sont plutôt différentes d'une période à l'autre et qu'elles montrent une causalité tous les deux ans. Cependant, ce type d'analyse ne montre pas les incidences des changements dans les politiques monétaires et fiscales ou dans les taux d'inflation domestiques.

Les tests de causalité ont également servi à chercher les interactions entre les indices des prix des matières premières et les différents prix domestiques, les produits industriels, le PNB, ainsi que l'offre de monnaie en utilisant des données trimestrielles de la période 1957-86[23]. Leurs résultats ont suggéré des interactions plus évidentes que celles qui ont été attendues entre les prix des matières premières et les prix domestiques ainsi que les autres variables économiques avec, en particulier, des interactions plus marquées entre les prix des matières premières et les actifs boursiers des produits industriels.

Labys et Maizels (1990) distinguent les effets-prix directs, les effets-prix indirects et les effets macroéconomiques. Concernant les effets-prix directs, ils montrent que les prix des matières premières sont liés à la valeur des importations, aux prix de consommation domestique, aux prix de gros et aux prix industriels. En utilisant les tests de causalité au sens de Granger (1969) et le critère FPE d'Akaike, ils trouvent une proportion de causalité de 21 sur 30 cas bivariés pour les valeurs unitaires d'importation, 14 sur 30 pour les prix de gros, 7 sur 30 pour les prix à la consommation et 17 sur 30 pour les prix industriels[24]. Mais, ces effets-prix des matières premières ne peuvent pas être

---

[22] Durant, M. ; Blöndal S. (1991), « Are Commodity Prices Leading Indicators of OECD Prices ? », in Guvenen O. ; Labys W.C. ; Lesourd, J.-B. : *International Commodity Market Models, Advances in Methodology and Applications,* Chapman and Hall, p. 305-325.
[23] Labys W.C. ; Maizels, A. (1990), *op. cit.*
[24] Labys W.C.; Maizels A., (1990), *idem.*, p. 22.

les mêmes dans chaque pays et pour chaque matière première. L'ampleur des ces effets-prix dépend effectivement du degré d'ouverture de chaque économie nationale aux importations de matières premières[25]. Bien qu'ils sont gros consommateurs de matières premières, les Etats-Unis, par exemple, sont relativement peu dépendants de l'importation de matières premières par rapport au Japon qui importe la quasi-totalité des matières premières dont il a besoin. Grâce à l'utilisation du tableau d'*input-output* et en intégrant l'effet du premier choc pétrolier avec des données allant de 1971 à 1979, Bosworth et Lawrence (1982) ont évalué l'importance relative des différents groupes de matières premières sur la demande finale des Etats-Unis, du Japon et de la RFA (tableau 10).

Tableau 10 : *Part des matières premières dans la demande finale des États-Unis, du Japon et de la RFA*

Produits	États-Unis	Japon	RFA
Élevage et produits d'élevage	2,7	2,3	-
Autres produits agricoles	2,0	-	9,3
Forêts et pêche	0,6	2,7	-
Minerais de fer	0,2	0,5	0,3
Métaux non-ferreux	0,3	0,5	0,2
Charbon	0,3	0,6	1,3
Pétrole et gaz naturel	2,2	1,3	1,2
Pierre de taille	0,3	1,1	0,4
Autres minéraux non-métalliques	0,2	-	-
Total	8,8	15,0	12,7

Source : Bosworth et Lawrence (1982), *op. cit.*

L'hypothèse des effets-prix indirects porte sur la manière dont les fluctuations des prix des matières premières provoquent des variations du niveau de la demande finale dans une économie. Les changements de prix des matières premières se répercutent sur le processus industriel de transformation et sur les coûts de production. L'effet-prix indirect peut aussi se refléter sur les coûts unitaires et la variable qui permet de comparer les données de plusieurs pays serait le coût unitaire de main-d'œuvre.

[25] Bosworth B.; Lawrence R.Z., (1982), *op. cit.*

L'augmentation des prix des matières premières peut entraîner une amélioration des procédés techniques de fabrication, l'utilisation d'une quantité moindre de matières premières et une réduction des effectifs de main-d'œuvre. Les prix des matières premières sont un facteur causal significatif des coûts unitaires de main d'œuvre (Labys et Maizels, 1990).

Quant aux effets macroéconomiques, ils suggèrent que les prix des matières premières ont des interactions avec l'activité industrielle et le PNB, les taux d'intérêt et l'offre de monnaie, l'emploi et les salaires, la balance des paiements et, dans une moindre mesure, les taux de change. Cependant, les résultats des tests portant sur l'impact des modifications des prix des matières premières sur les prix domestiques et les salaires sont mitigés et reflètent une asymétrie des interactions comme entre les périodes de hausse et de baisse des prix des matières premières. Selon Kaldor (1976), une baisse des prix des matières premières entraîne une diminution des coûts dans les industries de transformation qui est largement absorbée par un accroissement des salaires. Par contre, une hausse des prix des matières premières a tendance à accentuer l'inflation et à réduire le revenu grâce à une politique monétaire et fiscale restrictive. Les tests de Labys et Maizels portant sur les effets macroéconomiques ont montré de solides interactions entre les prix des matières premières et ceux des produits industriels en termes réels, les changements des taux d'intérêt et, dans une moindre mesure, les ajustements de l'offre de monnaie. Leurs résultats suggèrent également que les pays industriels réagissent aux fortes variations des prix des matières premières en ayant volontiers recours à la politique monétaire. De même, ils présentent une causalité dans le sens prix des matières premières-production industrielle.

Dans le cas de l'Italie et de la RFA, une causalité forte ou faible avec *feedback* est trouvée entre tous les indices de prix de matières premières et la production industrielle. Pour le Royaume-Uni, une causalité faible est confirmée pour les indices des prix des matières premières agricoles (alimentaires et non-alimentaires), des prix des produits minéraux, et du total des prix alors que pour le Japon la causalité faible concerne seulement les prix des matières premières agricoles non-alimentaires et les prix totaux des matières premières. La plus faible causalité est trouvée pour les Etats-Unis où seulement les indices des prix des matières premières minérales et agricoles alimentaires réagissent aux tests de causalité. Cette situation peut s'expliquer par la position des États-Unis qui sont peu dépendants de ces matières premières. Il en de même de la France confirmant les résultats déjà obtenus par Pikkarainen et Viren (1988)[26]. Ainsi, la flambée des prix des produits pétroliers a provoqué, d'une manière générale, des effets négatifs dans les pays industrialisés. Ainsi, rapidement après le premier choc pétrolier, les dépenses d'investissement des pays de l'OCDE ont diminué en 1975 de même que les stocks qui ont été sensiblement réduits tandis qu'une part importante du revenu additionnel des pays exportateurs de pétrole était épargnée. Cet effet déflationniste résulte d'une crise économique sérieuse combinée avec une politique monétaire assez restrictive dans la plupart des pays de l'OCDE.

Selon Kaldor (1976)[27], toute modification sensible des prix des matières premières aura un effet amorti sur l'activité industrielle. Par exemple, la flambée des prix des matières premières elle-même peut entraîner un effet déflationniste sur la demande réelle de biens industriels à cause de l'augmentation du profit des producteurs de matières premières qui n'est pas compensée par une hausse de leurs dépenses. Cette analyse repose sur l'hypothèse que, si les prix des matières premières augmentent au-delà d'un certain niveau, ils conduiront normalement les gouvernements des pays développés importateurs à appliquer des politiques fiscales et/ou monétaires dans le but de limiter la pression inflationniste et de sauvegarder l'équilibre de la balance des paiements, c'est « l'effet Kaldor ».

De telles politiques restrictives peuvent conduire à des situations économiques défavorables comme la diminution de la

---

[26] Pikkarainen P.; Viren M., (1988), « Granger Causality Between Money, Output, Prices and Interest Rates : Some Cross-Country Evidence for the Period 1875-1984 », *Weltwirtschaftliches Archiv*, vol. 125, p. 74-82.

[27] Kaldor N. (1976), « Inflation and Recession in the World Economy », *Economic Journal*, vol. 86, p. 703-714.

production et de l'emploi dans les pays industrialisés. L'observation des faits montre que les fluctuations des prix des matières premières ont effectivement joué un grand rôle dans l'aggravation de l'inflation durant les années 1970[28]. Par exemple, la hausse des prix de nombreuses matières premières minérales entrant dans la fabrication de biens d'équipements a entraîné l'augmentation des prix des produits finis. Par contre, les années 1950 et 1960 sont marquées par un progrès technologique rapide dans l'agriculture, l'énergie et les industries minières entraînant une forte pression à la baisse sur les prix de ces différentes matières premières. Dans une phase de hausse des prix des matières premières, les transformateurs et les industriels ont tendance à augmenter les prix de leurs produits finis de manière à maintenir leurs marges bénéficiaires impliquant parfois un accroissement du niveau absolu des profits[29]. L'augmentation du prix des matières premières entraîne ainsi une hausse des coûts de production dans les industries de transformation. Ces coûts pourraient s'accroître encore si le coût de la vie s'élève aussi et si les salariés exercent une pression pour une augmentation de leurs rémunérations.

De plus, les gouvernements ont tendance à imposer des mesures fiscales ou monétaires dans le but de réduire la demande intérieure, de contrer la pression inflationniste et de limiter les déficits du commerce extérieur. Ainsi, la hausse des prix des matières premières conduit à une inflation plus importante si les politiques monétaires s'en accommodent ou à une diminution de la production industrielle et à une augmentation du chômage si ces politiques sont restrictives. Au cours d'une période de baisse des prix des matières premières particulièrement celles qui entrent dans le processus de transformation industrielle, le pouvoir d'achat de celles-ci a tendance à baisser, de même que la demande de produits industriels notamment en

[28] Labys W.C.; Maizels A., (1990), « Commodity Price Fluctuations and Macro-Economic Adjustments in the Developed Countries », *WIDER Working Paper* 87, Helsinki, November.
[29] Kaldor N., (1983), « The Role of Commodity Prices in Economic Recovery », *Lloyds Bank Review* (July), and in *World Development*, vol.15, n°5, 1987.

provenance des pays en développement producteurs qui restreignent leurs importations. La chute des prix des matières premières débouche aussi sur une diminution des investissements en capacités de production en particulier dans les pays en développement. Cette baisse de la demande n'est pas compensée par une demande additionnelle du secteur industriel à la suite de la chute des prix en raison de la diminution du pouvoir d'achat des clients. Par conséquent, selon Kaldor[30], le résultat net d'une baisse générale des prix des matières premières se traduit par une réduction des activités industrielles dans les pays développés, toutes choses étant égales par ailleurs, plutôt qu'une chute du niveau général des prix.

Dans cette analyse, ces effets asymétriques des mouvements de baisse et de hausse des prix des matières premières découlent d'un processus inefficient de l'ajustement entre la croissance des disponibilités et celle de la demande des matières premières. (Kaldor, 1976)[31] s'appuie sur l'hypothèse que les termes de l'échange sont le résultat du rapport entre les prix des matières premières et ceux des produits manufacturés. Les prix des matières premières résultent des mécanismes d'ajustement entre la production et la consommation alors que les prix des produits manufacturés sont déterminés par les coûts puisque l'auteur les considère comme « administrés » sur un marché le plus souvent marqué par une structure oligopolistique. Une baisse de la demande de produits industriels en provenance des pays producteurs de matières premières et une diminution de l'investissement dans les pays industriels ralentissent la croissance industrielle. Ainsi, au lieu d'un accroissement de l'offre des matières premières encourageant un développement de la production industrielle, la diminution des prix des matières premières débouche sur une baisse de la demande des produits finis incorporant une part de matière première.

Néanmoins, l'asymétrie entre les effets d'une hausse et d'une baisse des prix des matières premières (effet cliquet ou *Ratchet Effect*) reste discutable. En couvrant la période 1958-

---

[30] *Idem.*

[31] Kaldor N., (1976), « Inflation and Recession in the World Economy », *Economic Journal*, vol. 86, December, p. 703-714.

1973, Goldstein (1977)[32] a cherché à montrer l'effet Kaldor mais n'a pas pris en considération les répercussions des changements des prix d'importation sur les politiques fiscales et monétaires gouvernementales. Pour montrer l'effet Kaldor, Finger et De Rosa (1978)[33] ont également testé les corrélations entre les indices des prix des matières premières et les prix des produits transformés dans un échantillon de 20 matières premières. L'analyse de Goldstein et celle de Finger et De Rosa n'ont pu montrer l'effet Kaldor parce qu'une forte hausse des prix des matières premières encourage une politique monétaire et fiscale restrictive avec un impact de ralentissement du rythme de l'activité économique générale. En effet, alors que la flambée des prix du pétrole des années 1970 a rapidement abouti à des mesures restrictives, durant la première moitié des années 1980, la baisse des prix sur la plupart des marchés de matières premières n'a pas incité les autorités monétaires des pays développés à suivre notamment une politique monétaire et fiscale moins restrictive. L'ensemble de ces effets asymétriques, qu'ils proviennent du processus de formation des prix ou qu'ils soient provoqués par les politiques gouvernementales et dans la mesure ou ils sont interactifs, peuvent entraîner une baisse du niveau d'activité économique générale dans les pays industrialisés.

Les phénomènes monétaires, en particulier les tensions inflationnistes, influencent le rythme de l'activité économique générale qui se traduit généralement par un ralentissement de la demande de matières premières. Ils débouchent sur une coïncidence dans les évolutions du rythme de l'activité économique générale et de celles des conjonctures des marchés de matières premières. Sur les marchés de matières premières, les délais de réaction se traduisent par des ressorts cycliques qui peuvent répondre à des mécanismes endogènes débouchant sur des phénomènes de coïncidence dans les évolutions des conjonctures de ces marchés. En outre, les mécanismes de ressorts cycliques

---

[32] Goldstein M., (1977), « Downward Price Inflexibility, Ratchet Effects and the Inflationary Impact of Import Price Changes: Some Empirical Evidence », *IMF Staff Papers*, n°24.

[33] Finger M.; De Rosa D., (1978), « Commodity Price Stabilisation and the Ratchet Effect », *The World Economy*, vol. 1, n°2, p. 195-204.

des marchés de matières premières et les cycles exogènes de l'activité économique globale dans les principaux pays consommateurs sont marqués par une certaine forme de dualité. Même s'ils résultent de mécanismes différents, ces deux phénomènes cycliques se superposent. Les phénomènes monétaires et boursiers exercent également une influence sur le niveau de consommation des matières premières. Ces phénomènes de court terme se superposent à des phénomènes de plus long terme qui portent sur les décisions de produire et de consommer ainsi que sur l'évolution des systèmes politiques et sociaux.

De la fin de la deuxième Guerre mondiale jusqu'au premier choc pétrolier, notamment, la forte croissance économique dans les principaux pays industrialisés a favorisé une demande élevée de consommation de matières premières. Mais, la hausse des prix des matières des années 1970 a entraîné un ralentissement de la consommation qui s'est traduit simultanément par la recherche de produits substituts moins chers et par l'amélioration des techniques de production permettant la réduction de la quantité de matière première utilisée dans le processus de production et dans le produit fini. De même, les années 1980 sont particulièrement marquées par une phase de dépression économique, par l'effondrement politique des pays du bloc de l'Est, la réunification de l'Allemagne et un fort déficit budgétaire du Japon. Les années 1990 se distinguent par une reprise de la croissance économique dans de nombreux pays industrialisés (Etats-Unis, Grande-Bretagne, Pays-Bas, notamment). Par ailleurs, le dynamisme des pays du Sud-Est asiatique exerce une pression sur les prix de nombreuses matières premières dont la demande reste soutenue.

4.2. LES INTERACTIONS ENTRE LES CONJONCTURES DES MARCHES DE MATIERES PREMIERES

Des interactions existent entre marchés de matières premières et elles se reflètent dans les effets de substitution et de complémentarité pouvant entraîner des mouvements de synchronisation dans les évolutions des prix et des phénomènes de convergence ou de divergence dans les évolutions des conjonctures de matières premières. Les tests de corrélation permettent de vérifier si la conjoncture d'un marché de matière première exerce une influence sur celle d'un autre marché (*cf.* *4.2.1.*).

Les interactions qui peuvent être révélées par les tests de corrélation montrent que de nombreux marchés de matières premières sont interdépendants. Des tests de causalité nous ont déjà permis de montrer les interactions entre les prix des matières premières (*cf. supra*, chapitre 2 et 3) mais le recours à des tests de cointégration nous permet de voir s'il y a des relations de moyen-long terme entre les séries de prix et de tester l'existence de similitudes dans leurs mouvements (*4.2.2.*). À moyen-long terme, des facteurs macro-économiques exercent une influence sur les évolutions des conjonctures des marchés de matières premières. Aussi, d'autres analyses économétriques portant sur des phénomènes de mouvements joints ont tenté d'expliquer ces interactions entre les marchés et les facteurs com-muns qui agissent dans la dynamique des conjonctures de ces marchés (*4.2.3.*).

4.2.1. Les corrélations entre les prix des matières premières

Des tests permettent de montrer comment les fluctuations des prix d'un produit sur un marché peuvent influencer les prix d'un autre produit. Mais les interactions qui en découlent ne peuvent pas toujours être assimilées à des relations de causalité. L'analyse de ces interactions doit s'appuyer sur des données transformées parce que l'objectif de cette étude ne consiste pas à montrer les liaisons simultanées consécutives à des tendances communes mais les caractéristiques de la dynamique de moyen terme. En effet, des données non transformées comportent souvent une tendance inflationniste ou sont influencées par des variables macroéconomiques telles que le taux d'investissement ou les taux d'intérêt ou conduisent à des interactions qui n'apparaissant pas avec des données transformées. Aussi, doivent-elles subir une procédure de « stationnarisation » qui élimine ces influences.

Les corrélations entre les prix des matières premières sont généralement plus faibles en niveau qu'en différences premières. Aussi, l'analyse des séries en différences premières permet d'écarter l'influence de la tendance sur les séries de prix. Les corrélations sont réalisées sur des données annuelles de prix sur une période s'étalant de 1950 à 1994[34].

Tableau 11 : *Matrice de corrélation des séries de prix en niveau*

	Aluminium	*Cacao*	*Café*	*Caoutchouc*	*Coton*	*Cuivre*	*Etain*	*Nickel*	*Plomb*	*Zinc*
Aluminium	1	-0,5359	-0,5387	-0,4828	-0,6709	0,6596	-0,1005	0,2328	0,3626	-0,6142
Cacao	-0,5359	1	0,9032	0,5804	0,7644	-0,5147	0,6206	0,0514	-0,1793	-0,6314
Café	-0,5387	0,9032	1	0,6576	0,7734	-0,5754	0,5058	0,0368	-0,2507	0,6630
Caoutchouc	-0,4858	0,5804	0,6576	1	0,7328	-0,5622	0,3609	-0,0454	-0,0002	0,4810
Coton	-0,6709	0,7644	0,7734	0,7328	1	-0,5641	0,4125	0,1946	-02166	0,7656
Cuivre	0,6596	-0,5147	-0,5754	-0,5622	-0,5641	1	0,0041	0,2148	0,4173	-0,3772
Etain	-0,1005	0,6206	0,5058	0,3609	0,4125	0,0041	1	0,0654	0,1911	0,2620
Nickel	0,2328	0,0514	0,0368	-0,0454	0,1946	0,2148	0,0654	1	-0,1668	0,3898
Plomb	0,3626	-0,1793	-0,2507	-0,0002	-0,2166	0,4173	0,1911	-0,1668	1	-0,5987
Zinc	-0,6142	0,6314	0,6630	0,4810	0,7656	-0,3772	0,2620	0,3898	-0,5987	1

Seuil d'acceptation : 1%.

L'analyse des séries de prix en niveau (tableau 11, *supra*) montre que la plupart des corrélations entre les métaux sont négatives ou non significatives. En revanche, les séries de prix en niveau des produits agricoles présentent de fortes corrélations entre eux. Excepté le coton, tous les produits agricoles sont de cultures pérennes. Une corrélation proche de 1 marque les séries de prix du café et du cacao et reflète les caractéristiques communes de ces cultures pérennes (*cf. supra*, l'analyse du chapitre 2).

[34] *Bulletin mensuel des prix des produits de base*, diverses années, CNUCED.

Tableau 12 : *Matrice de corrélation des séries de prix en différences premières*

	Aluminium	*Cacao*	*Café*	*Caoutchouc*	*Coton*	*Cuivre*	*Etain*	*Nickel*	*Plomb*	*Zinc*
Aluminium	1	-.5896	-.5806	-.5058	-.6835	.7068	.0004	.2822	.4956	-.4905
Cacao	-.5896	1	.9012	.6282	.8452	-.6009	.4410	.0281	-.2629	.6143
Café	-.5806	.9012	1	.7026	.8217	-.6471	.3667	-.0151	-.3162	.6135
Caoutchouc	-.5058	.6282	.7026	1	.7068	-.6044	.2026	-.1477	-.1331	.3020
Coton	-.6835	.8452	.8217	.7068	1	-.5972	.3013	.1144	-.2685	.6435
Cuivre	.7068	-.6009	-.6471	-.6044	-.5972	1	.0605	.3257	.5783	-.3148
Etain	.0004	.4410	.3667	.2026	.3013	.0605	1	.1315	.2659	.2694
Nickel	.2822	.0281	-.0151	-.1477	.1144	.3257	.1315	1	-.0305	.4087
Plomb	.4956	-.2629	-3162	-.1331	-.2685	.5783	.2659	-.0305	1	-.6259
Zinc	-.4905	.6143	.6135	.3020	.6435	.3148	.2694	.4087	-.6259	1

Seuil d'acceptation : 1%.

Les séries de prix en différences premières des produits miniers (tableau 12, *supra*) montrent des corrélations significatives entre l'aluminium et le cuivre (0,7068), le plomb et le cuivre (0,5783). Ces corrélations reflètent les phénomènes de complémentarité et de substitution entre produits qui peuvent entraîner des mouvements de synchronisation des prix et des coïncidences dans leur évolution. Elles s'expliquent par l'usage commun de ces produits en particulier dans les industries électriques et dans les transports. De plus, l'utilisation de ces deux produits comme celle des autres produits miniers dépend étroitement du rythme de l'activité économique générale (*cf. supra*, chap. 2, section 2).

Cependant, les résultats des calculs ne montrent pas de corrélations nettes entre l'aluminium et le plomb (0,4956), entre l'aluminium et le zinc (0,4905). Aussi, les corrélations assez faibles entre de nombreux produits miniers ne permettent pas de montrer les effets de substitution entre l'étain et le plomb dans les travaux de soudure ou dans l'industrie électronique, par exemple. Malgré son prix élevé mais compte tenu de la miniaturisation des produits finis électroniques et de sa maniabilité dans les procédés de fabrication, l'étain concurrence largement le plomb. Les séries de prix des produits agricoles montrent de fortes corrélations entre le café et le cacao (0,9012), entre le cacao et le coton (0,8452), entre le café et le coton (0,8217), entre le café et le caoutchouc (0,7026)), entre le cacao et le caoutchouc (0,6282). Le café, le cacao et le caoutchouc sont deux produits de culture pérenne présentant des caractéristiques communes d'évolution. Leurs mécanismes d'ajustement production-consommation-prix présentent des similitudes dans les phénomènes de retards de réaction et dans les comportements des producteurs sur le marché international en matière d'investissement en capacités de production. En outre, les corrélations du coton avec les cultures pérennes s'expliquent par le fait que le coton qui est une culture annuelle peut occuper les surfaces cultivées durant plusieurs années exerçant ainsi un effet d'inertie sur le sol et montrant une caractéristique proche de celui d'une culture pérenne.

Par contre, les corrélations entre produits agricoles et miniers donnent des résultats qui posent des interrogations. Ainsi, de fortes corrélations existent entre l'aluminium et le coton (-0,6835), entre le zinc et le coton (0,6435), entre le zinc et le cacao (0,6143), entre le cuivre et le caoutchouc (-0,6044), entre le cuivre et le cacao (-0,6009), entre le cuivre et le coton (-0,5972), l'aluminium et le cacao (-0,5896), l'aluminium et le café (-0,5806), l'aluminium et le coton (-0,5058). Les explications de ces corrélations sont délicates dans la mesure où elles impliquent des interactions entre des produits d'origine agricole et minière. Elles ne portent probablement pas sur les mécanismes d'ajustement entre la production et la consommation par rapport au prix de chaque produit mais elles traduisent l'influence des facteurs globaux communs tels que la situation politique, économique et sociale ou les programmes de développement dans les pays producteurs (*cf.* chapitre suivant).

4.2.2. La cointégration des séries de prix de matières premières

Les tests de causalité peuvent être complétés par des tests de cointégration dont l'objectif est de déceler les relations à long terme entre les variables. Cette méthode permet de tester l'existence de similitude dans l'évolution des variables. Autant l'analyse de la causalité que celle de la cointégration requièrent l'utilisation des séries stationnaires et le recours à une transformation différentielle des séries[35].

La méthode de cointégration introduite par Granger (1981)[36] puis reprise par Engle et Granger (1987)[37] sert à tester les relations d'équilibre de long terme entre des séries non stationnaires. Si les séries sont non stationnaires et la combinaison linéaire des deux est stationnaire, les deux séries seront cointégrées de degré 1. L'interprétation de cette relation signifie que les variables présentent une tendance commune à long terme. Parmi les sept procédures développées par Engle et Granger pour tester la cointégration des séries temporelles, deux procédures sont souvent utilisées[38]. La première estime les relations de cointégration par les MCO et la seconde conduit à estimer la présence d'une racine unitaire dans la série des résidus estimés pat un test de type ADF (*Augmented Dickey and Fuller test*).

D'après la procédure proposée par Engle et Granger (1987), la présence d'éventuelles relations de cointégration est testée en estimant, par les MCO, un ensemble de relations du type :

$$G_{it} = a + bG_{jt} + u_t ; \qquad i, j=1,\ldots\ldots, n; \ i \neq j \qquad (4.2.1.)$$

où G_{it} est la production, ou la consommation ou le prix de la matière première i en temps t ; G_{jt} est la production, ou la consommation ou le prix de la matière première j en temps t.

Une seconde procédure consiste à estimer la présence d'une racine unitaire dans la série des résidus estimés u_t de

---

[35] Ce paragraphe s'appuie sur l'analyse et les résultats des calculs de Saadi et Truong (1995), *op. cit.*

[36] Granger, C.W.J. (1981), « Some Properties of Time Series Data and their Use in Econometric Model Specifications », *Journal of Econo-metrics*, vol. 16, p. 121-130.

[37] Engle R.F. ; Granger C.W.J., (1987), « Co-Integration and Error Correction : Representation, Estimation and Testing », *Econometrica*, vol. 55, n°2, p. 251-276.

[38] Engle R.F. ; Yoo B.S. (1987), « Forecasting and Testing in Cointegrated Systems », *Journal of Econometrics*, vol. 35, p. 143-159.

l'équation (4.2.1.) par un test de type ADF. On estime l'équation suivante par les MCO :

$$\Delta u_1 = \eta u_{1\text{-}1} + \sum_{j=1}^{k} 9._j u_{i=j} + \rho_t \qquad (4.2.2.)$$

où u_1 est le résidu estimé par l'équation (4.2.1.) et ρ_t un bruit blanc.

Avec les tests de DF et de ADF, l'hypothèse de cointégration peut être rejetée si l'estimation de η par les MCO est significativement différente de 0 dans l'équation. Ces tests permettent ensuite de vérifier la présence d'une racine unitaire avec les valeurs critiques fournies par Engle et Yoo (1987), qui divergent par rapport à celles de DF. Ils sont appliqués aux séries prises deux à deux et le nombre de retard est déterminé par le critère du minimum du FPE d'Akaïke (*cf. 2.1.3.*).

Par ailleurs, la cointégration peut être testée par la statistique de Durbin Watson notée CRDW (Cointegrated Regression of Durbin Watson) appliquée à l'équation (4.2.1.) qui, sous l'hypothèse nulle de non cointégration, doit tendre asymptotiquement vers zéro. Ce test rejette donc l'hypothèse de non cointégration lorsque la statistique de DW est supérieure à une valeur critique[39]. Les résultats des tests de cointégration portent sur des prix annuels de 1950 à 1991 en dollars constants[40]. Ils montrent que l'hypothèse nulle de non cointégration n'est acceptée que pour le couple cuivre-plomb (tableau 13.). Mais, l'hypothèse de cointégration entre prix peut être retenue et, par conséquent, l'hypothèse nulle de non cointégration n'est rejetée par aucun des tests appliqués à tous les prix. Les résultats des calculs de cointégration correspondent à ceux de l'étude des corrélations.

---

[39] Sargan J.D.; Bhargava A., (1983), *op. cit.*

[40] World Bank, (1993), *Commodity Trade and Price Trends*, Baltimore, The John Hopkins, University Press.

Tableau 13 : *Tests de cointégration des séries de prix*

Variable P_i ⇒ Variable P_j ⇓	Plomb	Cuivre	Variable P_i ⇒ Variable P_j ⇓	Cacao	Caout-chouc	Coton
Etain	0.33* (-2.963)	0.34** (-3.95)	Café	0.62* (-2.92)	0.624* (-2.98)	0.77* (-2.95)
Plomb		0.36 (-1.92)	Cacao		0.500** (-3.24)	0.41** (-3.534)
Cuivre			Caoutchouc			0.81* (-2.93)

Test de Dickey et Fuller entre parenthèses. Pour chaque régression de cointégration, les nombres indiqués correspondent respectivement aux valeurs du test de CRDW et du test t de Dickey et Fuller (Engle et Yoo, 1987). * (**) : rejet de l'hypothèse nulle de cointégration au seuil 10% (5%).

NB : Les résultats des tests de cointégration ne portent que sur trois produits métalliques et trois produits agricoles de notre échantillon parce qu'ils sont tirés d'une étude que nous avons déjà réalisée en collaboration (Saadi et Truong, 1995, *op. cit*)[41].

Concernant les prix annuels, les résultats du tableau précédent indiquent une tendance commune entre le plomb et l'étain mais non entre le plomb et le cuivre. Pour les produits agricoles, les prix annuels présentent une tendance commune entre tous les produits. L'estimation d'un modèle à correction d'erreur (MCE) permet de déceler la relation à long terme montrée par l'analyse de cointégration et fournit les élasticités croisées à moyen et long terme entre les variables. Ce modèle sert à exprimer, en introduisant les niveaux et les différences premières, la dynamique de moyen terme ainsi que la condition d'équilibre, à long terme, des séries de la production, de la consommation et du prix[42]. Le modèle d'estimation se présente comme suit :

$$\Delta Y_t = b\Delta X_t + a(Y_{t-1} - \alpha X_{t-1}) + \mu_{t-1} \qquad (4.2.3.)$$

---

[41] Les calculs et les estimations ont effectués avec le logiciel SPSS.

[42] Dans l'équation (4.2.1.), l'estimation $\overline{G_{it}} = \overline{a} + \overline{b}\, G_{jt}$ est appelée équilibre de long terme ou « cible de long terme » du prix G_{it} par rapport à G_{jt}.

où le nombre de retard k est choisi selon une procédure de tests séquentiels tels que les résidus soient des bruits blancs.

Les variables de retard introduites dans le modèle permettent de capturer la dynamique de la production, de la consommation et des prix selon l'hypothèse de base que toutes les séries sont stationnaires. L'estimation et les critères statistiques peuvent alors être obtenus par des méthodes statistiques standards. Le paramètre b représente l'élasticité-prix de court terme et le paramètre de correction d'erreur a est l'élasticité-prix de long terme. La cointégation est étroitement associée aux tests de racine unitaire qui permettent de confirmer l'hypothèse de cointégration et de s'assurer ainsi de la convergence des trajectoires des séries. De plus, dans le modèle de correction d'erreur, il est possible de considérer que la vitesse d'ajustement tend vers a. Si a est petit, la vitesse d'ajustement est lente. Au contraire, lorsque la valeur de a est élevée, l'ajustement s'effectue rapidement (tableau 14, *infra*). La déviation $Z_{t-1} = Y_t - (\overline{\alpha} X_t - \overline{\lambda})$ d'un prix par rapport à un autre (ou d'une production ou d'une consommation) où $Z_{t-1} = (Y_{t-1} - aX_{t-1})$ dans l'équation (4.2.3.) mesure l'écart entre la dynamique à moyen terme avec la cible à long terme.

Les résultats du tableau 14 montrent qu'il existe une relation entre les prix de matières premières à long terme, mais que des perturbations apparaissent à moyen terme, toutes les estimations de (a) étant inférieures à 0.5. De même, les paramètres (a) associés à (Z_{t-1}) sont tous négatifs, et cette situation montre une forme de convergence à moyen terme. Pour la plupart des couples de prix de produits agricoles, les tests de Student T(c) associés aux variables DX_t sont plus faibles que pour les produits miniers. Les paramètres (b) ne sont pas significativement différents de 0. Il y a donc absence de relation entre les prix à moyen terme. Les modèles à correction d'erreur sont également utilisés en données mensuelles. Les résultats montrent que tous les tests de Student T sont significatifs (T>3). Mais, les paramètres associés (Z_{t-1}) sont souvent petits (# 0.1) et la vitesse d'ajustement à long terme est faible.

Tableau 14 : *Tests des modèles à correction d'erreur*

	a	c	Const	F	DW	R
- Régression des prix Cuivre et Plomb	-0.22 (-2.34)	0.62 (4.784)	-0.225 (-0.83)	13.91	2.02	0.65
- Régression des prix Aluminium et Plomb	-0.247 (2.5)	0.504 (2.81)	-0.002 (-0.7)	6.518	1.78	0.50
- Régression des prix Aluminium et Etain	-0.113 (-1.18)	0.301 (1.848)	-0.001 (-0.24)	2.83	2.3	0.36
- Régression des prix Cuivre et Etain.	-0.18 (-2.17)	0.51 (3.3)	10.e-5	7.32	1.71	0.52
- Régression des prix Cuivre et Aluminium	-0.415 (-2.77)	0.488 (4.69)	0.004	13.59	1.63	0.65
- Régression des prix Plomb et Etain	-1.25 (-1.415)	0.374 (3.154)	1.3e-4 (0.005)	6.586	2.408	0.563
-Régression des prix Cacao et Caoutchouc	-0.225 (-1.930)	0.348 (1.859)	-0.110 (-0.275)	2.868	1.569	0.36
- Régression des prix Café et Caoutchouc	-0.202 (-1.622)	0.104 (0.664)	-0.024 (-0.751)	1.329	1.687	0.255
- Régression des prix Café et Coton	-0.321 (-2.690)	0.0206 (0.118)	-0.027 (-0.867)	3.641	1.778	0.678
- Régression des prix Cacao et Coton.	-0.195 (-2.059)	0.270 (2.566)	-0.023 (-0.901)	4.137	1.834	0.423
- Régression des prix Cacao et Café	-0.202 (-1.622)	0.104 (0.664)	0.025 (-0.751)	1.329	1.798	0.564
-Régression des prix Caoutchouc et Coton	-0.3655 (-2.823)	0.483 (4.563)	0.011 (-0.484)	12.051	2.1596	0.623

$DY_t = Const + aZ_{t-1} + cDX_t + v_t$ où $Z_{t-1} = (Y_{t-1} - aX_{t-1})$ dans l'équation (4.2.3.).

NB : Données annuelles en dollars constants de 1950 à 1991, d'après Commodity Trade and Price Trends, 1989-91 Edition, The World Bank, 1993.

4.2.3. Les phénomènes de mouvements joints et excessifs

Les interactions entre marchés de matières premières et marchés financiers se traduisent par des mouvements joints provoqués par des facteurs macroéconomiques tels que l'évolution de la demande globale, l'inflation, le taux de change et d'intérêt. Elles débouchent sur des coïncidences dans l'évolution des prix des matières premières et des marchés financiers (A). En outre, des mouvements joints excessifs peuvent être déclenchés par des phénomènes d'anticipation et de spéculation sur les marchés boursiers (B).

A. Mouvements joints des prix des matières premières

Les mécanismes d'allocation intertemporelle analysés plus haut (section 3.1.) ont montré comment les relations entre cours au comptant et à terme traduisent un état d'approvisionnement du marché lié à une dynamique de moyen terme qui s'exprime, elle-même, dans l'évolution des cours. En outre, de nombreuses interactions existent entre les prix de nombreuses matières premières ainsi qu'entre ceux-ci et les marchés financiers. Ces interactions influencent l'évolution des prix des matières premières, en particulier depuis les années 1970. Des mouvements de fonds spéculatifs ont provoqué ces interactions par des opérations boursières sur les marchés du cacao, café, du cuivre, du caoutchouc, du plomb, de l'étain et du zinc, notamment. Le groupe de Bogota a lancé une vaste opération spéculative sur le marché du café en 1978-79 et les fonds d'investissements américains ont engagé, depuis le début des années 1990, d'importants placements financiers sur les marchés à terme de matières premières (café, nickel, étain etc.). Durant les deux dernières décennies, le volume de ces fonds spéculatifs s'est sensiblement développé et leurs interventions sur les marchés financiers se sont multipliées.

L'expansion du marché des euromonnaies en est une bonne illustration et le montant des transactions est passé de 65 milliards de dollars en 1970 à 255 milliards en 1975 et à 1450 milliards en 1986[43]. Une incertitude élevée sur les marchés de matières premières a favorisé des mouvements de fonds de grande ampleur soit pour des opérations de couverture, soit pour des objectifs de spéculation[44]. De Coster, Labys et Mitchell (1992)[45] ont cherché, par ailleurs, à démonter que les prix, sur les marchés à terme de matières premières, suivent une évolution chaotique qui est un cas particulier de la dynamique

---

43 Maizels A. (1992), *Commodities in Crisis*, Oxford, Clarendon Press, p. 90.

44 Labys W.C., Thomas H.C., (1975), « Speculation, Hedging and Commodity Price Behavior: An International Comparison », *Applied Economics*, vol. 7, p. 287-301.

45 De Coster G.P.; Labys W.C.; Mitchell D.W., (1992), « Evidence of Chaos in Commodity Futures Prices », *The Journal of Futures Markets*, vol. 12, n°3, p. 291-305.

non linéaire[46], c'est-à-dire que leurs fluctuations résultent de la dynamique même des marchés concernés. En traitant les séries du café, du sucre, de l'argent et du cuivre entre 1968 et 1989, ils ont montré que ces séries suivent un processus non linéaire de type chaotique. La théorie du chaos montre qu'un système d'équations déterministe ne conduit pas toujours à des prédictions déterministes indépendamment du niveau de précision avec lequel sont mesurés ses conditions initiales. En d'autres termes, la théorie du chaos « introduit de l'indéterminisme dans des systèmes déterministes »[47]. Elle conduit à s'intéresser aux mécanismes des marchés qui ont fait l'objet de l'analyse du chapitre 2 et qui montre que l'évolution des prix des matières premières résulte d'une dynamique de moyen-long terme de ces marchés et qu'il existe de nombreuses coïncidences dans leur évolution.

En outre, l'observation de l'évolution des prix internationaux de matières premières montre que ces prix ont tendance à fluctuer en même temps et ce phénomène correspond à un mouvement joint (*co-movement*) qui a été observé empiriquement par Pindyck et Rotemberg (1990)[48]. Ces auteurs montrent effectivement que les opérateurs boursiers interprètent parfois la hausse du prix d'une matière première par le fait que les prix des autres matières premières ont augmenté. Néanmoins, le co-mouvement des prix peut s'expliquer aussi par les phénomènes de substitution et de complémentarité entre les produits (*cf. supra*, section 4.1).

De même, l'évolution des prix des matières premières qui ne sont pas liées par les mêmes spécificités peut également déboucher sur une tendance commune en raison de l'influence des facteurs macroéconomiques comme la demande globale, l'inflation, les taux de change et d'intérêt qui en sont des déterminants communs. Ces facteurs macroéconomiques provoquent

---

[46] Abraham-Frois G.; Berrebi, E., (1995), *op. cit.*, p. 208-261.

[47] Guerrien B., (1996), *Dictionnaire d'analyse économique*, Paris, La Découverte, p. 52. Compte tenu des limites que nous avons fixé à notre sujet de recherche, nous ne pouvons pousser plus loin la présentation de la théorie du chaos.

[48] Pindyck R.S.; Rotemberg J.J. (1990), « The Excess Co-movement of Commodity Prices », *Economic Journal*, vol. 100, p. 1173-1189.

un mouvement joint des prix. Ainsi, Alogoskoufis, Martin et Pittis (1990)[49] soutiennent que la hausse des prix des matières premières des années 1970 est, en grande partie, due au faible niveau des taux d'intérêt qui ont accompagné les politiques des pays industrialisés et que la baisse des années 1980 reflète les conséquences de politiques monétaires et fiscales restrictives. Dans l'analyse de ce phénomène de co-mouvement, Pindyck et Rotemberg (1990) trouvent que, même en prenant en compte les effets macroéconomiques, les prix des matières premières qui n'ont pas de liens apparents continuent à suivre une tendance commune et débouchent sur un phénomène de surréaction des prix ou mouvement joint excessif (*excess co-movement*). L'analyse de Pindyck et Rotemberg (1990) a été remise en cause par Palaskas et Varangis (1991)[50] qui démontrent que le mouvement joint excessif est plutôt l'exception que la règle dans l'évolution des prix non correlés des matières premières.

Mais l'interprétation de Leybourne *et al.* (1994)[51] débouche sur un rapprochement des deux versions. Le mouvement joint excessif provient de deux sources principales : le comportement moutonnier (*herd behavior*) et les effets des mouvements de capitaux. Le comportement moutonnier ou comportement d'achat spéculatif « sympathique » se produit si les opérateurs boursiers interprètent peu ou prou les informations de la même manière sur tous les marchés de matières premières. Les opérateurs boursiers ont alors un comportement haussier ou baissier sur tous les marchés de matières premières reflétant ainsi un consensus subjectif de confiance ou de méfiance.

---

[49] Alogoskoufis G.; Martin C.; Pittis N., (1990), « Pricing and Product Market Structure in Open Economies », *Discussion Paper in Economics*, 25/90, Birbeck College, University of London, cité par Leybourne *et alii* (1994), *op. cit.*

[50] Palaskas T.B.; Varangis P.N., (1991), « Is there Excess Co-movement of Primary Commodity Prices? : A Cointegration Test », *Working Paper Series*, n°758, International Economic Department, The World Bank.

[51] Leybourne S.J. ; Lloyd T.A.; Reed G.V. (1994), « The Excess Co-movement Revisited » in Sapsford, D. and Morgan, W. (eds.) : *The Economics of Primary Commodity Prices, Models, Analysis and Policy*, Hants, Elgar, p. 30-49.

Cependant, les opérateurs peuvent prendre du temps pour vérifier les répercussions des informations sur les prix et réagissent ainsi de manière similaire sur l'ensemble des marchés. Ils adaptent leurs comportements avec retard en tenant compte des informations spécifiques. Le comportement moutonnier se traduit par des stratégies commerciales automatiques qui se reflètent dans des règles de décision qui dépendent notamment des taux de change. Le comportement sur le marché et l'adoption de stratégies commerciales automatiques peuvent impliquer une attitude sans logique apparente c'est-à-dire un comportement déclenché par des motifs qui ne sont pas liés aux facteurs fondamentaux du marché c'est-à-dire aux disponibilités réelles en produit. Néanmoins, l'effet d'une variation des taux de change peut être aussi important que l'effet d'une variation du prix d'une matière première sur le comportement d'un transformateur. Mais ces stratégies commerciales sont utilisées par les opérateurs boursiers comme règle de comportement face à une grande masse d'informations qui circule rapidement grâce à des techniques sans cesse améliorées.

Les contraintes de liquidité introduisent également des interactions entre les prix des matières premières qui ne sont pas corrélés. Ainsi, lorsque le prix d'une matière première baisse, il entraîne la chute des prix des autres matières premières parce qu'il débouche sur une réduction des liquidités des spéculateurs qui sont en position longue c'est-à-dire vendeurs sur de nombreux marchés de matières premières. Mais, au-delà des fluctuations de court terme, les interactions entre les prix des matières premières et les marchés financiers dépendent surtout de l'état réel d'approvisionnement du marché qui résulte de la dynamique de moyen terme.

B. « Mouvements joints excessifs » des prix des matières premières

Pour tester les relations stables entre les prix des matières premières et les variables macroéconomiques, Palaskas et Varangis (1991) utilisent les méthodes de cointégration et les modèles de correction d'erreur. Ils posent l'hypothèse que toutes les séries sont non stationnaires et intégrées d'ordre 1. Soit $P_{i,t}$ et $P_{j,t}$ les prix respectifs des produits i et j; $z_t = P_{i,t} - \lambda P_{j,t}$ avec λ comme paramètre de la régression de co-intégration.

Si la valeur de λ est telle que z_t ne soit plus I(d) mais I(d-b) avec b⟩0, on dira alors que $P_{i,t}$ et $P_{j,t}$ sont intégrés.

Si d=b=1, alors $P_{i,t}$ et $P_{j,t}$ sont I(1) et z_t est I(0). En incorporant une variable macroéconomique tel l'indice de production industrielle ou l'indice de consommation, Palaskas et Varangis (1991) présentent l'équation suivante :

$$\Delta P_{i,t} = \lambda z_{t-1} + b\Delta P_{j,t} + c\Delta X_t + \mu_{i,t} \qquad (4.2.4)$$

Pour détecter le mouvement joint excessif, seules les séries $P_{i,t}$ et $P_{j,t}$ qui ont une tendance commune peuvent être retenues. D'après Granger (1987), la cointégration de deux variables intégrées de même ordre implique que $\Delta P_{i,t}$ explique significativement $\Delta P_{j,t}$. De plus, la capacité explicative de $\Delta P_{j,t}$ peut être représentée par des variables macroéconomiques ΔX_t. La variable ΔX_t représenterait alors la variation des variables macroéconomiques dans l'équation (4.2.4.).

D'après l'équation (4.2.4.), Palaskas et Varangis (1991) montrent que l'estimateur de MCO du coefficient b devient non-significatif et que les variables X_t expliquent les relations communes entre les prix de deux matières premières. Selon ces auteurs, un mouvement joint excessif correspond à une situation où l'estimateur de b est significativement différent de zéro lorsque ΔX_t est un élément de cette équation. Même si les comportements des opérateurs peuvent paraître possibles, l'analyse de Palaskas et Varangis (1991) a jeté un doute sur la validité de ces résultats en démontrant que les mouvements joints excessifs sont plutôt l'exception que la règle dans la dynamique des prix des marchés internationaux de matières premières. Sur 21 couples de prix testés, Palaskas et Varangis trouvent que seulement 4 d'entre eux rejettent l'hypothèse nulle d'absence de mouvements joints excessifs à 5% en données annuelles et 7 en données mensuelles (blé, coton, cuivre, or, pétrole brut, bois, et cacao). En outre, dans son analyse des interactions entre les marchés financiers et les marchés de matières premières, Palaskas montre qu'il existe des mouvements joints excessifs entre ces deux marchés[52].

Alors que Pindyck et Rotemberg pensent que les mouvements joints excessifs peuvent impliquer l'ensemble des marchés, Palaskas et Varangis (1991) introduisent des réserves en montrant que les mouvements joints excessifs ne touchent que quelques marchés. En outre, Leybourne *et al.* (1994) synthétisent les deux approches en relevant que, finalement, il n'y a pas de définition formelle et satisfaisante de ces mouvements joints excessifs qui puisse faciliter la compréhension de ce phénomène. En effet, dans les analyses précédentes, la définition peut paraître vague et mener à la confusion dans les résultats des tests. Dans l'étude de Pindyck et Rotemberg, la question qui se pose est de savoir si le mouvement joint est précurseur du mouvement joint excessif. Si la réponse est négative, l'estimation en différences premières est la meilleure méthode puisque, à condition que les principales variables économiques soient prises en compte, elle permet d'éviter les problè-mes d'erreur dans les régressions et elle n'entraîne pas de perte d'information. Si la réponse est positive, leurs équations seront alors mal spécifiées dans la mesure où elles ne prennent pas en considération ces mouvements joints liés aux prix ayant une tendance commune.

Leybourne *et al.* (1994) considèrent que les mouvements joints excessifs ne présentent un intérêt économique que s'il y a une corrélation des prix des matières premières pouvant être expliquée par les effets des variables macroéconomiques et impliquant que les opérateurs boursiers réagissent systématiquement aux informations d'une nature « non économique ». Selon ces auteurs, à condition que l'influence des variables macroéconomiques aient été prises en compte dans les régressions des prix, le mouvement joint peut être facilement détecté par la présence de corrélation entre les résidus issus de l'équation (4.2.4.). Aussi, en découle-t-il que le mouvement joint peut provenir de l'omission d'importantes variables macroéconomiques dans les équations de prix.

---

[52] Palaskas T., (1996), The Dynamic Interrelationship between Financial Markets and Commodity Markets, UNCTAD/COM/82, March.

Dans ces conditions, le mouvement joint excessif est un peu plus qu'un artefact d'une mauvaise spécification économétrique et peut donc être qualifié de « mouvement joint excessif erroné » (*spurious excess co-movement*). La cointégration de deux variables est une condition nécessaire mais pas suffisante pour montrer un mouvement joint excessif. Aussi, une définition plus rigoureuse d'un mouvement joint excessif exige que la cointégration des variables et les dérivées partielles des prix liées à chaque variable macroéconomique soient du même signe. Par conséquent, le mouvement joint excessif ne se justifie que par la présence de variables macroéconomiques significatives et par le fait que les résidus des équations sont corrélés. De plus, Leybourne *et al.* (1994) distinguent entre un « mouvement joint excessif fort » où les prix des matières premières présentent une tendance commune et un « mouvement joint excessif faible » sans tendance commune. En fait, la présence d'un mouvement joint excessif entre les prix de deux matières premières suppose déjà l'existence d'un mouvement joint « non excessif » mais elle n'est pas une condition préalable à l'existence de corrélation significative entre les résidus d'équations de prix correctement spécifiés. En d'autres termes, il y a un mouvement joint excessif lorsque les résidus des équations de prix sont corrélés. Un mouvement joint excessif est faible lorsque les prix des matières premières n'ont pas de tendance commune et fort lorsqu'ils ont une tendance commune.

Soit $P_{1,t}$, $P_{2,t}$ les prix de deux matières premières, $X_{1,t}$, $X_{2,t}$ les variables macroéconomiques et $\delta_{1,t}$, $\delta_{2,t}$ des bruits blancs dans les équations suivantes :

$$\left\{\begin{aligned} P_{1,t} &= X_{1,t} + 2X_{2,t} + \mu_{1,t} \\ P_{2,t} &= -X_{1,t} + X_{2,t} + \mu_{2,t} \end{aligned}\right\} \qquad (4.2.5.)$$

où

$$\left\{\begin{aligned} \mu_{1,t} &= \alpha_3 N_t + \delta_{1,t} \\ \mu_{2,t} &= \beta_3 N_t + \delta_{21,t} \end{aligned}\right\} \qquad (4.2.6.)$$

Bien que les prix des matières premières soient liés aux mêmes variables macroéconomiques, ils ne sont pas cointégrés et ils ne présentent pas de tendance commune. Si $\alpha_3 \neq 0$ et $\beta_3 \neq 0$, il existe un mouvement joint excessif faible c'est-à-dire sans tendance commune. Il en est de même lorsque l'une des variables macroéconomiques est éliminée de l'équation. En revanche, si l'on considère les équations suivantes :

$$\left\{\begin{array}{l} P_{1,t} = X_{1,t} + 2X_{2,t} + \mu_{1,t} \\ P_{2,t} = X_{1,t} + 2X_{2,t} + \mu_{2,t} \end{array}\right\} \quad (4.2.7.)$$

Les prix peuvent être cointégrés mais, dans la mesure où les dérivées partielles de $P_{1,t}$, et $P_{2,t}$ par rapport à $X_{1,t}$, sont de signe opposé, il n'y a pas de mouvement joint. Mais, dans les équations suivantes :

$$\left\{\begin{array}{l} P_{1,t} = X_{1,t} + 2X_{2,t} + \mu_{1,t} \\ P_{2,t} = 2X_{1,t} + 4X_{2,t} + \mu_{2,t} \end{array}\right\} \quad (4.2.8.)$$

Puisque les prix sont cointégrés et que les dérivées partielles de $P_{1,t}$, et $P_{2,t}$ par rapport à $X_{1,t}$, sont du même signe, il y a un mouvement joint. Il y aura un mouvement joint excessif fort si $\alpha_3 \neq 0$ et $\beta_3 \neq 0$. Finalement, le mouvement joint se vérifie lorsque les résidus des équations de prix sont corrélés. Il s'agit d'un mouvement joint faible lorsque les prix des matières premières n'évoluent pas parallèlement et d'un mouvement joint excessif dans le cas contraire. Le mouvement joint des prix signifie que les prix évoluent parallèlement s'ils sont cointégrés et qu'un tel mouvement est lié à un comportement commun de « long terme » alors que le mouvement joint excessif se réfère à un comportement commun de « court terme ».

Puisque les données sur les prix proviennent des mêmes sources et portent sur la même période ainsi que sur la plupart des produits, nous empruntons les résultats des tests de cointégration sur les mouvements joints et excessifs à Truong

(1995)[53]. Les tests de cointégration consistent à vérifier si les couples de prix de neuf matières premières (aluminium, cuivre, étain, plomb, cacao, café, coton, caoutchouc, sucre) présentent des relations cointégrées et traduisent des mouvements joints. Les tests de cointégration ont conduit d'abord à effectuer un test de stationnarité des erreurs et un test de Durbin Watson de régression cointégrée (Cointegrated Regression Durbin Watson ou CRDW). L'existence d'une relation cointégrée est détectée à l'aide du CRDW avec les valeurs critiques fournies dans Engle et Granger (1981)[54]. Ces tests ont été appliqués à chaque couple de prix avec un nombre de retards dans l'équation p=1, 2, 3 (*cf.* les résultats du tableau 15). Pour déterminer les degrés optimaux de retards, le FPE d'Akaïke n'a été utilisé que lorsque les valeurs calculées sont légèrement supérieures ou inférieures aux valeurs critiques.

Les résultats du tableau suivant montrent que l'hypothèse nulle de non cointégration est acceptée pour le plupart des couples de prix. Cependant, les couples de prix caoutchouc et étain, sucre et caoutchouc, sucre et cacao présentent des résultats incompatibles c'est-à-dire que l'hypothèse nulle est rejetée avec le test de DF mais est acceptée avec celui de CRDW. En revanche, les résultats concernant les couples de prix cuivre et cacao, aluminium et sucre sont compatibles. En outre, l'hypothèse nulle de non cointégration est acceptée par les deux tests pour les couples de prix café et cacao, coton et plomb, coton et café, caoutchouc et étain, coton et cacao, coton et sucre, aluminium et cuivre, aluminium et plomb. Ces résultats ne montrent donc pas un mouvement joint entre ces couples de prix. Par contre, ils indiquent un mouvement joint entre le plomb et l'étain, le cuivre et l'étain. De même, il n'y a pas de tendance commune entre les prix des quatre produits miniers et ceux des 5 produits agricoles. Pour tester les mouvements joints excessifs, on utilise des variables macroéconomiques intégrées d'ordre 1 (résultats, *infra*, tableau 16). Palaskas et Varangis (1991)

---

[53] Truong B.T. (1995), « Décomposition temporelle des prix internationaux des matières premières : tests d'efficience et analyse de causalité », *op. cit.*, p. 209-215.

[54] Engle R.F.; Granger C.W.J., (1981), *op. cit.*, p. 147.

analysent les mouvements joints excessifs avec des variables macroéconomiques à tendance commune.

Tableau 15 : *Tests de cointégration entre les séries de prix*

Cours		a	b(d)	R^2	CRDW	Statistique de DF et ADF			Résultats
						p =1	p =2	p =3	
Aluminium/Caout	RI	8.3448	.1954	.5392	.7435	-2.849	-2.872	-2.401	
	R2	16.1809	1.4877	.5392	.8461	-3.049	-2.994	-3.368	
Aluminium/Cacao	RI	5.3348	.3723	.4522	.4832	-2.312	-2.032	-2.102	
	R2	1.2850	.5493	.4522	.4444	-1.987	-2.212	-1.563	
Aluminium/Café	RI	2.2922	.4832	.4419	.4792	-1.258	-2.241	-1.321	
	R2	4.9539	.4041	.4419	.5244	-1.569	-1.321	-1.285	
Aluminium/Coton	RI	4.7830	.4759	.4743	.5185	-1.85	-1.898	-2.24	
	R2	1.8500	.4727	.4743	.4165	-2.256	-2.537	-2.417	
Aluminium/Cuivre	RI	2.4347	.6285	.3492	.4702	-2.472	-3.447	-3.033	Cointégration
	R2	3.6098	.5670	.5969	.4456	-4.859	-2.857	-3.193	
Aluminium/Etain	RI	3.9104	.3693	.3422	.3507	-2.153	-2.130	-2.365	
	R2	6.8806	.3171	.3422	.2874	-1.968	-2.031	-1.985	
Aluminium/Plomb	RI	3.7324	.5435	.5699	.4924	-3.557	-3.623	-2.854	Cointégration
	R2	2.2117	.5975	.5699	.4576	-2.416	-3.093	-2.956	
Aluminium/Sucre	RI	6.696	.1075	.2842	.3962	-2.102	-2.321	2.276	
	R2	6.1903	.4246	.2842	.6036	-2.515	-2.209	-2.554	
Cacao/Etain	RI	-1.6166	.7518	.5735	.5289	-1.563	-2.561	-1.866	
	R2	6.8796	.4375	.5735	.5044	-2.012	-1.968	-2.092	
Cacao/Plomb	RI	.7840	.6863	.5925	.5581	-2.569	-2.044	-2.510	
	R2	3.8682	.5114	.5925	.5621	-2.717	-2.029	-2558	
Café/Cacao	RI	1.7180	.7747	.8607	1.1774	-4.085	-2.064	-4.042	Cointégration
	R2	-.2688	.9561	.8607	1.1838	-3.85	-3.778	-3.363	
Café/Cuivre	RI	3.9542	.2411	.2094	.3318	-2.032	-1.865	-2.025	
	R2	6.6938	.1819	.2094	.3522	-2.354	-2.012	-2.035	
Café/Etain	RI	1.1958	.503	4263	.4638	-2.001	-2.562	-2.102	
	R2	7.0940	.3613	.4263	.4456	-1.024	-2.003	-0.987	
Café/Plomb	Ri	1.2748	.6914	.6631	.6761	-2.978	-2.649	-2.941	
	R2	2.8755	.6358	.6631	.6864	-2.988	-2.097	-2.917	
Caoutchouc/café	RI	7.9850	-.4595	.1821	.4750	-2.365	-2.013	-2.622	
	R2	6.2063	-.07215	.1821	.3273	-2.765	-1.698	-2.369	
Caoutchouc/Cuivre	RI	6.7975	-.1919	.0661	.4771	-2.109	-2.130	2.478	
	R2	7.8738	-.0227	.0661	.3498	-2.236	-2.031	-2.369	
Caoutchouc/Cacao	RI	8.5741	-.6161	.2712	.5331	-2.356	-1.569	-2.032	
	R2	5.9327	.1194	.2712	.3918	2.052	-2.003	-2.354	
Caoutchouc/Etain	Ri	17.1311	1.2853	.4316	.7104	-2.19	-3.088	-2.096	
	R2	9.9674	-.1449	.4316	.5445	-2.505	-2.164	-2.472	
Caoutchouc/Plomb	RI	6..5768	.1926	.0732	.4767	-2.356	-1.986	-2.510	
	R2	6.7258	-.02782	.0732	.3394	-2.045	-1.689	-2558	
Coton/Cacao	RI	2.5400	..5217	.6358	.4483	-2.231	-2.135	-1.653	
	R2	1.1882	.7750	.6358	.5114	-2.013	-3.321	-1.356	
Coton/Café	RI	1..5048	.6525	.7158	.7194	-3.418	-2.361	-3.471	Cointégration
	R2	1.6573	.7854	.7158	.7763	-3.175	-2.954	-3.126	

Tableau 16 : *Tests de cointégration entre les séries de prix (suite)*

Cours		a	b(d)	R²	CRD W	Statistique de DF et ADF			Résultats
						P=1	P=2	P=3	
Coton/Caoutchouc	RI	5.2847	.00366	.0102	.2603	-2.031	-2.321	-1.876	
	R2	5.1604	.0281	.0102	.4648	-1.968	-1.986	-2.086	
Coton/Cuivre	RI	1.7098	.4636	.4418	.3122	-1.865	-2.025	-2.054	
	R2	5.5195	.4211	.4418	.3894	-2.012	-2.035	-2.062	
Coton/Etain	RI	2.6521	.2883	.2681	.2419	-2.018	-1.367	-1.698	
	R2	7.8757	.2493	.2681	.2805	-1.568	-1.369	-2.085	
Coton/Plomb	RI	.1715	.7803	.8209	.9494	-3.771	-3.106	-3.772	
	R2	1.9968	.8637	.8209	1.0166	-3.541	-3.11	-3.494	Cointégration
Coton/Sucre	RI	4.0803	.3813	.5715	.5886	-3.337	-3.494	-3.29	
	R2	-1.3335	.8566	.5715	.8979	-3.402	-2.378	-3.363	Cointégration
Cuivre/Cacao	RI	7.1535	.1131	.1447	.3429	-3.985	-3.201	-2.541	
	R2	3.864	.1851	.1447	.3288	-3.856	-3.564	-2.698	Co-intégration
Etain/Cuivre	RI	7.9580	.1599	.1639	.2703	-2756	-2.762	-2.44	
	R2	6.2076	.168	.1639	.3089	-2.506	-2.134	-2.884	
Plomb/Cuivre	RI	1.3050	.6801	.6161	.3492	-2.351	-2.356	-2'026	
	R2	4.0821	.5581	.6161	.3593	-1.365	-2.045	-2.031	
Plomb/Etain	RI	2.5830	.4344	.3838	.2978	-2.109	-2.130	-1.986	
	R2	.9666	.3392	.3838	.2692	-2.236	-2.031	-1.689	
Sucre/cacao	RI	.8698	.4416	.3591	.6912	-2.919	-2.602	-2.884	
	R2	4.3614	.2920	.3591	.4451	-2.399	-2.581	-2.390	
Sucre/Café	RI	.6431	.4408	.3227	.7124	-2.929	-2.370	-2.896	
	R2	5.0651	.2362	.3227	.4599	-2.674	-2,612	-2.690	
Sucre/Caoutchouc	RI	3.3697	-.0301	.0556	.5757	-2.625	-1.89	-2.613	
	R2	5.6393	-.1027	.0556	.4709	-1.83	-1.09	-2.145	
Sucre/Cuivre	RI	.3451	-.3695	.2350	.6166	-3.724	-2.674	-2.013	
	R2	7.2735	.1494	.2350	.3845	-3.017	-2.943	-1.956	
Sucre/Etain	RI	-1.0652	.4648	.2883	.6268	-2.231	-2.135	-1.653	
	R2	8.6237	.1789	.2883	.3561	-2.013	-3.321	-1.356	
Sucre/Plomb	RI	-2.0445	.7988	.5607	.8975	-3.363	-2.762	-3.32	
	R2	5.3147	.3936	.5607	.6553	-3.079	-2.134	-3.122	

Pour chaque régression de cointégration, les chiffres portés sur ce tableau correspondent aux valeurs critiques du test de CRDW et du test t de DF et ADF.

*(**) : rejet de l'hypothèse nulle de cointégration au seuil de 10% (5%).

RI : régression de cointégration i : $P_A = a + bP_B + v_t$;

R2 : régression de cointégration i : $P_B = c + dP_A + v_t$;

Source : Truong (1995), *op. cit*, p. 211-212.

Tableau 17 : *Tests de DF et ADF des variables macroéconomiques*

Variables macroéconomiques	*Test en niveau*		*Test en différence première*	
	DF	ADF	DF	ADF
Production industrielle	-2.311 (2.022)	-1.092 (1.938)	-7.895 (2.041)	-3.058 (1.927)
Indice des prix à la consommation	-2,158 (1.617)	-1,258 (1.588)	-5,566 (1.889)	-3,054 (2.63)
S & P Index de stock commun	-2,039 (1.640)	-2,329 (1.837)	-5,427 (1.848)	-3,374 (1.88)

Source : Truong (1995), *op. cit*, p. 213.

Ces mouvements joints excessifs peuvent être analysés par les modèles à correction d'erreur et les modèles dont la variable représente les indicateurs macroéconomiques dans les équations suivantes :

$$\Delta P_{i,t} = ar_{t-1} + b\Delta P_{j,t} + \sum_{k=1}^{n} c_k \Delta P_{i,t-k} + \sum_{k=1}^{m} d_k \Delta P_{j,t-k} + \mu_{i,t} \quad (4.2.9.)$$

$$\Delta P_{i,t} = ar_{t-1} + b\Delta P_{j,t} + \sum_{k=1}^{n} c_k \Delta P_{i,t-k} + \sum_{k=1}^{m} d_k \Delta P_{j,t-k} + \beta \Delta X_t + \mu_{i,t} \quad (4.2.10.)$$

où $P_{i,t}$, et $P_{j,t}$ sont respectivement le prix du produit i et j en temps t ; X_t est la variable macroéconomique et r_t est le terme d'erreur c'est-à-dire le résidu estimé de cointégration dans l'équation (4.2.9.) avec $r_t = P_{i,t} - aP_{j,t}$.

La définition de la cointégration suppose que toutes les variables des modèles (4.2.9.) et (4.2.10.) sont stationnaires et permet d'appliquer la méthode des MCO. L'hypothèse nulle d'absence de mouvements joints excessifs dépend de la statistique de Student associée au coefficient b et à la statistique de Fisher dans les deux modèles. S'il existe des mouvements joints excessifs entre les deux prix $P_{i,t}$, et $P_{j,t}$, le coefficient b sera significativement différent de zéro dans les modèles (4.2.9) et (4.2.10). En ce qui concerne les couples de prix et les variables macroéconomiques, les statistiques de Student et de Fisher sont supérieures aux valeurs critiques (tableau 18).

Tableau 18 : *Tests de mouvements joints excessifs entre les prix*

Cours	*Production industrielle*	*Indice des prix à la consommation*	*S&P Index de stock commun*
Aluminium/Plomb	2.1637*	2,5032*	2.4552*
Coton/Café	2.4978*	2.8948**	1.9894*
Cacao/Café	2.8168**	2.6269**	2.3976*
Aluminium/Cuivre	2.1244*	2.6793**	1.9081*
Coton/Sucre	2.2084*	1.8176*	1.9665*
Coton/Plomb	2.5388*	2.8974**	2.6407**
Coton/Cacao	2.5805*	3.1301***	2.5465*
Caoutchouc/Etain	2.5470*	2.6349**	2.2481*

Les niveaux de signification *, **, ***, représentent respectivement les seuils de 10%, 5%, et 1%.

Source : Truong (1995), *op. cit*, p. 215.

Au seuil de 5%, l'hypothèse nulle d'existence de mouvements joints excessifs est acceptée pour presque toutes les matières premières. Les prix des matières premières et les variables macroéconomiques ne présentent donc pas d'évolution commune. Les résultats des tableaux 16 et 18 montrent ainsi que les variables macroéconomiques ont peu d'influence sur l'évolution à moyen-long terme des prix des matières premières.

Les tests de corrélation ont montré que des interactions existent entre de nombreux marchés de matières premières. Ces interactions s'exercent grâce aux effets de substitution, aux complémentarités entre produits notamment celles qui se réalisent entre produits miniers, et aux phénomènes d'imitation ou de contagion qui découlent des comportements d'anticipation et de spéculation des opérateurs sur les marchés boursiers. Les effets de substitution dépendent des niveaux de prix entre produits concurrents comme l'aluminium et le cuivre dont la corrélation est très forte (0,7068). La complémentarité entre produits miniers se reflète dans leurs usages et dans les préférences des utilisateurs à choisir tel ou tel produit en fonction de ses qualités. Les effets de substitution et de complémentarité favorisent des mouvements de synchronisation des prix des produits et des coïncidences dans l'évolution de leur conjoncture.

En ce qui concerne les produits agricoles, les tests de corrélation indiquent également de fortes corrélations entre les produits de culture pérenne qui présente des caractéristiques d'évolution communes. Pour ces produits, les mécanismes d'ajustement entre la production et la consommation en réaction au prix présentent des similitudes en matière de retards de réaction et de comportement des producteurs sur les marchés internationaux. Les interactions entre marchés de matières premières débouchent aussi sur des mouvements joints qui sont provoqués par des facteurs macroéconomiques comme la demande globale, l'inflation, les taux de change et d'intérêt. De plus, ces mouvements joints peuvent déboucher, sous l'influence des phénomènes d'anticipation et de spéculation, sur des mouvements joints excessifs.

Les coïncidences dans l'évolution des conjonctures des marchés internationaux de matières premières montrent que les retards de réaction de la production et de la consommation par rapport aux fluctuations, à moyen terme, du prix se traduisent par des phénomènes de ressorts cycliques (*cf.* 4.3.).

4.3. COÏNCIDENCE DANS LES EVOLUTIONS DES CONJONCTURES DES MARCHES DE MATIERES PREMIERES ET DE L'ACTIVITE ECONOMIQUE GENERALE

Le rythme de l'activité économique générale exerce une influence sur la consommation de matières premières qui réagit avec retard et excès aux fluctuations des prix par des phénomènes de substitution, des mesures d'économie de la matière première lors d'une hausse de prix et une tendance au gaspillage dans le cas d'une baisse. Un ralentissement du rythme de l'activité économique générale ou une crise prolongée peut correspondre à une réduction de la demande de matières premières, à une accumulation des stocks et à un marché en situation de surproduction. En revanche, une croissance économique rapide peut encourager une augmentation de l'offre de matières premières, une diminution des stocks et déboucher sur un marché en situation de pénurie.

Ainsi, ces interactions permettent de s'interroger sur les liens qui peuvent exister entre les cycles endogènes des marchés de matières premières et les cycles exogènes de l'activité économique générale. Les phénomènes cycliques des marchés de matières premières et ceux de l'économie globale se superposent même s'ils obéissent à des mécanismes différents. Aussi, la dynamique des conjonctures des marchés de matières premières subit des chocs exogènes qui peuvent accélérer ou ralentir le processus cyclique de ces marchés. Mais, ces chocs exogènes, notamment la flambée des prix des produits énergétiques, reflètent le rythme de l'activité économique générale et conduisent souvent à des convergences dans l'évolution des conjonctures des marchés de matières premières (*4.3.1.*).

Des facteurs de court terme comme les phénomènes monétaires et boursiers se conjuguent à des phénomènes de plus long terme comme les décisions de produire et de consommer ou l'évolution des systèmes politiques et sociaux ou les successions des phases de récession (années 1980, notamment) et de reprise économique (début des années 1990, par exemple). L'action conjuguée des mécanismes endogènes et des chocs exogènes débouche sur des points de retournement des marchés de nombreuses matières premières marquant ainsi la simultanéité dans leur évolution (*4.3.2.*). De même, des perturbations de grande ampleur peuvent toucher plusieurs produits en même temps et rapprocher les dynamiques spécifiques de nombreux marchés (*4.3.3.*).

4.3.1. Superposition des phénomènes cycliques économiques et des mécanismes de ressorts cycliques sur les marchés de matières premières

L'analyse des interactions entre prix a montré que des relations causales instantanées ou décalées existent entre la plupart des couples de prix[55]. Mais l'observation des chroniques de prix et l'étude de chaque série montrent que les fluctuations sont caractérisées par des formes cycliques. De plus, les deux chocs pétroliers des années 1970 ont exercé des effets sensibles sur la plupart des prix des autres matières premières. De nombreux prix ont suivi le mouvement de hausse. Durant les années 1980, il s'est produit une baisse importante des prix mais elle n'a pas touché l'ensemble des produits et elle ne s'explique pas par une surproduction généralisée parce que les comportements des prix sur les marchés ne sont pas uniformes. L'ajustement de la production et de la consommation aux fluctuations des prix débouche généralement sur des retards de réaction entre la décision d'investissement en capacités de production et l'évolution du prix sur le marché. Les prix réagissent d'abord en fonction de la dynamique propre à chaque produit mais les réactions sont marquées par des temps de décalage. Les prix du café, par exemple ont réagi jusqu'au début des années 1970, en fonction du cycle de production optimum du café qui était de 20 à 25 ans[56]. Mais à partir de cette date, le modèle de production semble avoir été bouleversé par l'intensification des caféicultures colombiennes et brésiliennes.

L'expérimentation de variétés au cycle court entrent en production au bout de 18 à 24 mois mais leur durée de vie ne dépasse pas 7 à 8 ans. C'est ainsi qu'on n'observe plus de cycle long mais simplement des sauts de la production liés à la succession des flambées des prix internationaux (gelées au Brésil en 1975 et 1977, par exemple). La périodicité de la variation du prix du cacao oscille autour de 2 à 4 ans[57]. Cependant, si les mouvements de la consommation de cacao sont amples et lents, les évolutions irrégulières de la production provoquent des variations brutales et sensibles des prix. Pour les produits minéraux, l'évolution de la technologie de production favorise

---

[55] Ce paragraphe reprend une partie des résultats et des observations obtenues sur des calculs effectués par Saadi et Truong (1995) : *op. cit.* portant sur les phénomènes de ressorts cycliques sur les marchés internationaux de matières premières.

[56] Cooper R.N., (1992), *Economic Stabilization and Debt in Developing Countries*, The MIT Press, Cambridge, Massachusetts, p. 1-28.

[57] Ford D.I. (1978), *op. cit.*

une périodicité plus courte de la production. En effet, l'amélioration des techniques de production, de gestion et d'organisation du travail encourage une dynamique d'internationalisation des grandes entreprises et leur flexibilité stratégique surtout au niveau des filiales impliquées dans la production et la transformation des matières premières. Ainsi, les firmes multinationales peuvent augmenter ou réduire le taux d'utilisation de leurs capacités de production en fonction de l'évolution du prix international. Les tests que nous avons réalisés ont montré, en particulier, que les productions de l'aluminium et du zinc réagissent avec un retard d'un an, celle du cuivre réagit avec un retard de 2 ans (*cf. supra*, tableau 3.).

En effet, alors qu'il fallait 7 à 8 ans pour qu'une exploitation minière entre en production, il suffit, actuellement, en dehors du temps nécessaire à la prospection et aux autorisations administratives, de 3 à 4 ans pour extraire le minerai de nombreux produits. Des cas particuliers existent dans l'exploitation de certains produits miniers comme l'étain qui peut être extrait, selon sa localisation et dans des délais très courts, à la bâtée ou par aspiration. Cependant, les fluctuations des prix de la plupart des produits minéraux sont étroitement liés aux variations cycliques du PIB. Lorsque le prix du marché se maintient durablement à un niveau suffisamment élevé, la décision d'investissement en capacités de production ne se réalise que quelques années plus tard au moment où la demande commence à diminuer. La durée du cycle des grands métaux non ferreux varie généralement de 4 à 7 ans environ. Selon les produits, les différences dans la durée du cycle dépendent des délais de réalisation des nouveaux investissements et de l'entrée en production des nouvelles capacités.

Les prix de matières premières sont caractérisés par une grande volatilité. Toutes les séries présentent des pics élevés à des intervalles irréguliers. Afin d'étudier les interactions existantes entre les prix, il faut tenir compte de la dynamique particulière de chacun d'eux. La tendance des prix est examinée à travers les propriétés de chaque série. Le recours aux modèles linéaires et non linéaires, à partir de la méthode des MCO, permet d'estimer cette tendance mais n'empêche pas le phénomène d'autocorrélation des erreurs et une surestimation des paramètres. Par ailleurs, les effets exercés par les deux chocs pétroliers sur les prix des autres matières premières relèvent-ils des phénomènes d'« imitation », des réactions d'anticipation ou d'autres mécanismes ? Des interactions existent entre prix et elles ont été mises en évidence par les corrélations. En outre, la cointégration des séries confirme ces interactions et permet de montrer les tendances communes de certains produits. Les deux flambées des prix pétroliers ont perturbé ces interactions, comme d'ailleurs certains chocs exogènes (gel du café au Brésil en 1975 et 1977).

Les corrélations que nous avons calculées portent sur des prix mensuels de 9 produits (coton, caoutchouc, café, cacao, sucre, aluminium, plomb, cuivre et étain) avec des transformations logarithmiques. La période étudiée s'étend de 1950 à 1991, soit 504 données par produit, et les résultats sont présentés sur le tableau (*infra* 19). En ce qui concerne les produits agricoles, la corrélation la plus forte existe entre le café et le cacao (0,90). En tant que cultures pérennes, ces deux produits présentent des caractéristiques d'évolution communes. En raison des similitudes des mécanismes d'ajustement production-consommation-prix, la plupart des pays en développement producteurs prennent des décisions d'investissement en capacités de production à peu près à la même période.

Par ailleurs, les conditions climatiques exercent sur eux des effets similaires en provoquant des pénuries épisodiques sur les marchés. Cependant, cette corrélation est perturbée pendant les deux chocs pétroliers (*cf. infra*, tableaux 20 et 21). Le premier choc pétrolier a conduit à une corrélation faible (0,40) alors que le deuxième choc, amplifié par la spéculation boursière du groupe de Bogota ainsi que le gel de 1975 et 1977 sur le marché du café, explique une corrélation encore plus basse (0,37). Le couple caoutchouc-coton présente une forte corrélation avec (0,83). En effet, le caoutchouc est particulièrement lié au niveau d'activité de l'industrie automobile et le coton à celui de l'industrie textile. Les deux produits sont largement dépendants de la situation économique générale. Le couple caoutchouc-cacao est également fortement corrélé (0,80), plus que le couple caoutchouc-café (0,75). Mais, les liens du caoutchouc avec le café et le cacao semblent s'expliquer, en grande partie, par la nature pérenne de ces cultures et par les interventions de l'Etat dans la politique de production à travers notamment les prélèvements obligatoires ainsi que les incitations diverses à l'investissement en capacités de production. Par rapport au sucre, le couple sucre-coton présente la corrélation la plus forte (0,44). La corrélation la plus faible concerne le couple sucre-café (0,05). Le café est le produit principal de consommation alors que le sucre est associé à d'autres produits, y compris le cacao avec lequel le taux de corrélation est relativement plus élevé (0,21). Cette absence de corrélation trouve son explication dans le fait que les deux cultures ainsi que les destinations finales des deux produits sont très différentes. La plupart des couples de produits agricoles sont fortement corrélés (0,70) excepté le sucre avec le reste des produits.

Tableau 19 : *Corrélation des séries de prix mensuels*

Produits	*Sucre*	*Coton*	*Caoutchouc*	*Café*	*Cacao*	*Aluminium*	*Plomb*	*Cuivre*	*Etain*
Sucre	1	0,4464	0,3510	0,0543	0,2189	0,2291	0,2660	0,1025	0,3469
Coton	0,4464	1	0,8312	0,7018	0,7723	0,6648	0,7948	0,6508	0,8231
Caoutchouc	0,3510	0,8312	1	0,7521	0,8012	0,7880	0,8611	0,6941	0,7885
Café	0,0543	0,7018	0,7521	1	0,9012	0,6330	0,8172	0,5604	0,7695
Cacao	0,2189	0,7723	0,8012	0,9012	1	0,5782	0,8620	0,5207	0,8443
Aluminium	02291	0,6648	0,7880	0,6330	0,5782	1	0,8051	0,8533	0,6155
Plomb	0,2660	0,7948	0,8611	0,8172	0,8620	0,8051	1	0,7666	0,8376
Cuivre	0,1025	0,6508	0,6947	0,5604	0,5207	0,8533	0,7666	1	0,5431
Etain	0,3479	0,8231	0,7885	0,7695	0,8443	0,6155	0,8376	0,5431	1

Seuil d'acceptation : 1%.

En prenant en compte l'impact des deux chocs pétroliers, les résultats des tests présentent une diminution de la corrélation entre les produits au point de la rendre négative (tableau 20). En

1973-74, les corrélations sont négatives entre le sucre et les produits agricoles non alimentaires. C'est le cas du coton (-0,19) et du caoutchouc (-0,26). En 1979-80, elles sont négatives avec certains produits agricoles alimentaires (tableau 20). Avec l'impact du premier choc pétrolier, la corrélation sucre-cacao s'est sensiblement renforcée (0,62), alors qu'avec les répercussions du deuxième choc, elle est devenue fortement négative (-0,91). Les dynamiques des prix des deux produits ont évolué de manière tout à fait divergente. Enfin, en 1979-80, des corrélations négatives apparaissent entre certains produits agricoles alimentaires et non-alimentaires, en particulier entre le café et le coton (-0,42), entre le cacao et le coton (-0,83). Les produits miniers sont également fortement corrélés entre eux. C'est le couple aluminium-cuivre qui montre la corrélation la plus élevée (0,85) en raison des étroites relations de substitution et de complémentarité entre ces deux produits.

Tableau 20 : *Corrélation des séries de prix mensuels après le choc pétrolier de 1973-74*

Produits	*Sucre*	*Coton*	*Caoutchouc*	*Café*	*Cacao*	*Aluminium*
Sucre	1	-0,1935	-0,2671	0,1637	0,6209**	0,4044
Coton	-0,1935	1	0,7869**	0,3089	0,2169	0,4329
Caoutchouc	-0,2671	0,7869**	1	0,5821*	0,1565	0,4943*
Café	0,1637	0,3089	0,5821*	1	0,4078	07349**
Cacao	0,6209**	0,2169	0,1565	0,4078	1	0,7141**
Aluminium	0,4044	0,4329	0,4943*	0,7349**	0,7141**	1
Plomb	0,4853*	0,4919*	0,6300**	0,7876**	0,6718**	0,8581**
Cuivre	-0,0975	0,6341**	0,7785**	0,7995**	0,4718*	07186**
Etain	0,6580**	0,2095	0,2837	0,6866**	0,8007**	0,9352**

Seuil de signification : * : 1%; ** : 5%.

Mais, en intégrant l'impact des deux chocs pétroliers dans les calculs, les résultats présentent des coefficients de (0,71) en 1973-74 et de (0,53) en 1978-79). Le couple plomb-étain arrive en deuxième position (0,83) parce que les deux produits sont surtout dépendants du niveau d'activité économique générale. Cette situation s'explique également par les effets de substitution entre le plomb et l'étain dans les travaux de soudure, par exemple. Alors que la corrélation est plus forte en 1973-74 (0,86), elle est négative en 1978-79 (-0,34) et lorsque le prix du plomb augmente, le prix de l'étain diminue et inversement. C'est le cas également du couple aluminium-plomb (-0,14 en 1978-79). D'autre part, les corrélations les plus faibles, sont celles des couples étain-cuivre (0,54) et étain-aluminium (0,61).

Tableau 21 : *Corrélation des séries de prix mensuels après le choc pétrolier de 1979-80*

Produits	Sucre	Coton	Caoutchouc	Café	Cacao	Aluminium
Sucre	1	0,9153**	0,3124	-0,4173	-0,9190**	0,3458
Coton	0,9153**	1	0,4754*	-0,4258	-0,8380**	0,4201
Caoutchouc	0,3124	0,4754	1	0,2632	-0,1953	0,8112*
Café	-0,4173	-0,4258	0,2632	1	0,3738	0,4216
Cacao	-0,9190**	-0,8380**	-0,1983	0,3738	1	-0,2234
Aluminium	0,3458	0,4201	0,8112**	0,4215	-0,2234	1
Plomb	-0,8973**	-0,8008**	-0,0605	0,4921*	0,8752**	-0,1459
Cuivre	-0,2692	-0,1372	0,4756*	0,2096	0,4336	0,5351*
Etain	0,5581*	0,5314*	0,6886**	0,2734	-0,4075	0,8966**

Seuil de signification : * : 1%; ** : 5%.

En définitive, il semble que les fortes corrélations qui ont pu exister entre les produits, à certains moments, ont été sensiblement perturbées par les chocs de grande ampleur (flambées des prix pétroliers, spéculations boursières, conditions climatiques pour les produits agricoles, dépression économique, etc.). En données annuelles, les tests de cointégration permettent, si on élimine les années 1973-1974 et 1979-1980, de confirmer les relations stables à long terme entre les prix des matières premières comme le montrent les résultats du tableau (22). Ainsi, l'enchaînement des phases de hausse et de baisse des prix de matières premières présente un aspect simultané et ce phénomène aboutit donc à l'hypothèse d'un parallélisme de l'évolution des prix en moyenne période avec des décalages.

Le paradoxe est que les résultats, en données mensuelles (tableaux 19 à 21), ne permettent pas de montrer une relation cointégrée entre les prix des matières premières alors qu'elle existe en données annuelles. Pour des raisons de commodité, il a fallu éliminer les mois pendant lesquels les prix ont subi de grandes perturbations en 1973 et 1979. En données mensuelles, les prix agricoles et miniers ne semblent pas présenter de tendance commune nette alors qu'en données annuelles, les tests sont positifs. Les résultats en données mensuelles peuvent trouver leur explication dans les deux chocs pétroliers (1973-1974, 1979-1980) ou dans les chocs exogènes de court terme.

Tableau 22 : *Tests de cointégration des prix en sous-périodes*

Produits métalliques	1970-73	1973-79	1979-89
Cuivre et Plomb	-0.207 (2.5)	0.504 (2.81)	0.014 (1.222)
Cuivre et Etain	-0.113 (-1.18)	0.01 (1.848)	0.114 (0.32)
Plomb et Etain	-0.18 (-2.17)	0.11 (3.3)	0.04 (1.52)
Produits agricoles			
Cacao et Caoutchouc	0.26 (-2.36)	0.118 (-3.29)	0.008 (-1.48)
Café et Caoutchouc.	0.229 (-2.05)	0.078 (-2.9)	0.133 (-2.55)
Café et Coton	0.204 (-2.15)	0.04 (-1.03)	0.129 (-1.57)
Coton et Cacao.	0.15 (1.10)	0.047 (-1.739)	(0.071 (-1.64)
Cacao et Café.	0.48 (-3.13)	0.207 (-1.17)	0.235 (-3.87)
Caoutchouc et Coton.	0.105 (1.347)	0.215 (-2.511)	0.131 (-2.2)

Pour chaque régression de cointégration du type (Modèle 3), les nombres indiqués correspondent respectivement aux valeurs du test de CRDW et du test T de Dickey et Fuller entre parenthèses.

Il y a des relations stables à long terme entre les prix mais elles sont perturbées à court et à moyen terme par des chocs exogènes (mouvements spéculatifs, conditions politiques et sociales, conditions climatiques etc.). Dans les deux dernières décennies, les hausses des prix du pétrole de 1973-1974 et 1978-1979 se présentent comme deux perturbations mais leur influence sur les prix des produits reste mitigée. Les prix de certains produits, comme le sucre (1969), le cacao, le café, le plomb, l'aluminium, l'étain, le cuivre (1972), ont commencé à grimper bien avant le premier choc pétrolier qui n'a fait qu'accentuer la hausse par des réactions d'anticipation appuyées par les revendications des pays en développement producteurs (Maizels, 1992)[58]. Cependant, les prix du caoutchouc, du café, et du coton ont même baissé en 1974, année de flambée des prix pétroliers.

4.3.2. Les points de retournement des conjonctures des marchés de matières premières

Les chocs exogènes bouleversent les mouvements de prix et y introduisent des perturbations d'ampleurs différentes (guerre de Corée, suppression de l'indexation du dollar à l'or et retour aux changes flottants en 1971, les deux chocs pétroliers de 1973 et 1979, etc.). Quant aux points de retournement, ils relèvent de l'action conjuguée des mécanismes endogènes et des chocs exogènes. Les chocs exogènes peuvent accélérer ou retarder ces points de retournements. Les années 1980 étaient caractérisées pour de nombreux produits par une baisse prononcée des prix et une surproduction durable. L'observation des prix de tous les produits (agricoles et miniers) montre effectivement une baisse durant les années 1980[59]. Pour tous les produits, des retournements à la hausse se sont produits en 1983-84 ou 1987-88. Seuls les prix du coton ont baissé en 1988.

Cependant, l'étude des sous-périodes des séries de prix de certains produits permet de constater qu'il y a des changements de tendance. C'est le cas, du café, du cacao, du caoutchouc, et du coton, pour les produits agricoles, de l'aluminium, du cuivre, et du plomb pour les produits métalliques. Afin de détecter les phénomènes de retournement des prix des matières premières, l'utilisation des régressions à coefficient variant dans le temps permet d'exprimer la tendance non linéaire des prix. La relation structurelle liant la variable expliquée à la variable explicative est supposée constante dans le temps.

---

[58] Maizels A. (1992), *op. cit.*, p. 9-14.

[59] Les calculs et les estimations ont été réalisés avec l'aide du logiciel NONLIN 30.

L'introduction de perturbations comme point de retournement permet de tester les coefficients de l'équation :

$$y = ax + b$$
$$\begin{Bmatrix} a = a_1 ; t \langle t_0 \\ a = a_2 ; t \geq t_0 \end{Bmatrix} \qquad (4.3.2.)$$

avec t_0 choisi parmi les années 1973, 1974, 1979 et 1980 selon le critère du maximum de vraisemblance dans les séries chronologiques de notre échantillon.

L'analyse spectrale permet ensuite de détecter la composante cyclique des séries de prix en calculant le spectre de chaque série. Cette composante cyclique est vérifiée par des modèles sinusoïdaux avec la méthode d'estimation du maximum de vraisemblance :

$$P = f(t) + A \times \sin\left\{2\pi \times \frac{t - phase}{pé\ riode}\right\} + \mu \qquad (4.3.3.)$$

avec $P = T + C + \mu$, P représente la série de prix, T la tendance, C la composante cyclique et μ un bruit blanc ; $f(t) = at + b$ ou $f(t) = a + bt + \sum ct^i$; t unité de temps; a, b, c, des paramètres; À l'amplitude du cycle.

Si les séries de prix présentent une tendance non-linéaire et/ou des ruptures de tendance, l'utilisation des régressions à coefficients variant dans le temps permettra de détecter la tendance linéaire par morceaux. Sur chaque période, la relation structurelle liant la variable expliquée à la variable explicative est supposée constante dans des conditions homogènes. La modélisation des composantes de tendance et de cycle repose sur les équations suivantes :

$$P = \begin{Bmatrix} at + b + A \times \sin\left[2\pi \times \dfrac{t - phase}{pé\ riode}\right] + \mu ; t \langle t_0 \\ ct + d + A \times \sin\left[2\pi \times \dfrac{t - phase}{pé\ riode}\right] + \mu ; t \geq t_0 \end{Bmatrix} \qquad (4.3.4.)$$

avec t_0 choisi parmi les années 1973, 1974, 1979 et 1980 selon le critère du maximum de vraisemblance; d un paramètre.

La période d'étude couvre 1970-1989 en prix mensuels et en dollars courants. Le critère retenu pour les années de retournement est lié aux estimations des régressions non-linéaires du modèle (4.3.2.) dans lequel t_0 représente les années 1973, 1974, 1979, 1980. Ces années réunissent un grand nombre de bouleversements. Après avoir testé le modèle (4.3.2.) pour les années déjà citées, seule l'année qui a la somme des carrés des résidus minimum est retenue. Les résultats obtenus montrent un changement de signe autour de 1980 pour la plupart des prix de matières premières sauf pour le cuivre et l'aluminium. Le cacao et le café ont connu leur point de retournement en 1977. De 1980 à 1989, les prix du cacao, du café, du caoutchouc, du coton, du plomb et de l'étain marquent une tendance à la baisse. L'aluminium et le cuivre sont les seuls produits dont les graphiques présentent une tendance à la hausse sans point de retournement. En ce qui concerne l'aluminium, la diminution très sensible de ses coûts de production et la reprise économique du début des années 1980 ont permis de relancer la consommation et d'aboutir à un relèvement du prix.

Les résultats des calculs que nous avons effectués montrent qu'il existe des interactions entre les conjonctures des marchés internationaux de matières premières et l'évolution de l'activité économique générale dans les principaux pays consommateurs. Les mécanismes cycliques endogènes des marchés de matières premières et les cycles exogènes de l'activité économique générale sont deux phénomènes qui interagissent même s'ils relèvent de mécanismes différents. En effet, la consommation de nombreuses matières premières dépend étroitement du niveau de l'activité économique tant en termes de production industrielle et de transformation qu'en termes de pouvoir d'achat. Aussi, les fluctuations des prix de la plupart des matières premières sont, en général, étroitement liées aux variations cycliques du PIB des principaux pays industrialisés.

En outre, les deux chocs pétroliers des années 1973-1974 et 1977-1978 ont entraîné des perturbations sur de nombreux marchés de matières premières et débouché sur une convergence dans l'évolution des conjonctures de plusieurs produits. De même, le rythme de l'activité économique générale influence de manière sensible la dynamique des marchés de nombreux produits comme la phase de récession économique des années 1980 qui a coïncidé avec plusieurs marchés de matières premières en situation de surproduction et des prix déprimés. Mais, depuis le début des années 1990, la reprise économique que connaissent certains pays industrialisés (Etats-Unis, Grande-Bretagne, notamment) ainsi que le dynamisme économique de certains pays asiatiques (Chine, Corée du sud, par exemple) exercent une pression à la hausse sur les prix de nombreuses matières premières.

Conclusion

La dynamique économique des principaux pays industrialisés et l'évolution de la consommation mondiale de matières premières sont étroitement liées. Les périodes pendant lesquelles la consommation est élevée correspondent généralement à un rythme rapide de l'activité économique générale qui a tendance à entraîner, en même temps, une hausse des prix des matières premières. Aussi, une forte demande de matières premières a encouragé des changements dans la technologie de production et la recherche de produits-substituts.

Cependant, l'utilisation des produits-substituts reste limitée par la spécificité des besoins, comme la préférence pour le caoutchouc naturel en milieu médical (usage de gants stériles, par exemple), et par les contraintes d'environnement qui sont imposées par des législations draconiennes. Les produits synthétiques sont essentiellement fabriqués grâce à des produits pétroliers qui sont réputés très polluants. Les phénomènes monétaires ont également entraîné un ralentissement de la consommation de matières premières. En effet, les hausses des prix des matières premières consécutives aux deux chocs pétroliers de 1973-74 et 1978-79 ont accru la pression inflationniste et provoqué des politiques monétaires et fiscales restrictives afin de diminuer l'inflation et de rééquilibrer les balances commerciales des pays consommateurs.

Les relations entre les prix des matières premières et le niveau général des prix conduisent aussi à constater que des interactions existent entre les prix des matières premières. Elles ont été vérifiées, dans cette recherche, par les tests de corrélation qui confirment que de nombreux marchés de matières premières sont interdépendants notamment en raison des phénomènes de substitution et de complémentarité entre produits.

Les résultats des tests de corrélation ont montré de fortes corrélations entre produits miniers qui subissent facilement les phénomènes de substitution et présentent les caractéristiques de la complémentarité en raison de leur importance dans le processus de production industrielle (substitution d'un produit minier par un autre moins cher lorsque la technologie de production le permet). L'application des tests de corrélation sur les séries de prix du café, du cacao, du caoutchouc et du coton a également montré que ces quatre produits sont fortement corrélés. Le café, le cacao et le caoutchouc sont des produits de culture pérenne dont les conjonctures de marchés présentent des caractéristiques d'évolution communes. Le processus d'ajustement entre la production et la consommation par rapport au prix est similaire pour chacun de ces produits.

En outre, les phénomènes d'anticipation et les opérations boursières spéculatives ont tendance à favoriser un mouvement joint des prix des matières premières en raison d'un comportement moutonnier (*herd behavior*) des opérateurs. Ce mouvement joint peut déboucher sur une bulle spéculative qui éclate lorsque les opérateurs constatent que la hausse des prix ne correspond pas aux conditions réelles de production et de consommation sur le marché concerné (mini krach boursier d'octobre 1987, par exemple).

Néanmoins, le phénomène de mouvement joint illustre parfaitement les interactions qui existent entre de nombreux marchés de matières premières et les coïncidences d'évolution de leurs conjonctures. De même, les facteurs macro-économiques tels que la demande globale, l'inflation, les taux de change et d'intérêt peuvent également favoriser une tendance commune d'évolution des prix des matières premières. Mais, les coïncidences dans l'évolution des conjonctures des marchés internationaux de matières premières dépendent des mécanismes cycliques endogènes de ces marchés.

Or, ces mécanismes cycliques endogènes sont principalement le résultat des comportements des acteurs du marché et de l'économie du produit. Leur évolution conduit à des coïncidences. En effet, les cycles endogènes des matières premières et les cycles exogènes de l'activité économique générale se superposent même s'ils obéissent à des mécanismes différents. De même, les phénomènes boursiers relèvent du court terme et se lient à des phénomènes de plus long terme qui portent sur les décisions d'investissement, de produire ou de consommer.

Dans les principaux pays consommateurs (Etats-Unis, Allemagne, France, Italie, Japon, Grande-Bretagne, Canada, Benelux, Espagne, notamment), les systèmes politiques et sociaux se transforment tous les cinq ou six ans au fil des « cycles politiques ou électoraux » mettant en œuvre ou prolongeant des politiques économiques qui ont des répercussions sur l'évolution du pouvoir d'achat et de la consommation. La réunification de l'Allemagne par l'absorption de la RDA en 1991 traduit aussi cette évolution des institutions des systèmes politiques et sociaux.

En réalité, l'évolution cyclique de l'activité économique générale se reflète dans le passage d'une phase de croissance durant les années 1960 et 1970 accompagnée d'une forte demande de matières premières à une phase de dépression pendant les années 1980 au cours lesquelles la consommation de nombreuses matières premières était ralentie et leurs prix déprimés. Mais, depuis le début des années 1990, la hausse des prix de plusieurs produits traduit une reprise de la demande suscitée par une relance de la croissance économique atteignant, ces deux dernières années, une moyenne de 6 à 7% dans de nombreux pays consommateurs (Etats-Unis, Grande-Bretagne, notamment). Cependant, le dynamique économique des pays du Sud-Est asiatique (Corée du Sud, Japon, Chine, Taiwan, etc.) a exercé une pression à la hausse sur les prix des matières premières tant minérales qu'agricoles.

CHAPITRE 5

L'INFLUENCE DES PROGRAMMES DE DEVELOPPEMENT DES PAYS PRODUCTEURS SUR LES CONJONCTURES DES MARCHES DE MATIERES PREMIERES

L'histoire des marchés internationaux de matières premières est, comme nous l'avons déjà vu, marquée par un enchaînement de phases d'excédents et de pénurie qui résulte des phénomènes de retards de réaction dans le processus d'ajustement à moyen-long terme production-consommation-prix. Ces phénomènes de retards de réaction présentent des similitudes sur de nombreux marchés de matières premières alors que les spécificités d'autres marchés de produits conduisent à une évolution autonome de leurs conjonctures. Ils entraînent des fluctuations pluriannuelles des prix qui peuvent être affectées par les comportements des producteurs en matière de décisions d'investissement en capacités de production, de stratégies de développement, d'adhésion à des accords internationaux de produit, etc. Les matières premières exploitées occupent généralement une part prépondérante dans l'économie et les recettes d'exportation de nombreux pays producteurs qui fondent leurs stratégies de développement sur les recettes d'exportation. Aussi, les programmes de développement étaient étroitement liés à l'évolution des recettes d'exportation dont une part non négligeable a été affectée à des projets d'investissement peu rentables économiquement.

La première flambée des prix des matières premières de 1973-74 a encouragé la plupart des pays en développement producteurs à lancer d'importants investissement en capacités de production et de vastes programmes nationaux de développement. Or, au cours des années 1980, la plupart des marchés de matières premières ont connu un retournement qui s'est traduit par une baisse des prix sur de nombreux marchés en situation de surproduction, aggravée par le ralentissement de l'activité économique générale dans les principaux pays industrialisés. La dépression des prix des matières premières, la chute des recettes d'exportation et les charges financières récurrentes des investissements de la période précédente ont entraîné un alourdissement de la dette des pays en développement producteurs et une détérioration de leur situation économique.

La saturation des marchés a conduit les producteurs dans un rôle de régulateurs forcés mais leur réaction a été retardée et excessive. Aussi, les mesures de libéralisation des filières de commercialisation qui ont été prises dans de nombreux pays producteurs ont pour objectifs principaux de raccourcir les phases de surproduction, de fixer un prix au producteur proche du prix international. L'évolution des conjonctures des marchés de matières premières montre que, sur le moyen-long terme, des mouvements simultanés de hausses et de baisses des prix ont touché de nombreux marchés. Elle permet de s'interroger sur la nature des facteurs globaux communs qui favorisent une divergence ou une convergence dans les évolutions des conjonctures des marchés internationaux de matières premières.

La section (5.1.) montre la simultanéité des vagues d'investissement en capacités de production dans les pays en développement producteurs. La deuxième section explique comment ont évolué les recettes d'exportation et les programmes nationaux d'investissement. Elle analyse le processus par lequel les pays producteurs se sont retrouvés endettés et en position de régulateurs forcés des marchés de matières premières (5.2.). La troisième section présente les facteurs globaux communs de régulation des marchés internationaux de matières premières et montre la coïncidence dans leur évolution (5.3.).

5.1. SIMULTANEITE DES VAGUES D'INVESTISSEMENTS EN CAPACITES DE PRODUCTION DANS LES PAYS EN DEVELOPPEMENT PRODUCTEURS

Le processus de croissance et de développement de la plupart des pays en développement producteurs repose largement sur les filières de matières premières, en particulier celles des produits d'exportation. Les recettes tirées des produits d'exportation permettent de financer les importations de biens de consommation et de services destinés à l'investissement, et de dégager un surplus pouvant être affecté à l'investissement. Mais, ces filières de produits d'exportation ne participent au financement du développement des pays producteurs que lorsqu'elles procurent un surplus et que les recettes d'exportation de matières premières ne servent pas seulement à l'importation de biens de consommation. Les principaux pays en développement producteurs ont ainsi appuyé, en grande partie, leur politique de développement notamment depuis les années 1970 sur les prélèvements opérés sur les filières de commercialisation et leur affectation au financement des programmes d'investissements. Ces prélèvements servent à financer soit les investissements dans des biens publics (équipements d'éducation et de santé, infrastructures de transport, etc.) soit les investissements dans des établissements publics (entreprises publiques, offices de commercialisation, etc.). Les investissements en capacités de production sur les marchés internationaux des produits miniers sont marqués par les effets de la flambée des prix des années 1970 et celles des nationalisations des entreprises de production dans de nom-breux pays en développement (*5.1.1.*). Le développement de la production sur les marchés internationaux des produits agricoles résulte, en partie, d'un système d'incitations diverses qui porte notamment sur la fourniture d'intrants, des facilités de crédits, le bénéfice d'un encadrement (*5.1.2.*).

5.1.2. Politiques d'incitations et investissements en capacités de production sur les marchés de produits miniers

Une politique d'incitations consiste à mettre en place des instruments qui influencent les décisions des producteurs de la filière d'une matière première. Ces incitations peuvent porter sur une augmentation ou une réduction de la production, un perfectionnement ou une détérioration de la qualité du produit, un encouragement ou une négligence de l'entretien des capacités de production et de l'investissement. Elles peuvent être initiées par l'Etat ou par des opérateurs privés. L'intervention d'un Etat dans une filière de matière première peut se réaliser soit par l'intermédiaire d'instruments explicites tels que la mise en place d'un système de prix-producteur, l'octroi de subventions, des facilités de crédit, l'imposition de taxes, ou de manière indirecte par l'organisation de la filière, l'orientation du cadre institutionnel et du système financier.

De nombreux marchés internationaux de produits miniers sont dominés par de grandes firmes internationales constituant un oligopole qui a favorisé la fixation d'un prix-producteur qui est resté en vigueur jusqu'au début des années 1980 selon les produits ou qui reste indicatif grâce à des mesures de libéralisation des filières de commercialisation. Les indépendances des pays producteurs se sont également traduites par de nombreuses nationalisations de firmes minières et par l'instauration d'un prix administré des produits miniers. Pendant les années 1970, les fortes fluctuations des prix des produits miniers ont débouché sur deux grandes vagues d'investissements, l'une s'étalant entre 1973 et 1975, et l'autre entre 1979 et 1981 touchant la plupart des marchés. Durant la période 1973-75, encouragées par une croissance soutenue de la consommation jusqu'en 1974, les grandes firmes internationales ont ouvert de nouvelles mines. Des mines de nickel ont été ouvertes notamment aux Philippines et en Australie, des mines de cuivre en Papouasie Nouvelle Guinée et en Indonésie, des mines de bauxite-aluminium en Australie, en Nouvelle-Zélande, en Indonésie, au Venezuela et au Brésil.

Par ailleurs, l'augmentation des capacités de production a favorisé les phénomènes d'économie d'échelle. Sur le marché du cuivre, une unité de production peut atteindre et même dépasser 200 000 tonnes/an et la taille minimum d'une fonderie s'élève à 120 000 tonnes/an. Sur le marché de l'aluminium, la capacité minimum est passée de 40 à 120 000 tonnes/an et la capacité maximum peut avoisiner 200 000 tonnes/an. Les capacités d'exploitation de l'alumine sont passées de 200 à 600 000 tonnes/an et peuvent aller jusqu'à 1 million de tonnes. Le premier boom d'investissement de 1973 à 1975 était surtout lancé pour conserver ou accroître des parts de marché en raison de l'accès très limité aux gisements les plus riches et en raison du contrôle étatique de la plupart des gisements des pays en développement producteurs[1]. D'une manière générale, la part de la production de certains minéraux et métaux contrôlée par l'Etat a sensiblement augmentée durant les années 70 mais également jusqu'au milieu des années 80, autant dans les pays développés que dans les pays en développement (tableau 23).

Tableau 23 : *Part en % de la production mondiale contrôlée par l'État de certains minéraux et métaux entre 1975 et 1993*

Minéral/Métal	*Pays développés*				*Pays en développement*			
	1975	1984	1989	1993	1975	1984	1989	1993
Bauxite	3,5	6,9	5,4	nd	16,9	22,3	24,4	22,6
Alumine	8,4	14,7	13,3	6,4	4,5	6,3	9,8	6,6
Aluminium	11,9	19,9	22,1	13	3,5	8,5	11	8,8
Minerai de cuivre	3	7,7	3,3	1	31,3	38	35,7	23
Cuivre affiné	2,8	5,5	3,3	nd	18,9	27,2	26,2	20
Minerai de plomb	6,5	9,9	5,7	2,3	5,9	8,1	6,5	4,1
Minerai de nickel	1	13,9	11,7	5,1	2,6	6,7	6,4	9
Nickel affiné	1,3	10,3	12,5	4,5	nd	2,7	2,3	1,7
Minerai d'étain	0,4	1,4	nd	2,2	27,2	28,5	20,3	26
Etain affiné	0,3	1	nd	nd	13,5	26,7	25,8	46
Minerai de zinc	6	8,6	7,3	5	8,7	10,1	9	8
Zinc affiné	9,4	11,7	8,9	8	4,6	7	5,5	3

NB : non compris l'ex-URSS, les pays de l'Europe orientale et les pays socialistes d'Asie.

Source : Participation de l'État et privatisation dans le secteur des minéraux, Rapport du Secrétariat de la CNUCED, TD/CN.1/GE.2/2, 30/08/1995.

[1] CNUCED (1995), « Participation de l'État et privatisation dans le secteur des minéraux », Rapport du Secrétariat de la CNUCED, TD/CN.1/GE.2/2, 30 août 1995.

En outre, le système de prix-producteur et le contrôle du marché international par un oligopole permettaient l'ouverture de nouvelles mines en couvrant les coûts de production.

Le premier boom d'investissement (1973-75) a entraîné des comportements spécifiques des principaux producteurs sur les marchés de produits miniers :

– un niveau de prix élevé et une demande soutenue ont encouragé la mise en exploitation des mines marginales et des gisements à faible teneur en minerai. Ce comportement s'est traduit par des rentes différentielles élevées et la priorité pour le maintien des rentes absolues permettant ainsi de conserver la capacité de régulation des marchés. Les nouveaux projets d'Inco, pour le nickel par exemple, se sont placés dans cette perspective.

– un mouvement d'intégration vers l'amont des firmes de raffinage a été déclenché dans le but d'assurer leurs sources d'approvisionnement et de consolider leur position sur le marché international.

– une dynamique de diversification des sources d'approvisionnement et de production est apparue sur des marchés à fort potentiel de croissance en privilégiant les gains de parts de marchés au détriment des coûts de production. À partir de 1970, les grandes firmes nord-américaines ont intensifié leurs activités de prospection sur le territoire américain et elles ont été rejointes par des firmes canadiennes notamment Noranda. Les firmes européennes ont réduit leurs activités d'exploration dans les pays en développement alors qu'elles ont renforcé leurs liens avec les firmes américaines. De nouveaux concurrents se sont introduits sur le marché pour bénéficier de rentes absolues mais le potentiel de croissance des marchés n'a pas toujours permis de dégager des marges bénéficiaires. La réduction des coûts de production et l'obtention des rentes différentielles s'inscrivent dans une stratégie d'investissement à moyen-long terme.

Le deuxième boom d'investissement de 1979 à 1981 était essentiellement axé sur la réduction des coûts de production. Ainsi, les investissements étaient lancés soit pour diminuer les coûts des opérations existantes soit pour obtenir de nouvelles opportunités de rentes différentielles, minières et surtout énergétiques. En effet, la flambée des prix des produits énergétiques a entraîné de profonds bouleversements sur les marchés internationaux des produits miniers notamment l'éclatement des oligopoles, la fin du système des prix-producteurs et le passage à un régime concurrentiel surréactif[2]. Cette deuxième vague d'investissement (1979-81) est très marquée par la volonté des producteurs de garder le contrôle du marché, mais sans succès, et surtout par l'entrée de nouveaux producteurs, essentiellement les firmes pétrolières, sur le marché de l'aluminium en particulier.

En outre, en raison des nationalisations qui ont également marqué les années 1970, un mouvement d'intégration en aval et une diminution très sensible de l'investissement direct à l'étranger dans les pays en développement producteurs de la part des firmes multinationales ont entraîné une orientation des activités vers la vente de technologie, d'ingénierie, de services financiers et de gestion. L'ensemble de ces facteurs s'est répercuté sur l'évolution de la production mondiale des produits miniers. De plus, en raison des mécanismes de retards de réaction que connaissent les marchés internationaux, l'instabilité des prix a poussé les firmes minières vers la diversification de leurs activités dans des produits à forte demande[3]. Ainsi, au cours des années 1970, de nombreuses firmes minières (Inco, RTZ, Noranda, Asarco, Newmont, notamment) ont engagé de lourds investissements dans le pétrole et le gaz (*cf. infra*, tableau 24).

Sur le marché international des produits miniers, la production mondiale a fortement augmenté en deux décennies entraînant un bouleversement des parts de marché. Sur le marché international du nickel notamment, les parts des firmes traditionnelles ont été grignotées par de nouveaux entrants (*cf. infra*, tableau 25).

---

[2] De Sà P., (1992), *op. cit.*

[3] *Idem, op. cit.*

Tableau 24 : *Acquisitions de sociétés pétrolières par des firmes de l'industrie du cuivre*

Compagnie pétrolière	*Capacité (kt/an)*	*Firme minière*	*Date du rachat*
Union Oil	5	Cyprus Pima (25%)	1961
Cities Service	90	Cities Service	1963
Superior Oil	21	Falconbridge (42%)	1966
Pennzoil	126	Duval	1968
Shell	19	Biliton	1970
Socal/Chevron	32	Amax (21%)	1975
Louisiana Land	45	Copper Range	1977
Exxon	50	Cia Minera Disputada	1977
Atlantic Richfield	238	Anaconda	1977
Amoco	81	Cyprus Mines	1979
British Petrolium	17	Seltrust Mines	1980
Sohio	375	Kenecott	1981
Total en 1981	*1099*		

Source : Pither J.-P., (1982), cité par De Sà P., (1992), *op. cit.*

De 1973 à 1993, la production mondiale de cuivre affiné a régulièrement augmenté en volume. L'évolution de la production montre une baisse de 5,52% en 1975 vite compensée en 1976, une autre chute de 1,73% en 1982 compensée en 1983. La production de cuivre a également baissé de 1,71% en 1984 et l'augmentation de son volume en 1985 a comblé le déficit annuel précédent[4]. À moyen-long terme, l'accroissement de la production mondiale de cuivre raffiné était de 7,86% entre 1973 et 1978, de 10,89% entre 1973 et 1980, de 13,62% entre 1973 et 1983, de 16,75% entre 1973 et 1986, de 26,34% entre 1973 et 1990. En vingt ans, la production mondiale de cuivre raffiné a progressé de près d'un tiers. En deux décennies, le Chili est devenu le deuxième producteur mondial de cuivre raffiné juste derrière les Etats-Unis mais devant le Japon et la Russie-C.E.I. grâce au faible niveau de ses coûts de production. Il a presque triplé sa production pendant cette période malgré une demande faible et des prix bas. La Chine a également triplé sa production surtout depuis les années 1980.

[4] Nappi C., (1990), *op. cit.*

Tableau 25 : *Évolution des parts de marché des producteurs de nickel entre 1955 et 1976*

Firmes	*Pays*	*1955*	*1965*	*1970*	*1974*	*1976*
Firmes leaders						
Inco	Canada	67,1	61,1	43,9	39,1	35
SLN	France	5,1	8,7	10,8	9,6	11,5
Falcondridge	Canada	9,4	9	7,1	6,4	6,1
Total 1						
Nouveaux entrants						
Sherrit Gordon	Canada	6,5	3,3	1,9	2,1	2,1
Hanna Mining	USA	4,1	3,1	2,2	2,2	2
Western Mining	Australie	nd	nd	3,4	7,2	8
Autres		7,8	14,8	30,7	33,4	35,3
Total 2		18,4	21,2	38,2	44,9	47,4

Source : De Sà P., (1990), *Le Nickel*, Paris, Economica, p. 26.

L'accroissement de la production chilienne et chinoise de cuivre raffiné s'est fait au détriment de nombreux producteurs traditionnels comme la Zambie, le Canada, l'URSS-C.E.I. et le Zaïre. La production de la Russie-CEI a diminué de moitié en vingt ans ainsi que celle de la Zambie. Celle du Zaïre s'est complètement effondrée à 0,35% de la production mondiale alors qu'elle en représentait 3,77% deux décennies plus tôt. Quant à celle du Canada, elle a stagné durant cette période et son niveau de 1993 est même plus bas que celui de 1973. L'évolution de la production mondiale de cuivre raffiné marque une tendance à la baisse de 1976 à 1979 après une croissance soutenue jusqu'en 1975 qui correspond à un pic. Cependant, en 1974, des besoins de stockage stratégique suscités par le premier choc pétrolier et les risques de rupture d'approvisionnements ont entraîné une forte demande qui peut signifier que le marché se trouvait en situation de pénurie. Cette période de pénurie a été suivie par une augmentation relativement forte du prix en 1980 et un redressement sensible et régulier de la production qui peut s'expliquer par le deuxième choc pétrolier de 1978-1979 qui a donc entraîné des réactions décalées sur la production.

Sur le marché international de l'aluminium de première fusion, les effets du renchérissement des prix des produits énergétiques sont très sensibles dans la mesure où l'énergie occupe une part importante dans les coûts de production[5]. Ainsi, la production mondiale d'aluminium de première fusion a baissé de 8,64% en 1975 juste après le premier choc pétrolier. Entre 1973 et 1975, elle a légèrement chuté de 0,15% mais, entre 1976 et 1978, elle a augmenté, en moyenne de 10,48% en raison des restructurations dans l'industrie. Le deuxième choc pétrolier a entraîné une autre réduction moyenne de la production mondiale entre 1979 et 1982 avec 8,55%. De 1983 à 1986, la hausse moyenne de la production d'aluminium s'est élevée à 8,37% avec un pic de 10% en 1984. La hausse moyenne la plus forte de la production d'aluminium se situe entre 1987 et 1990 avec 15% en raison de l'entrée sur le marché de nouveaux producteurs comme Bahreïn et l'Indonésie.

Mais la Norvège et l'Inde ont consolidé leurs parts de marché et la production de la Chine est passée, en vingt ans, de 170 000 à 1 220 400 tonnes avec une forte accélération durant les années 1980. Le Canada a également plus que doublé sa production d'aluminium de première fusion en deux décennies. Le quart de cette production a été développé au cours des cinq dernières années. Sur le marché international de l'étain, la production minière mondiale est marquée par une croissance négative de 7,14% au cours de la période 1973-1983 et par une quasi-stagnation entre 1973 et 1993. Les fluctuations annuelles de la production minière mondiale d'étain conduisent à une croissance tendancielle faible sinon négative. Il faut rappeler que, de 1956 à 1985, le marché international de l'étain a été soumis à un accord international de produit reconduit six fois et qui a relativement bien fonctionné en stabilisant les flux de production et de consommation et en maintenant le prix dans une fourchette sous le contrôle d'un stock régulateur et d'un système de contingentement des exportations[6].

En outre, l'importance du volume du stock stratégique américain et ses nombreuses interventions sur le marché international ont pesé sur les prix et freiné le rythme de croissance de la production ainsi que des investissements en capacités. Aussi, au cours des vingt dernières années, la progression de la

[5] Nappi C., (1994), *op. cit.*
[6] Calabre S., (1991), *op. cit.*

production minière d'étain a été souvent négative et parfois plusieurs années de suite, comme de 1980 à 1983 ou en 1990 et 1991. De même, la Chine a développé sa production minière d'étain dans une proportion de 1,5 au cours de deux décennies passant devant la Malaisie qui est restée longtemps premier producteur mondial. Quant à la production de la Grande-Bretagne, elle s'est complètement effondrée jusqu'à disparaître du marché international depuis 1992 alors qu'elle représentait près de 8% de la production mondiale en 1988. Mais la concurrence des produits-substituts, les phénomènes de substitution dans la technologie de production, notamment l'amélioration des procédés techniques de production, et le ralentissement de l'activité économique générale expliquent également la stagnation de la production minière d'étain entre 1973 et 1994[7].

Le marché international du nickel a également subi les effets des deux chocs pétroliers qui ont eu des répercussions sur la production[8]. Durant la période 1973-1978, excepté une augmentation de 6,76%, la production de nickel a suivi un mouvement sensible et continu à la baisse avec une chute de 18,38% de 1977 à 1978. La conjoncture du marché international du nickel présente, notamment entre 1978 et 1995, une succession de phases biannuelles d'excédents et de pénurie ayant une allure cyclique. En effet, de 1979 à 1980, l'augmentation cumulée de la production métallurgique mondiale de nickel s'est élevée à 20,38% mais la baisse cumulée des deux années suivantes a représenté 18,55%. Entre 1983 et 1984, la hausse totale de la production de nickel s'est fixée à 17,23% mais la production a chuté de 3,59% en 1985 et de 2,23% en 1986. L'enchaînement des phases de deux ans de surproduction et de pénurie se prolonge jusqu'en 1995[9].

Sur le marché international des produits miniers, la flambée des prix des produits énergétiques a bouleversé les structures des marchés et les coûts de production. La structure oligopolistique des marchés du nickel, de l'aluminium a éclaté

[7] *Annuaire statistique, Metaleurop*, 1994 et *International Tin Statistics*, Bulletin n°16-17, January-October 1996.
[8] De Sà P., (1990), *op. cit.*
[9] Saadi H., (1996), *op. cit.*

en mettant fin à l'existence du système de prix-producteur et au régime concurrentiel contrôlé du marché[10]. Le renchérissement des prix des produits pétroliers a débouché sur un régime concurrentiel surréactif avec de nouveaux concurrents. La Chine, la Pologne et les Philippines notamment sont entrées sur le marché international du cuivre avec des coûts de production faibles. De même, Bahreïn, le Venezuela, la Norvège, l'Inde et la Chine comptent parmi les dix premiers pays producteurs d'aluminium de première fusion grâce à leurs abondantes ressources énergétiques.

L'alternance des phases d'excédents et de pénurie s'effectue plus franchement depuis le premier choc pétrolier parce que les mécanismes des ressorts cycliques sont activés par le jeu d'une vive concurrence. Les réactions retardées entre la production et la consommation par rapport aux fluctuations des prix sont devenues plus évidentes. Les prix qui sont l'expression de ces déséquilibres prennent une allure saccadée et en dents de scie à court terme, mais ils suivent un processus quasi-cyclique à moyen-long terme.

5.1.3. Politiques d'incitations et investissements en capacités de production sur les marchés des produits agricoles

Durant les années 1970, la plupart des pays en développement producteurs ont engagé des politiques d'incitations qui se sont traduites par la mise en place d'offices publics de commercialisation, des facilités de crédit, les fournitures d'intrants, etc. Sur les marchés des produits agricoles, l'organisation de la filière repose généralement sur la détermination d'un prix-producteur dont l'évolution peut favoriser ou décourager la production d'une matière première. Les mesures d'incitations dépendent de l'évolution du niveau du prix international de la matière première. Elles encouragent les vagues d'investissement en capacités de production qui sont lancées le plus souvent lorsque le prix international se maintient à un niveau élevé.

---

[10] De Sà P., (1992), *op. cit.*

Une hausse du prix résulte généralement d'une situation de pénurie sur le marché international.

Sur les marchés des produits agricoles, le prix payé au producteur constitue un élément de base des mesures d'incitations qui portent également sur d'autres instruments tels que les subventions aux intrants, les facilités de crédits, l'encadrement, la vulgarisation, etc. Le prix à la production constitue un élément essentiel des politiques d'incitations. Il se répercute sur la rentabilité des exploitations compte tenu des coûts qui ont déjà été engagés avant la campagne et qui dépendent en plus des conditions techniques d'exploitation et des facteurs exogènes. Les vagues d'investissement en capacités de production sont illustrés par deux marchés de produits agricoles significatifs (cacao et café).

Les investissements en capacités de production de cacao

En Côte-d'Ivoire, c'est surtout par l'intermédiaire du libre accès à la terre favorisant les migrations de main d'œuvre que l'État a joué un rôle fondamental dans le développement spectaculaire de la cacaoculture. Les investissements en capacités de production ont également encouragé par l'assurance donnée aux producteurs que la Caisse de Stabilisation achetait toute sa production à un prix rémunérateur qui était surévalué par rapport à celui du café. En outre, la SATMACI a progressivement diffusé une technique agronomique efficace et des variétés hybrides de cacao à hauts rendements. Enfin, l'État ivoirien a accordé, entre 1976 et 1979, une prime à la plantation de cacao d'une valeur de 60 000 FCFA/ha qui a encouragé d'importants investissements en capacités de production et qui lui ont permis d'être premier producteur mondial à la fin des années 1970. Le Ghana a bénéficié de financements du FMI pour le secteur de production de cacao de 8,5 millions de dollars, durant la période 1970-79, et de 14 millions de dollars, durant la période 1975-82, portant sur un total de 100 000 ha. En 1988, le cacao a représenté 52,3% des recettes d'exportation et 22% des recettes fiscales du Ghana. Depuis 1986 et pour encourager la production de cacao, le Cocoa Marketing Board a réorganisé la vulgarisation en instaurant un système de *Training and Visit* gratuit. Il a relancé la recherche pour développer des variétés plus résistantes à la maladie et a mis en place un appui au système de commercialisation.

En Malaisie, le développement de la cacaoculture a été principalement encouragé par une grande disponibilité foncière, des conditions climatiques très favorables et une recherche agronomique poussée qui a produit des variétés à hauts rendements et résistantes aux maladies. De plus, la cacaoculture malaise a bénéficié de facilités de financement et de crédits, d'une main-d'œuvre qualifiée et de fournitures d'intrants à des prix bas. Enfin, l'Etat malais a renoncé aux prélèvements sur la cacaoculture et a sous-évalué la monnaie pour encourager les exportations[11]. En Indonésie, l'intervention de l'Etat s'est traduite par l'octroi de prêts bonifiés pour encourager le développement de la cacaoculture qui a été intégré dans le Programme de Développement des Etats du 4e et 5e Plan. L'objectif du 5e Plan (1989/1994) portait sur un total de 310 000 ha cultivés et une production de 100 000 tonnes.

La première vague d'investissement en capacités de production de cacao s'est étalée entre 1956 et 1964, période au cours de laquelle la production mondiale de cacao est passée de 902 000 à 1 515 000 tonnes avec 78,3% en provenance de l'Afrique, 13,3% de l'Amérique du sud, 6,3% de l'Amérique Centrale et 2,1% de l'Asie et de l'Océanie[12]. La deuxième vague d'investissements en capacités s'étend de 1965 à 1978 et concerne essentiellement la Côte-d'Ivoire et le Brésil parce que cette période correspond en fait à une stagnation du niveau de la production mondiale. Alors que la production de cacao du Ghana et du Nigeria a très sensiblement baissé (260 000 tonnes) principalement en raison de l'absence de mesures incitatives, la production de la Côte-d'Ivoire a augmenté de 120 000 tonnes et celle du Brésil de 117 000 tonnes. De plus, le faible niveau de la production mondiale a entraîné une envolée des cours du cacao en 1976 et 1977 encourageant une nouvelle vague d'investissement en capacités et de nouvelles plantations.

---

[11] Jouve P. ; de Milly H., (1990), *Compétitivité du cacao africain, analyse du marché mondial et des principaux producteurs*, Ministère de la coopération et du développement, p. 220.

[12] *Idem, op. cit.*

La troisième vague d'investissements occupe la période 1980-89 mais la sécheresse qui a frappé les pays producteurs de l'Ouest africain entre 1982 et 1984 a ralenti les investissements et créé une situation de pénurie sur le marché. Aussi, la production mondiale de cacao n'a réellement décollé qu'en 1984-85 et son volume a augmenté de plus de 20% en trois ans. En effet, elle est passée de 1 946 000 en 1984 t à 2 400 000 tonnes en 1989 dont 81% provient de quatre pays africains, 14,2% du Brésil et 10% de la Malaisie. En dix ans, la production ivoirienne a triplé lui permettant d'accéder au premier rang mondial en passant de 312 000 tonnes en 1978-79 à 820 000 tonnes en 1988-89. Après avoir chuté à 697 000 tonnes en 1992-93, elle est passée à 884 000 tonnes l'année suivante et à 1 050 000 tonnes en 1994-95[13].

Ces investissements en capacités se sont traduits par des augmentations spectaculaires des surfaces plantées en cacaoyers en Côte-d'Ivoire, en Malaisie, en Indonésie et dans une moindre proportion au Brésil. La Côte-d'Ivoire a triplé ses surfaces plantées en cacao entre 1965 et 1992 tandis que la Brésil les a augmenté de 75%. Quant aux surfaces plantées en Indonésie, elles ont quadruplé entre 1985 et 1992 alors que celles de la Malaisie ont doublé entre 1980 et 1992. Par ailleurs, les surfaces plantées du Ghana et du Nigeria ont régulièrement diminué. Celles de l'Equateur qui a été le premier pays producteur de cacao jusqu'en 1909 ont stagné durant ces trente dernières années (*cf. infra*, tableau 26).

Quant aux rendements, ils ont atteint des niveaux élevés dans de nombreux pays producteurs. En Côte-d'Ivoire, les rendements représentent 600 kg/ha en moyenne durant les années 1980 avec un pic de 732 kg/ha en 1988. En 1990, les rendements ont chuté à 643 kg/ha. Ceux du Ghana, après avoir sérieusement chuté pendant les années 1970 et 1980 avec un minimum de 232 kg/ha en 1983, ont repris un mouvement à la hausse et monté jusqu'à 459 kg/ha en 1990. Il en est de même au Nigeria avec un minimum de 278 kg/ha en 1986 et un pic de 603 kg/ha en 1990. Au Brésil, les rendements sont restés rela-

[13] Marchés Tropicaux et Méditerranéens n°1416, 5 juillet 1996.

tivement élevés, en particulier au cours de la période 1973 et 1985 avec un pic de 1045 kg/ha en 1980.

Tableau 26 : *Évolution des surfaces plantées en cacao des principaux producteurs (000 ha)*

Année	*Cote d'Ivoire*	*Ghana*	*Nigeria*	*Cameroun*	*Brésil*	*Equateur*	*Malaisie*	*Indonésie*
1965	492	1312	720	367	414	211		
1966	517	1299	705	376	413	220		
1967	544	1285	690	384	415	230		
1968	573	1287	674	391	416	245		
1969	603	1288	658	394	417	244	5	
1970	634	1289	641	396	418	247	7	12
1971	661	1288	626	397	420	255	12	13
1972	690	1285	615	407	425	262	18	14
1973	718	1284	631	408	432	281	23	15
1974	746	1265	630	416	445	289	29	16
1975	835	1246	638	418	458	293	35	18
1976	917	1231	625	408	476	295	41	20
1977	1037	1214	612	425	503	309	49	24
1978	1104	1197	601	439	539	320	61	27
1979	1183	1180	579	451	579	330	89	32
1980	1259	1163	560	449	630	338	124	37
1981	1338	1150	552	455	669	342	159	43
1982	1399	1055	526	434	689	309	209	49
1983	1347	1001	510	442	696	309	231	60
1984	1418	1013	493	450	703	309	266	79
1985	1470	1019	476	454	713	309	298	93
1986	1478	1026	470	453	718	309	322	135
1987	1490	1027	468	452	721	308	363	172
1988	1515	1026	467	450	719	307	400	253
1989	1517	1015	466	448	719	304	411	318
1990	1515	1001	466	445	717	301	420	357
1991	1540	986	466	443	714	298	400	375
1992	1505	973	467	441	710	295	388	387

Source : Gill and Duffus.

Les rendements les plus extraordinaires sont enregistrés en Malaisie avec 2 500 kg/ha en 1973 mais sur 23 000 ha seulement et en Indonésie avec 1759 kg/ha en 1988 sur 253 000 ha. Mais, en 1990, ces rendements ont chuté à 869 kg/ha en Indonésie et à 1 526 kg/ha en Malaisie. Cependant, la qualité de la fève asiatique est généralement inférieure à celle de la fève africaine qui est cotée plus chère sur le marché international. Des techniques de production plus capitalistiques et des méthodes de gestion faisant appel à des techniques modernes (matériel informatique, par exemple) expliquent le niveau très élevé des rendements dans ces pays.

Les investissements en capacités de production de café

Les vagues d'investissement des capacités de production de café qui ont été lancées durant les années 1950 et 1960 se sont traduits en termes d'accroissement des quantités et durant les années 1970 en termes d'expérimentation de nouvelles variétés dont l'entrée en production est courte mais dont la durée de vie est également raccourcie[14]. La première vague d'investissement se localise surtout dans les pays africains et asiatiques au détriment des producteurs traditionnels de café comme le Brésil dont la production a sérieusement chuté et la Colombie qui a subi une stagnation de sa production. La culture du café a été introduite, pour la première fois, en Côte-d'Ivoire, en 1880, mais, la production n'a réellement été développée que depuis la deuxième guerre mondiale, avec un taux de croissance le plus élevé d'Afrique, pendant la période 1945-1975. Les facteurs qui ont dynamisé la production sont l'abolition du travail obligatoire, la création d'un réseau routier minimum, la création du port d'Abidjan et l'extension des surfaces cultivées. Le nombre de planteurs a considérablement augmenté, passant de 40 000 en 1944 à 200 000 en 1959.

La deuxième vague d'investissements en capacités de production a démarré après le premier choc pétrolier et sa durée a été plus courte et son ampleur limitée parce qu'elle s'est traduite surtout par l'introduction en Colombie et au Brésil de variétés expérimentales de caféiers dont l'entrée en production est rapide mais dont la durée de vie est raccourcie. Au Brésil, le système national de crédit, créé en 1967, a permis de multiplier par 5, entre 1970 et 1980, le volume de crédit offert à l'agriculture. Ces crédits sont offerts à des taux fortement négatifs : – entre 1969 et 1973 : - 4 % ; 1976 : - 19 % ; 1979 : - 24% ; 1980:- 35 %.

[14] Daviron B. ; Lerin F., (1990), *op. cit.*

Ces taux se sont traduits par des subventions estimées, pour la seule année 1978, à 6 milliards de $. Le café recevait entre 7 % et 19 % des crédits de production et il était parmi les produits les mieux couverts. De 1970 à 1982, dans le cadre de la politique d'intensification de la production caféière, des mesures d'incitations ont entraîné la plantation de 1,9 millions de pieds et un relèvement du prix au producteur. En Colombie, l'introduction de la culture intensive, à partir de 1975, avec la variété de café au cycle court la « *Catura* » a favorisé une forte densité de plantation qui est passé de 1000 pieds/ha dans le modèle traditionnel à 5 000 pieds/ha. En outre, La flambée des cours de 1975-1977 a entraîné une augmentation de plus de 100% du prix au producteur. De nouveau, la flambée des prix de 1986 va provoquer un relèvement du prix au producteur de plus de 50% en termes réels. La Colombie est le seul pays où le prix au producteur n'a pas diminué en monnaie constante entre 1989 et le début des années 1990.

La production ivoirienne de café robusta a été multipliée par 2 entre 1957 et 1963 malgré une forte chute en 1961. En 1976, elle a triplé son volume alors que la caféiculture brésilienne a été sérieusement touchée par une grande gelée en 1975. De même, les productions éthiopienne et ougandaise ont sensiblement augmenté entre 1957 et 1964 avec respectivement un triplement et un doublement. Celle de l'Angola a également doublé de 1957 à 1960 et triplé au début des années 1970. La production des autres pays africains, malgré un accroissement notable, reste négligeable. Mais, la part de la production africaine dans la production mondiale est passée de 16% en 1957 à 20% en 1960, 26% en 1963 et à 33,50% en 1970.

En Asie, le principal pays producteur de café robusta est l'Indonésie alors qu'il était premier pays producteur mondial de café arabica de 1929 à 1939[15]. Sa production d'arabica a été complètement décimée par la guerre et les investissements en capacités de production du robusta ont été engagés au cours des années 1950 et 1960. Aussi, la production de robusta a doublé entre 1957 et 1967 et triplé à la fin des années 1970. Les pro-

[15] Daviron B. ; Fousse W., (1993), « La compétitivité des cafés africains », Rapport d'étude, Ministère de la coopération et du développement.

ductions des Philippines et de l'Inde n'ont sérieusement augmenté que vers la fin des années 1970 en dépassant les 100 000 tonnes. La production mondiale de café a augmenté de 50% en volume de 1957 à 1974 et la plus forte hausse s'élève à 40% entre 1957 et 1967 alors que de 1967 à 1974 la production ne s'est accrue que de 7%. Durant la première décennie, de grandes vagues d'investissements en capacités de production ont été lancées dans l'après-guerre et leur production de croisière a été atteinte au cours des années 1950 et 1960. En outre, les indépendances de nombreux pays essentiellement africains ont encouragé de nouveaux investissements en capacités de production dans le cadre de programmes de développement.

Mais, les conditions climatiques ont souvent perturbé le marché international du café en provoquant de fortes baisses de sa production mondiale. La caféiculture brésilienne a fréquemment été touchée par des gelées et par des sécheresses et il en est de même pour la caféiculture africaine, qui a subi des sécheresses. Aussi, depuis les années 1950, les plantations de café du Brésil ont connu de sérieuses gelées en 1953, 1955, 1963, 1969, 1972, 1975, 1977, 1985 et 1993 qui ont entraîné des baisses sensibles de la production et une envolée des prix sur le marché international du café. La progression annuelle de la production mondiale de café a été donc marquée par des bonds avec une hausse de 32% en 1959 suite à la période de pénurie provoquée par les gelées de 1953 et 1955. L'accord international de produit de 1962 et son contingentement ont été suivis par une baisse continue de la production mondiale pendant trois ans parce qu'il a été signé alors que le marché international se trouvait dans une situation excédentaire.

Le deuxième accord international est appliqué en 1968 et reconduit de 1973 à 1976 dans une phase de pénurie. En effet, la production mondiale accuse une forte tendance à la baisse de 1960 à 1976. La grande gelée de 1975 au Brésil a entraîné une diminution de la production mondiale de 18% et une flambée des prix du café en 1976. Le troisième accord international est entré en vigueur en 1976 et reconduit de 1982 à 1983. Mais les baisses brutales de la production brésilienne en 1975, 1977 et 1979 en raison de conditions climatiques défavorables (gelées et sécheresse) ont perturbé cet accord et fait passer le marché international d'une situation de surproduction à une situation de pénurie. Le quatrième accord de 1983 à 1989 a également été sérieusement perturbé par la sécheresse de 1985 qui a provoqué une forte chute de la production brésilienne qui est passée de 33 millions de sacs en 1985-86 à 13,9 millions de sacs en 1986-87 avec une flambée des prix du café. Les clauses économiques de l'accord ont été alors suspendues en 1989 parce que toutes les possibilités d'augmentation des quotas ont été utilisées. Cette suspension des quotas traduit le retour à la loi de l'offre et de la demande. En outre, l'existence d'un double marché où les excédents des pays membres sont vendus à des pays non membres et un système de quotas qui a eu peu d'impact sur les mécanismes d'ajustement entre la production et la consommation ont débouché sur un échec d'un nouvel accord international remplacé, en 1993, par une association de pays producteurs de café.

L'accélération de l'exploitation des matières premières a été encouragée notamment par l'indépendance de nombreux pays en développement producteurs et par la flambée des prix des années 1970. De même, cette expansion rapide de la production de matières premières et la multiplication des projets d'investissements en capacités de production a été favorisée par une forte croissance économique dans les principaux pays consommateurs[16].

Les fortes hausses des prix sur la plupart des marchés de matières premières consécutives aux deux chocs pétroliers de 1973-74 et 1979-80 ont été suivies par des vagues d'investissements en capacités de production et d'importants programmes de développement dont le financement dépendait largement des recettes d'exportation de nombreux pays producteurs.

[16] Little I.M.D. ; Cooper R.N. ; Corden W.M. ; Rajapatirana S., (1993), *Boom, Crisis, and Adjustment, The Macroeconomic Experience of developing Countries*, A World Bank-Oxford University Press, p. 29-53.

5.2. ÉVOLUTION DES MARCHES DE MATIERES PREMIERES ET PROGRAMMES NATIONAUX DE DEVELOPPEMENT

La place primordiale qu'occupe généralement la matière première dans les exportations et dans le budget de l'État en termes de recettes et de dépenses publiques d'un pays en développement producteur influence l'évolution du volume de la production et les investissements en capacités de production. Les mesures d'encouragement ou de découragement de la production dépendent de l'évolution du prix international de la matière première. Lorsque le prix international de la matière première est en hausse, les mesures d'incitation peuvent se traduire par une augmentation de la production et des exportations débouchant sur un accroissement des recettes publiques et une amélioration de la balance des paiements (*5.2.1.*).

Lors d'une baisse du prix international de la matière première, les mesures de découragement peuvent provoquer une diminution de la production si la filière est structurellement déficitaire et si son soutien pèse sur le budget de l'Etat. Elles peuvent entraîner la faillite de nombreuses exploitations ou entreprises. Les décisions de renouvellement et d'extension des capacités de production sont retardées si les financements de l'Etat sont insuffisants (*5.2.2.*).

5.2.1. L'impact des recettes d'exportation sur les décisions d'investissement en capacités de production

La place qu'occupe la filière de la matière première dans les équilibres macroéconomiques entraîne des répercussions sur les exportations du produit d'une part, sur les termes de l'échange, d'autre part (A). Mais, l'évolution des recettes d'exportation permet de s'interroger sur l'instabilité qui la caractérise (B). Cependant, la hausse du volume des exportations et des recettes publiques durant les années 1970 a encouragé de nombreux pays en développement producteurs à engager de vastes programmes d'investissement (C).

A. Evolution des prix et des recettes d'exportation

Les comportements des pays producteurs sur le marché international sont en particulier déterminés par leur degré de dépendance par rapport aux matières premières. Le budget de fonctionnement de l'Etat dépend en grande partie des recettes d'exportations et les perspectives de développement économique s'appuient sur l'accroissement des prix des produits sur le marché international. Les matières premières occupent une place primordiale dans les exportations de nombreux pays en développement (*cf. infra*, tableau 27). À l'inverse, la part des produits manufacturés dans les exportations africaines notamment reste négligeable et elle a représenté moins de 5% dans le total des exportations en 1970 et moins de 3% en 1992[17].

Dans la plupart des pays en développement, la flambée des prix des matières premières a provoqué une accélération spectaculaire des recettes publiques parce que l'État contrôle le plus souvent l'organisme qui commercialise le produit exporté. Pour les produits agricoles, ce sont des offices de commercialisation comme les caisses de stabilisation dans les pays francophones et *Marketing Board* dans les pays anglophones qui ont vu leurs recettes gonfler très sensiblement parce que la hausse des prix internationaux n'a pas été entièrement répercutée sur le prix payé au producteur (*cf. infra*, tableau 28)[18].

Même dans les pays où la commercialisation est assurée par le secteur privé, la hausse des prix des matières premières a également permis de gonfler les recettes publiques grâce aux prélèvements fiscaux (taxes à l'exportation). Néanmoins, les prix réels des matières premières ont globalement décliné depuis le début des années 1980. Après une légère reprise en 1984, ils ont chuté globalement de près de 45% entraînant une détérioration nette des termes de l'échange[19] pour de nombreux exportateurs de matières premières.

---

[17] CNUCED (1995), *Manuel de statistiques du commerce international et du développement*, p. 69.

[18] Daviron B.; Fousse W., (1993), *op. cit*, p. 243.

[19] Selon l'hypothèse de Prébish-Singer, les matières premières se vendent à des prix en baisse par rapport aux prix d'achat des produits manufacturés. Pour mesurer les prix relatifs ou termes de l'échange, on pose T_n comme

Tableau 27 : *Part d'un produit dans les exportations de quelques pays producteurs en 1991 (base 100 en 1975)*

Pays	*Produit*	*Part dans les exportations totales*	*Indice de concentration des exportations*
Cuba	Sucre	58,43%	0,549
Ouganda	Café	71,26%	0,699
Colombie	Café	20,46%	0,234
Côte-d'Ivoire	Cacao	32,54%	0,312
Ghana	Cacao	36,99%	0,377
Burkina Faso	Coton	62,49%	0,680
Mali	Coton	51,49%	0,558
Bénin	Coton	66,45%	0,580
Tchad	Coton	60,75%	0,729
Zambie	Cuivre	87,50%	0,823
Zaïre	Cuivre	39,61%	0,409
Chili	Cuivre	36,64%	0,322
Iran	Pétrole	90,32%	0,890
Nigeria	Pétrole	94,93%	0,952

Source : D'après le *Manuel de statistiques du commerce international et du développement*, CNUCED, 1993.

L'indice de concentration correspond à l'indice de Hirschmann normalisé qui permet d'obtenir des valeurs comprises entre 0 et 1 (concentration maximum) d'après la formule suivante :

$$H_j = \frac{\sqrt{\sum_{i=1}^{239} \left(\frac{x_i}{X}\right)^2} - \sqrt{1/239}}{1 - \sqrt{1/239}}$$

où j représente l'indice du pays ; x_i correspond aux exportations du produit i; $X = \sum_{i=1}^{239} x_i$ et 239 totalise le nombre de groupes de la Classification Type du Commerce International (CTCI), révision 2.

étant le rapport de deux indices P_x et P_m. P_x représente le prix moyen des exportations d'un pays dont le montant peut s'obtenir en divisant l'indice du volume des exportations par l'indice de ces recettes d'exportations. P_m correspond au prix moyen des importations dont la détermination s'effectue selon le même principe que pour P_x. Les termes de l'échange augmenteront si les prix des exportations s'élèvent par rapport aux prix des importations.

Tableau 28 : *Répartition du prix international du café*

Costa Rica (cents/livre)					Côte-d'Ivoire (FCFA/kg)			
Année	*Prix F.O.B.*	*Prix Producteur*	*Marge brute intermédiaire*	*Prélèvements de l'Etat*	*Prix F.O.B.*	*Prix Producteur*	*Marge brute intermédiaire*	*Prélèvements de l'Etat*
1965	44,34	34,00	4,58	6,34				
1966	39,35	31,20	5,08	3,59				
1967	36,85	30,60	4,20	2,53				
1968	35,72	30,10	3,46	2,62				
1969	47,75	36,10	6,06	6,22				
1970	44,80	32,50	8,10	4,78				
1971	41,62	32,00	5,76	4,41				
1972	52,21	-	-	7,61				
1973	65,91	44,90	14,28	7,60				
1974	53,49	38,50	9,07	6,63				
1975	90,42	68,10	9,20	14,32				
1976	207,63	142,30	36,42	31,65				
1977	177,06	111,60	41,23	26,57				
1978	136,62	87,90	26,37	24,19				
1979	178,12	111,10	41,35	28,02				
1980	117,05	73,30	28,89	16,42	541,10	300,00	124,40	115,30
1981	120,00	70,30	29,90	21,40	565,80	300,00	134,40	131,30
1982	97,92	54,10	28,58	13,37	690,00	300,00	143,90	246,00
1983	109,19	70,40	21,03	19,20	965,00	350,00	151,60	464,20
1984	107,22	77,20	16,02	15,42	1132,00	380,00	167,70	584,30
1985	178,20	109,73	25,37	45,45	984,50	400,00	164,20	420,40
1986	124,02	71,25	34,10	20,31	689,30	400,00	144,40	145,00
1987	119,73	73,01	29,99	18,31	542,90	400,00	144,30	-1,40
1988	111,33	67,45	30,17	15,18	536,50	400,00	127,80	2,90
1989	76,93	59,24	17,55	1,16	328,60	320,00	98,40	-139,40
1990	-	-	-	-	225,20	200,00	103,70	-78,50

Entre 1980 et 1986, les prix réels des matières premières (données de la banque mondiale)[20] ont fortement baissé en raison du ralentissement de la croissance économique dans les principaux pays consommateurs et de la baisse de la demande de matières premières qui a été accentuée par l'amélioration du progrès technique et, dans certaines situations, par des contraintes d'environnement. Cette question a été traitée plus amplement dans le chapitre précédent.

[20] Les prix réels sont déflatés selon l'indice MUV (Manufacturing Unit Value) dans Commodity Trade and Price Trends (World Bank, 1993), *op. cit*

Dans les pays en développement, la forte hausse des prix des matières premières des années 1970 a encouragé de vastes programmes d'extension des capacités de production destinés à augmenter les recettes d'exportation et à financer le développement. Borensztein et Reinhart (1994)[21] ont montré que les prix des matières premières, par rapport à ceux des produits manufacturés, ont atteint leur niveau le plus bas au cours d'une période de 90 ans (1900-1990). Par conséquent, une lecture rapide de l'évolution des prix réels des matières premières semble confirmer l'hypothèse de Prebish-Singer selon laquelle les prix de long terme des matières premières comparés à ceux des produits manufacturés sont marqués par une tendance à la baisse. La vérification empirique de cette hypothèse est délicate comme l'ont constaté de nombreuses analyses[22].

Mais Borensztein et Reinhart (1994)[23] expliquent que les conditions d'offre ont également joué un rôle important dans la faiblesse des prix des matières premières, en particulier depuis la moitié des années 1980. Les causes de la réaction de l'offre des matières premières durant les années 1980 peuvent être trouvées, en partie, dans la crise de la dette et dans la nécessité d'adopter des mesures d'ajustement qui, entre autres, ont pour objectif d'accroître les recettes d'exportation en augmentant les quantités exportables. Cependant, d'autres facteurs comme le progrès technologique, l'amélioration des techniques de communication et la productivité croissante des facteurs de production contribuent à l'accumulation de l'offre mondiale de matières premières.

---

[21] Borensztein E.; Reinhart C.M., (1994), « The Macroeconomic Determinants of Commodity Prices », *IMF Staff Papers*, vol. 41, n°2, June, p. 236-261.

[22] Powell A., (1991), « Commodity and Developing Country Terms of Trade, What Does the Long Run Shows? », *Economic Journal*, vol. 101, November, p. 1485-1496.

Ardeni P.G.; Wright B., (1992), « The Prebish-Singer Hypothesis: A Reappraisal Independent of Stationarity Hypothesis », *Economic Journal*, vol. 102, July, p. 803-812.

[23] Borensztein E.; Reinhart C.M., (1994), « Commodity Prices : Cyclical Weakness or Secular Decline ? », *IMF Staff Papers*, vol. 41, n°2, June, p. 175-213.

En effet, le perfectionnement des techniques de communication facilitent la circulation de l'information sur les prix et permet aux opérateurs de prendre des décisions plus rapidement (multiplication des transactions commerciales, décisions d'investissement en capacités de production). L'amélioration des techniques de production et de commercialisation a aussi encouragé un accroissement de l'offre globale de matières premières en favorisant l'entrée de nouveaux producteurs sur les marchés internationaux. Durant les années 1980, l'apparition de la Malaisie puis de l'Indonésie comme grands producteurs de cacao montre que ces pays utilisent des techniques modernes de production et de gestion (variétés hybrides de cacao, protection contre les parasites, matériel spécialisé, main-d'œuvre qualifiée, etc.). Alors que les autres producteurs ont accru leur production de 15% seulement entre 1980 et 1992, la Malaisie a multiplié sa production annuelle par 3 et l'Indonésie par 10 pendant la même période. Pendant les années 1970, les plus grandes plantations malaisiennes de cacao ont été encouragées par la hausse des prix réels du cacao et les surfaces plantées ont rapidement augmentées (*cf. infra*, tableau 29). Ainsi, les surfaces cultivées de cacao ont sensiblement augmenté en particulier depuis le milieu des années 1980 plaçant actuellement l'Indonésie parmi les principaux pays producteurs avec la Côte-d'Ivoire et le Ghana. Bien que les prix internationaux du cacao aient eu tendance à baisser depuis le début des années 1980, la production indonésienne est restée compétitive en raison de la forte productivité de ses plantations.

Malgré une hausse de la demande qui est due essentiellement à la croissance démographique dans les pays en développement, l'accroissement de la production de matières premières alimentaires a été très sensible, excepté la période du milieu des années 1970 et il a provoqué une baisse significative des prix durant les années 1980. Les surfaces cultivées ont augmenté dans la plupart des pays en développement producteurs avec une croissance régulière de la production surtout pour les matières premières agricoles. Les progrès en agronomie ont permis de produire des variétés à haut rendement et résistantes aux maladies. De même, l'usage plus fréquent des fertilisants et des pesticides ainsi que le développement de l'irrigation ont favorisé une tendance à la hausse de la production agricole. Ces progrès scientifiques ont bénéficié à de nombreuses matières premières agricoles comme le café, le cacao, le coton, le caoutchouc, etc.

Aussi, l'évolution des recettes d'exportations dépendent-elles des mesures de diversification prises dans les pays producteurs. Or, comme le montre le tableau 29, de nombreux pays notamment les pays africains continuent de dépendre étroitement des exportations de matières premières. Les mouvements des prix relatifs des matières premières et des produits manufacturés ont sensiblement influencé l'évolution des termes de l'échange et des pouvoirs d'achat des exportations des pays en développement ainsi que leur croissance économique. Le tableau 28 montre que, pour la plupart des pays examinés, les termes de l'échange étaient favorables et le pouvoir d'achat des exportations était élevés durant les années 1970 grâce à la forte hausse des prix de nombreuses matières premières déclenchée par des facteurs différents[24]. Pour les produits agricoles, les facteurs qui ont déclenché la flambée des prix relèvent surtout des conditions climatiques comme le gel de la caféiculture brésilienne en 1975, 1977 et 1986[25].

Tableau 29 : *Estimation approximative des termes de l'échange et du pouvoir d'achat des exportations (base 100 en 1975)* [(1)]

Année	*Indonésie*		*Malaisie*		*Zaïre*		*Zambie*	
	TE	*PA*	*TE*	*PA*	*TE.*	*PA*	*TE*	*PA*
1960	60	26	149	71	119	139	112	100
1961	52	24	128	64	109	116	105	92
1962	50	21	124	64	108	93	106	92
1963	47	21	116	64	107	88	104	98
1964	45	22	117	64	111	93	110	125
1965	46	21	125	71	119	89	124	138
1966	45	20	117	71	163	123	186	178
1967	42	19	102	67	150	112	165	162

---

[24] Grilli, E.R.; Yang, M.C. (1988), « Primary Commodity Prices, Manufactured Good Prices, and the Terms of Trade of Developing Countries : What the Long Run Shows », *The World Bank Economic Review*, vol. 2, p. 1-47.

[25] Scandizzo, P.L.; Diakosawas, D. (1987), *Instability in the Terms of Trade of Primary Commodities, 1900-1982*, Rome, *FAO Economic and Development Paper*, FAO.

1968	42	21	102	76	166	130	186	189
1969	44	24	117	92	194	174	228	265
1970	44	31	107	91	194	195	223	240
1971	52	33	100	82	149	160	152	151
1972	50	43	91	80	134	158	139	156
1973	58	63	96	112	163	175	189	195
1974	107	114	127	119	151	173	181	185
1975	100	100	100	100	100	100	100	100
1976	104	119	110	135	110	106	109	125
1977	104	138	118	143	117	103	94	99
1978	95	132	109	160	100	90	89	89
1979	107	148	115	191	105	103	100	110
1980	137	179	109	177	91	103	84	77
1981	150	183	99	152	75	41	67	66
1982	111	100	87	99	87	38	76	84
1983	103	98	86	120	93	78	84	70
1984	105	103	93	144	91	71	75	57
1986	64	68	65	116	85	72	73	59
1987	68	73	71	139	85	59	85	68
1988	59	78	71	156	94	63	104	87
1989	61	87	69	180	96	69	111	97
1990	67	93	67	195	86	51	97	60
1991	62	108	66	232	80	47	87	52
1992	94	124	102	137	98	120	61	39
1993	89	131	98	163	101	167	60	45
1994	95	153	100	190	83	102	73	62
1995	98	157	98	227	120	151	92	70
1996	108	178	100	259	141	211	73	73
1997	109	204	94	273	121	231	68	62
1998	93	205	86	273	85	190	54	79
1999	108	211	85	317	115	217	42	69
2000	104	252	88	346	173	402	53	61

Source : Manuel de statistiques du commerce international et du développement, CNUCED, 1983, 1995 et 2002.

(1) Termes de l'échange (TE) : il s'agit ici du « troc net » correspondant au rapport de l'indice de la valeur unitaire des exportations et de l'indice de la valeur unitaire des importations. Pouvoir d'achat (PA) : il est égal à l'indice de la valeur unitaire des exportations corrigé par l'indice de la valeur unitaire des importations. Les coefficients de pondération appliqués aux indices de la valeur unitaire des importations et des exportations correspondent aux structures commerciales, observées ou estimées, des différents pays pour les années 1970, 1972, 1975 et 1980. En outre, les coûts de transport ont été pris en considération auxquels a été affecté un coefficient de pondération dans chaque grand secteur d'importation. L'indice de la valeur unitaire des importations obtenu reflète les variations des prix à l'importation ainsi que les variations des coûts de transport.

En ce qui concerne les produits miniers, les pays exportateurs de métaux comme le Zaïre, la Zambie, le Chili et la Malaisie bénéficiaient de termes de l'échange et de pouvoir d'achat favorables entre le milieu des années 1960 et le milieu des années 1970 grâce à une croissance économique rapide dans les principaux pays industrialisés et une forte demande des produits miniers. En outre, le Brésil et la Malaisie semblent bénéficier de termes de l'échange et de pouvoir d'achat avantageux sans interruption depuis 1973 grâce notamment à la diversification de leurs exportations. La Colombie est également en position avantageuse excepté durant la période 1982-1984.

Mais, les pays africains ont généralement des termes de l'échange et un pouvoir d'achat défavorables depuis le début des années 1980 parce que leurs exportations sont peu diversifiées. La Côte-d'Ivoire exporte principalement le cacao et le café, le Ghana tire la majeure partie de ses recettes d'exportations également du cacao, les économies du Zaïre et de la Zambie reposent essentiellement sur le cuivre. Lorsque le prix du principal produit exporté baisse, il entraîne des répercussions directes sur les termes de l'échange et sur les capacités financières du pays concerné à couvrir les importations des produits manufacturés. Une analyse empirique récente portant sur la Côte-d'Ivoire[26] explique que la variabilité des termes de l'échange résulte des chocs d'offre et de demande sur le marché d'exportation. Elle montre également que le marché des matières premières joue un rôle important dans la « transmission internationale des cycles économiques ».

B. Instabilité des recettes d'exportation

De nombreuses analyses ont cherché à déterminer l'origine de l'instabilité des recettes d'exportations et ont axé leurs efforts sur des facteurs divers tels que la concentration par produit dans les exportations, la concentration géographique, la spécialisation sur les matières premières, les conditions climatiques, la

[26] Akitoby B., (1997), « Termes de l'échange et cycles économiques réels : une application à la Côte-d'Ivoire », *Revue Economique*, vol. 48, n°6, novembre, p. 1485-1508.

consommation locale et le niveau d'activité économique générale des principaux pays consommateurs. Les effets de l'instabilité des recettes d'exportations ont fait l'objet d'une controverse opposant dès les années 1950 notamment Myrdal (1956)[27] et Nurkse (1958)[28] qui ont souligné les effets négatifs de l'instabilité d'une part, et d'autres auteurs tels que Caine (1954, 1958)[29] et Hirschman (1958)[30] qui en ont montré les répercussions positives, d'autre part. Les effets négatifs sont basés sur les éléments suivants :

– L'instabilité des recettes d'exportations provoque une instabilité de l'ensemble de l'économie et de la situation politique et sociale, pouvant déboucher sur un sentiment d'insécurité qui bloque les initiatives des producteurs.

– Considérée comme un facteur de risque, l'instabilité des recettes d'exportation est défavorable à l'investissement en capacités de production et encourage un comportement spéculatif essentiellement en des placements non productifs.

– L'instabilité des recettes d'exportations produirait des effets inflationnistes dus à une réaction asymétrique face aux mouvements des prix à l'exportation et plus généralement des recettes d'exportations. En phase d'expansion et à la suite de l'accroissement des revenus puis des dépenses, en raison de la faible élasticité de l'offre, les prix augmentent plus qu'ils ne diminuent en phase de réduction des exportations à cause de leur rigidité à la baisse.

– La chute des recettes d'exportations peut déboucher sur un déficit budgétaire fréquemment financé par une création monétaire. De plus, le déséquilibre de la balance des paiements

---

[27] Myrdal G., (1956), *An International Economy-Problems and Projects,* Harper and Brothers, New York; traduction française (1958), *Une économie internationale,* Paris, PUF.

[28] Haberler G. ; Stern R.M. (Eds.), (1961), *Equilibrium and Growth in the World Economy,* Cambridge, Massachusetts, Harvard University Press.

[29] Caine S., (1954), « Instability of Primary Products Prices: A Prospect and a Proposal », *The Economic Journal,* September, p. 610-614. Caine S., (1958), « Comment on Nurkse », *Kyklos,* p. 187-193.

[30] Hirschman A.O., (1958), *The Strategy of Economic Development,* New Haven, Connecticut, Yale University Press ; traduction française (1964), *Stratégie du développement économique,* Paris, Editions ouvrières.

conduit à des restrictions d'importations qui sont elles-mêmes inflationnistes et qui réduisent le niveau d'investissement en capacités de production. Mais deux arguments principaux défendent les effets positifs de l'instabilité des exportations :

– Le développement des exportations aboutirait sur une nouvelle demande de biens de consommation qui serait satisfaite par la création d'industries de substitution à l'importation encouragées par les restrictions aux importations. La question de la productivité et de la compétitivité à moyen-long terme des investissements en capacités de production ainsi suscités reste posée.

– L'instabilité des recettes d'exportation favorise l'épargne selon la théorie du revenu permanent qui explique le maintien d'une consommation permanente malgré les fluctuations du revenu. Le comportement des caisses de stabilisation ou des offices de commercialisation appuie cette hypothèse en matière d'épargne publique dans la mesure où le niveau moyen des prélèvements a tendance à augmenter avec l'instabilité des exportations comme le montre l'exemple des prélèvements sur le marché du cacao en Côte-d'Ivoire (*cf.* tableau 30). Mais l'affectation de ces prélèvements et leur utilisation peuvent décourager les producteurs et ralentir le rythme d'évolution de la production.

Tableau 30 : *Prélèvements de la Caistab sur le marché du cacao en Côte-d'Ivoire*

Années	80-81	81-82	82-83	83-84	84-85	85-86	86-87	87-88	88-89
Taux d'actualisation	1,57	1,46	1,38	1,32	1,30	1,26	1,19	1,13	1,0
Marge CSSPPA	114,3	123,6	555,5	581,4	558,3	165,9	-63,9	-170,4	-66,2
Recettes de l'État	193,6	197,5	625,3	648,2	663,0	267,7	55,2	-57,7	-62
Prix moy. garanti au producteur	470	437	413	462	487	506	474	450	370

NB : En Francs CFA constants, janvier 1989. Marge CSSPPA et recettes de l'État, en milliards de FCFA.

Source : Caisse Centrale de Coopération Économique (CCCE) et CSSPPA, cités par Jouve et de Milly (1990), *op. cit.*, p. 162.

Cependant, les études empiriques ne permettent pas de vérifier l'impact réel de l'instabilité des recettes d'exportations sur les économies des pays en développement parce que les résultats sont souvent contradictoires et incertains. En effet, les exportations des pays en développement sont instables dans la mesure où elles fluctuent autour d'un trend et il est difficile de savoir si une hausse ou une baisse représente une simple déviation ou résulte d'un changement de trend[31]. En outre, l'instabilité du volume des exportations est souvent surestimée par rapport à celle des prix des exportations alors que l'instabilité des recettes d'exportation des pays en développement relève de ces deux facteurs.

Les études empiriques sont soit transversales et fondées sur des comparaisons internationales, soit spécifiques à certains pays[32]. Les études transversales sont les plus nombreuses et la plupart d'entre elles ne donnent pas de résultats précis[33]. Mais certaines études présentent de manière significative un effet négatif de l'instabilité sur la croissance[34]. En revanche, d'autres analyses avancent des résultats significatifs positifs sur l'épargne et l'investissement selon l'hypothèse du revenu permanent[35]. Cependant, les deux résultats ne sont pas contradictoires puisque l'instabilité des exportations peut entraîner un effet positif sur l'épargne et sur l'investissement lorsqu'elle est un facteur d'endettement extérieur mais elle peut également pro-

---

[31] Guillaumont P. (1987), « From Export Instability to International Stabilization Policies », *World Development*, vol. 15, n°5, p. 633-643.

[32] Belay K., (1994), *Les causes et les conséquences de l'instabilité des recettes d'exportation des pays en voie de développement : le cas de l'Ethiopie*, thèse de doctorat, Faculté des Sciences Economiques, Université Pierre Mendès France, Grenoble2, p. 335 et s.

[33] Moran C., (1983), « Export Fluctuations and Economic Growth : An Empirical Analysis », *Journal of Development Economics*, vol. 12, p. 195-218.

[34] Glezakos C., (1973), « Export Instability and Economic Growth : A Statistical Verification », *Economic Development and Cultural Change*, vol. 21, n°4, July, p. 670-678. Lancieri E., (1978), « Export Instability and Economic Development : A Reappraisal », *Banca Nazionale del Lavoro Quarterly Review*, June, p. 135-152.

[35] Knudsen O. ; Yotopoulos P., (1976), « A Transitory Approach to Export Instability », *Food Research Institute Studies*, vol. 15, p. 91-108. Lim D., (1980), «Income Distribution, Export Instability and Savings Behavior», *Economic Development and Cultural Change*, vol. 28, n°2, January, p. 359-64.

voquer un effet nul ou négatif sur la croissance en cas de mauvaise affectation ou un gaspillage de l'épargne[36].

Par ailleurs, les études spécifiques par pays ne débouchent pas sur des conclusions nettes et les effets de l'instabilité en elle-même sont rarement traités. Quelques études ont été effectuées pour analyser les effets asymétriques des mouvements à la hausse et à la baisse des recettes d'exportation concernant un petit nombre de pays et de produits comme le cuivre au Chili et en Zambie, le cacao et le café en Côte-d'Ivoire[37]. Ces études ne présentent pas d'effets clairement négatifs de l'instabilité des prix et, lorsqu'ils existent, ils sont modérés comme sur le marché du café en Côte-d'Ivoire[38]. Mais ces études considèrent que notamment l'épargne et l'investissement sont exogènes alors qu'elles sont influencées par l'instabilité des recettes d'exportations et l'endettement extérieur.

C. Evolution des recettes d'exportation et financement des programmes nationaux

De nombreux pays en développement producteurs ont lancé de grands programmes d'investissement durant les années 1970 (*cf. infra*, tableau 31.) encouragés par l'évolution à la hausse des recettes d'exportation[39]. Notre analyse s'appuie sur des exemples concernant quelques pays qui sont parmi les principaux producteurs de grands produits : Côte-d'Ivoire (cacao, café), Ghana (cacao), Indonésie (cacao, café, caoutchouc), Zambie (cuivre), Malaisie (cacao, café, caoutchouc, étain), Brésil (café, cacao, étain), Colombie (café), Chili (cuivre).

La balance des comptes courants du Chili n'a pas changé en 1974 malgré une détérioration des termes de l'échange parce que le volume des exportations du cuivre et d'autres produits a

[36] Déméocq M. ; Gillaumont P., (1984), « Effets de l'instabilité des recettes d'exportation sur le développement » : CERDI, Clermont-Ferrand.
[37] Adams G. ; Behrman J. (1982), *Commodity Exports and Economic Development : The Commodity Problem, Goal Attainment and Policy in Developing Countries*, Lexington, Massachusetts, Lexington Books.
[38] Priovolos T., (1981), *Coffee and the Ivory Cost: An Econometric Study*, Lexington, Massachusetts, Lexington Books.
[39] Little I.M.D. ; Cooper R.N. ; Corden W.M. ; Rajapatirana S. (1993), *op. cit.*, p. 42-49.

augmenté. Néanmoins, à la fin de 1974, le prix du cuivre a chuté de 1,50 $ à 0,50 $ la livre. Ayant anticipé un grand déficit de la balance des comptes courants, le régime de Pinochet a pris des mesures fiscales et monétaires très restrictives qui se sont traduites par une réduction des dépenses budgétaires de 15% et une hausse de la fiscalité. Par conséquent, le déficit budgétaire de 5,5% a débouché sur un excédent de 1,2%, en 1975.

Au Brésil, la réaction des pouvoirs publics a consisté à réduire les importations. Les mesures fiscales et monétaires ont eu un impact mitigé, en 1974, parce que l'économie brésilienne subissait déjà une pression inflationniste avant le premier choc pétrolier. Cependant, à la fin de l'année 1974, les pouvoirs publics brésiliens ont lancé un important programme d'investissement portant sur l'import-substitution dans le secteur énergétique. Un grand programme d'investissements a été lancé entre 1973 et 1979 mais le niveau des investissements par rapport au PNB en 1979 était le même qu'en 1973. En Colombie, grâce au boom caféier ainsi qu'à des mesures fiscales et monétaires, le budget était excédentaire durant la période 1976-78. Parmi les pays producteurs de café, la Colombie est le seul pays où l'investissement intérieur est resté stable alors que ses réserves de change ont atteint 2 milliards de $. De plus, le programme des investissements avait pour objectif de contrer les effets déflationnistes de la chute des prix du café.

La Côte-d'Ivoire a mis en place un grand programme d'investissements publics, en 1974. L'impact du premier choc pétrolier a été faible dans la mesure où les hausses des prix du cacao, du café et du bois ont compensé l'augmentation du prix du pétrole. Malgré un déficit de la balance des comptes courants de 10%, en 1975, le programme des investissements publics n'a pas subi de changement. En 1976, les investissements publics ont été financés par le boom caféier mais les pouvoirs publics ivoiriens et les entreprises publiques ont eu recours progressivement à l'emprunt pour financer leur programme investissement. En 1978, le montant des emprunts à l'étranger avait déjà atteint un niveau élevé.

Tableau 31 : *PIB par catégorie de dépenses et par branche d'activité économique (%)*

Pays	*Année*	*PIB par catégorie de dépenses*						*PIB par branche d'activité économique*			
		PIB	*C.F.A.P.*	*C.F.P.*	*I.I.B.*	*Export.*	*Import.*	*Agric.*	*Activité industrielle*		*Services*
									Totale	*Ind. manuf.*	
Brésil	1970	100	11	69	21	7	7	12	36	27	53
	1980	100	9	69	24	9	11	10	16	31	74
	1990	100	17	68	23	8	6	10	37	37	53
	1991	100	15	63	20	9	7	11	36	24	54
	1992	100	16	60	20	10	7	11	35	23	54
	1993	100	16	61	20	10	8	11	35	23	54
	1995	100	20	60	22	8	9	9	37	24	54
	2000	100	16	63	21	11	12	7	29	24	64
Chili	1970	100	12	68	19	15	14	7	40	25	53
	1980	100	12	67	25	23	27	7	37	21	55
	1990	100	10	61	26	34	31	7	40	24	53
	1991	100	10	62	25	33	29	9	37	21	54
	1992	100	9	62	27	30	28	8	36	21	56
	1993	100	10	64	29	27	29	8	34	17	58
	1995	100	10	63	26	31	29	9	35	18	56
	2000	100	12	63	23	32	31	11	34	16	56
Colombie	1970	100	9	72	20	14	16	25	28	21	47
	1980	100	10	70	19	16	16	19	32	23	49
	1990	100	10	65	19	21	15	16	37	20	47
	1991	100	10	65	17	21	14	16	36	20	48
	1992	100	11	70	17	18	16	16	35	20	50
	1993	100	12	70	22	17	21	8	34	17	58
	1995	100	15	65	26	15	21	15	32	16	53
	2000	100	19	67	12	22	20	14	31	14	56
Côte-d'Ivoire	1970	100	14	57	22	36	29	40	23	13	36
	1980	100	17	63	27	35	41	31	24	15	45
	1990	100	18	67	9	35	29	39	26	nd	35
	1991	100	18	69	10	33	29	38	24	19	38
	1992	100	18	66	11	34	28	37	28	nd	35
	1993	100	20	63	9	34	27	37	24	22	39
	1995	100	12	69	14	41	36	29	20	17	51
	2000	100	10	71	12	46	39	29	22	19	48

Tableau 31 (suite) : *PIB par catégorie de dépenses et par branche d'activité économique (%)*

Pays	*Année*	*PIB par catégorie de dépenses*						*PIB par branche d'activité économique*			
		PIB	*C.F.A.P.*	*C.F.P.*	*I.I.B.*	*Export.*	*Import.*	*Agric.*	*Activité industrielle*		*Services*
									Totale	*Ind. manuf.*	
Ghana	1970	100	13	74	14	21	23	47	18	11	35
	1980	100	11	84	6	8	9	58	12	8	30
	1990	100	8	86	14	16	24	48	16	9	36
	1991	100	9	83	16	16	24	49	16	9	35
	1992	100	10	88	13	16	27	49	16	9	35
	1993	100	12	90	15	20	36	48	16	8	36
	1995	100	12	76	20	25	33	39	24	9	37
	2000	100	15	81	24	49	70	35	25	9	39
Zambie	1970	100	16	39	28	54	37	11	55	10	35
	1980	100	26	55	23	41	45	14	41	18	44
	1990	100	19	63	17	37	37	18	45	32	37
	1991	100	32	50	15	34	31	16	46	33	38
	1992	100	15	76	14	26	31	21	44	33	35
	1993	100	11	75	15	35	36	34	36	23	30
	1995	100	13	75	16	36	40	18	36	11	46
	2000	100	11	86	18	31	46	27	24	13	49
Indonésie	1970	100	8	78	16	13	15	45	19	10	36
	1980	100	11	52	24	33	20	24	42	13	34
	1990	100	9	59	30	27	25	22	39	20	39
	1991	100	9	59	29	28	26	20	41	21	39
	1992	100	10	59	29	29	27	20	40	22	40
	1993	100	10	60	28	28	25	19	39	22	42
	1995	100	8	62	32	26	28	17	42	24	41
	2000	100	7	67	18	39	31	17	47	26	36
Malaisie	1970	100	16	58	22	42	39	29	25	12	46
	1980	100	17	51	30	53	55	22	38	21	40
	1990	100	14	53	31	77	75	16	46	26	38
	1991	100	14	55	37	81	87	17	43	28	40
	1992	100	15	51	34	78	76	19	40	27	41
	1993	100	15	49	33	80	75	16	44	30	40
	1995	100	12	48	43	94	98	13	41	26	46
	2000	100	11	43	26	125	104	11	45	33	44

Source : Manuel de statistiques du commerce international et du développement, 2004. Les données sur le Congo Démocratique ne sont pas disponibles.

CFAP : consommation finale des administrations publiques.
CFP : consommation finale privée.
IIB : investissement intérieur brut.

En raison d'un déséquilibre économique en faveur des régions du sud du pays, les pouvoirs publics ivoiriens ont initié le programme du Nord à la fin de l'année 1974 qui s'est traduit par un vaste programme d'investissement publics avec plus de 415 millions de $ consacrés à la culture de la canne à sucre par SODESUCRE. Ce programme d'investissement a été principalement financé par le boom du cacao[40] et du café. Les producteurs ivoiriens de café ont reçu près de la moitié du prix international du café[41]. Entre 1975 et 1978, l'Indonésie a connu un important déficit de sa balance des comptes courants en raison d'un vaste investissement public et la part des investissements par rapport au PNB est passée de 20% à 25% entre le début et la fin des années 1970. La part de la consommation globale a chuté parce que les pouvoirs publics ont voulu atteindre un niveau élevé d'investissement mais ils ne pouvaient le réaliser qu'avec des mesures sociales et politiques qui ont freiné la consommation. En novembre 1978, l'Indonésie a dévalué le Rupiah de 415 par dollar à 615 par dollar afin de stimuler l'activité agricole et les exportations. Ainsi, les exportations indonésiennes des produits non-énergétiques sont passées de 25% des exportations totales, en 1975, à 43%, en 1979.

Le boom des investissements qui a commencé en 1975 s'est poursuivi et l'investissement par rapport au PNB s'est stabilisé autour de 30% entre 1981 et 1983. Cependant, au cours de cette période, la balance des paiements s'est détériorée en raison de la baisse des exportations de pétrole, en particulier en 1982, suite à une diminution des quotas accordés à l'Indonésie par l'OPEP et à une chute des prix internationaux. Les prix d'autres produits d'exportation qui placent l'Indonésie parmi les principaux producteurs mondiaux (par exemple, le caoutchouc) ont également baissé durant cette période. Ainsi, la valeur des exportations en dollars a baissé alors que celle des importations a augmenté de 41% de 1980 à 1982. La balance de comptes courants est passée d'un excédent de 4% en 1980 à un déficit de 5,9% en 1982. Les pouvoirs publics indonésiens ont réagi en dévaluant une nouvelle fois le Rupiah de 38% en 1983, en

---

[40] Jouve P. ; de Milly H., (1990), *op. cit.*
[41] Daviron B. ; Fousse W., (1993), *op. cit.*

limitant les dépenses publiques et en lançant des réformes économiques.

5.2.2. Accroissement de l'offre de matières premières, endettement et libéralisation des filières de commercialisation

Les décisions d'investissement en capacités de production durant les années 1960 et 1970 ont largement contribué à l'augmentation de l'offre sur les marchés internationaux de matières premières. Mais, d'autres facteurs sont également intervenus dans cette dynamique de hausse de l'offre qui a débouché notamment sur un processus d'endettement de nombreux pays producteurs (A). L'expérience de la période de l'entre-deux guerres réunit de nombreux facteurs de similitude avec cet épisode de l'histoire des marchés de matières premières (B). Une offre excédentaire, des prix bas et l'endettement de nombreux pays producteurs ont encouragé des mesures de libéralisation des filières de commercialisation des matières (C).

A. Accroissement de l'offre de matières premières et endettement des pays producteurs

Plusieurs facteurs expliquent l'accroissement de l'offre de matières premières durant les années 1970 et 1980 notamment. Le progrès technique, notamment, a joué un rôle important dans l'augmentation du volume de production de nombreuses matières premières en particulier agricoles. En plus des investissements en capacité de production dans les pays en développement, les politiques agricoles dans les pays développés et l'échec de plusieurs accords internationaux de produits ont également entraîné une hausse sensible de l'offre de matières premières. Pour les pays en développement, l'aggravation de l'endettement, au début des années 1980, a restreint les possibilités d'emprunt sur les marchés financiers internationaux. Des ajustements de la balance des paiements ont conduit à des politiques d'incitation aux exportations et à l'accroissement de l'offre de matières premières émanant de nombreux pays producteurs. Durant la période 1984-1988, l'offre mondiale de matières premières a augmenté de 13% soit près de 3 fois le taux annuel moyen d'accroissement durant les années 1974-84 soit 4,8%.

Gilbert (1989)[42] a tenté d'évaluer les effets de la crise de la dette en utilisant le ratio service/dette pour un groupe de pays en développement comme variable explicative de la dynamique des prix des matières premières mais cette analyse semble insuffisante. En effet, bien que la crise de la dette a servi de toile de fond à des efforts d'accroissement des exportations de matières premières, des indicateurs macroéconomiques, comme le rapport PIB/dette par exemple, ne fournissent pas toutes les informations sur les incitations accordées aux producteurs. Ce ratio ne renseigne pas sur les subventions accordées aux producteurs en matière d'intrants, d'encadrement, de facilités de crédits pour encourager la production et accroître les exportations de matières premières. De même, les pays en développement asiatiques qui ne sont pas astreints au service de la dette ont libéralisé leurs systèmes de commercialisation et amélioré leurs incitations à l'exportation. En outre, le progrès technique, difficile à évaluer, a aussi joué un rôle important dans l'accumulation de l'offre de matières premières durant les deux dernières décennies. C'est pourquoi Borensztein et Reinhart (1994)[43] ont proposé un cadre d'analyse considérant l'offre de matières premières comme exogène. Ces auteurs montrent que les chocs d'offre ont compté pour 40% dans la variance des prix des matières premières durant la période 1971-1984 et pour plus de 60% de 1985 à 1988. Inversement, la production industrielle dans les pays développés explique 25% de la variation des prix des matières premières entre 1971 et 1984 mais cette proportion chute à 5% de 1985 à 1988. Cela ne signifie pas, selon ces auteurs, que les conditions de la demande dans les pays industrialisés ont joué un rôle secondaire dans la dynamique des prix des matières premières, mais elles ne constituent pas un facteur-clef dans l'explication de la forte variabilité de ces prix. Ce cadre d'analyse ne prend pas en compte

---

[42] Gilbert C.L., (1989), « The Impact of Exchange Rate and Developing Countries Debt on Commodity Prices », *Economic Journal*, vol. 99, September, p. 773-784.

[43] Borensztein E.; Reinhart C.M., (1994), *op. cit.*

la dynamique de moyen-long terme des marchés de matières premières puisque les auteurs considèrent que l'offre est exogènes alors qu'elle résulte des mécanismes endogène d'ajustement production-consommation-prix.

Les réformes structurelles mises en place dans plusieurs pays en développement, à la fin des années 1980[44], ont également eu des répercussions sensibles sur l'offre de matières premières sur les marchés internationaux. En outre, depuis 1990, l'effondrement des systèmes de planification centralisée des pays de l'Est a aussi affecté les marchés internationaux de matières premières où ils occupent une part importante tant au niveau des importations que des exportations, en particulier pour les métaux. Les effets de l'effondrement des régimes communistes des pays de l'Est se traduisent par une diminution de leur consommation de matières premières et par une hausse importante de l'exportation sur les marchés internationaux, en particulier pour les métaux non ferreux comme l'aluminium, le nickel, le plomb et le zinc[45]. Aussi, Borensztein et Reinhart (1994)[46] ont constaté que la production dans les pays de l'Europe de l'Est a constitué une part négligeable dans la variance des prix des matières premières jusqu'en 1989 mais cette part est montée à 26% depuis l'effondrement politique de ces pays. L'accroissement très sensible des exportations des pays de l'ex-Union Soviétique s'explique par la diminution nette des activités de l'industrie militaire et d'autres industries manufacturières qui étaient « *metal intensive* » et par la chute de la consommation intérieure. D'autres facteurs ont aussi contribué à l'accroissement du volume des exportations comme le bas niveau du prix domestique de l'énergie qui réduit les coûts de production des métaux. Leur exportation permet de se procurer des devises qui sont nécessaires à l'achat d'équipements aux

---

[44] Bourguignon F. ; Morrisson C., (1992), *Ajustement et équité dans les pays en développement, une approche nouvelle*, études du Centre de Développement, OCDE.

[45] Mignon A., (1995), « La libéralisation du commerce extérieur de la CEI et son intégration aux marchés mondiaux des métaux non-ferreux », mémoire de DEA, Faculté des Sciences Economiques, Université Pierre Mendès France-Grenoble 2.

[46] Borensztein E. ; Reinhart C.M., (1994), *Idem*.

pays occidentaux. L'augmentation du volume de production provient également de la réduction des stocks stratégiques qui ne sont plus justifiés par des contraintes de sécurité nationale ou de considérations économiques nationales. Les stocks sont commercialisés sur le marché international lorsque la conjoncture du marché du produit concerné est jugée favorable, c'est-à-dire quand le prix est élevé. Sur le marché international de l'étain par exemple, les États-Unis ont vendu 50 000 tonnes en 1962, 53 700 tonnes en 1963-64, 43 800 tonnes en 1973-74 et 36 000 tonnes en 1981[47].

B. Transfert de risque et libéralisation des filières de commercialisation

Le fonctionnement d'une filière de produit qui est administrée pousse généralement l'Etat, ou l'ensemble de la collectivité, à supporter le coût du risque qu'entraînent les fluctuations pluriannuelles du prix international du produit par les mécanismes de transfert de risque. En effet, l'exploitant est confronté à des risques divers qui peuvent toucher son exploitation (incendie, accident, défaillance d'un fournisseur ou d'un débiteur, etc.), lui-même ou un membre de sa famille (maladie, accident, etc.). Les risques peuvent aussi porter sur une baisse du prix du produit provoquée par la chute du prix international ou une forte augmentation du prix des intrants, etc. Le coût total d'un risque est déterminé par la place qu'occupe le produit dans l'économie du pays producteur et par le nombre d'exploitants concernés[48]. Le transfert du risque peut s'appuyer sur un système d'assurances plus ou moins efficace portant sur plusieurs dimensions. Il peut être assumé dans le cadre d'une solidarité communautaire où l'aide que recevrait l'exploitant en difficulté implique des dépenses (cadeaux, participation à des cérémonies, déplacements, etc.) mais ce transfert reste limité à des risques personnels et à des problèmes économiques de faible ampleur. L'exploitant peut faire appel à un réseau de relations professionnelles mais l'aide reçue peut être très coûteuse parce que les

---

[47] Calabre S., (1991), *op. cit.*

[48] Calabre S., (1997), *Filières nationales et marchés mondiaux de matières premières*, *op. cit.*, p. 366 et s.

partenaires peuvent pratiquer des taux d'intérêt élevés. Enfin, l'exploitant peut hésiter à couvrir son risque auprès des organismes ou des mutuelles d'assurance en espérant qu'il ne sera pas touché par un sinistre.

Mais, le transfert du risque dépend surtout de la configuration de la filière ou la commercialisation et l'exportation du produit peuvent être contrôlées par un office public de commercialisation. Même si les producteurs assument une grande partie du risque lié aux fluctuations de prix du produit, les effets qui en résultent se répercutent généralement sur le reste de l'économie (baisse des recettes de l'Etat en cas de chute du prix international du produit, par exemple). Le transfert de risque provient de la combinaison des fonctions qu'assument simultanément les organismes d'intervention. La libéralisation des filières de commercialisation du produit cherche à accroître la compétitivité de ces filières et à rendre leur fonctionnement autonome c'est-à-dire sans l'aide des subventions publiques. Depuis 1986, le prix perçu par les producteurs de cacao est déterminé par l'évolution du prix international en ce qui concerne le Brésil, l'Indonésie, la Malaisie, et le Nigeria. La libéralisation des filières de commercialisation peut se traduire par un blocage des mécanismes de transfert de risque, de déficit de fonctionnement et d'endettement vers l'Etat. En effet, l'évolution récente des filières de commercialisation des matières premières reste fortement marquée par une tendance à la généralisation du système de marché qui est due principalement aux caractéristiques de l'économie administrée. Les activités de production de biens et services gérées par l'Etat ont conduit à de nombreux exemples d'entreprises publiques largement déficitaires qui ne peuvent survivre que grâce à des subventions

Le tableau 32 (*infra*) montre que deux pays (La Côte-d'Ivoire et le Cameroun) ont connu un déficit de leur filière durant la campagne 1991/92. Cependant, l'équilibre des filières peut être artificiel parce qu'il ne prend pas en compte le non remboursement des crédits aux producteurs par des reports d'échéances, les subventions d'intrants, le coût d'encadrement et de vulgarisation, etc. Dans certains pays en développement, les plans d'ajustement structurels ont mené à des réformes de filières des produits tendant à les intégrer dans les mécanismes de la dynamique des marchés internationaux[49].

Tableau 32 : *Comparaison des structures de coûts de différents pays producteurs de café robusta en 1992 (US cents/kg)*

	Ouganda	*Guinée*	*Cameroun*	*Côte d'Ivoi.*	*Brésil*	*Indonésie*	*VietNam*
Production	42	35	58	75	44	58	59
Collecte	6	13	7	5	3	1	1
Décorticage	15	1	11	12	1	1	3
Usinage		21	18	12	26	14	12
Transp. à quai	24	6	4	6		2	2
Mise à FOB		6	5	8	10	3	4
Mise à CA.	13	12	13	12	11	11	11
Total	100	96	116	130	96	90	91
Prix internat.	96	96	96	96	96	96	96
Cote/décote	5	0	0	0	0	-6	-7
Différentiel	1	0	-20	-33	0	0	0

Source : Daviron et Fousse (1993)[50].

Ces réformes se situent dans le cadre des contraintes liées à la mondialisation des marchés de produits, à la libéralisation des filières de commercialisation et au jeu des mécanismes du marché international. Les réformes des filières de commercialisation veulent effectivement éviter que se développent des phases prolongées de surproduction qu'ont connu de nombreux marchés de matières premières durant les années 1980 et au début des années 1990 (café, cacao, et aluminium, par exemple). Elles s'appuient principalement sur les mécanismes de marché pour réguler les marchés internationaux de matières premières dans la mesure où les accords internationaux de produits ont montré leurs limites et parfois leurs échecs. Les mesures de financement compensatoire spécifiques à de petits producteurs des pays en développement comme le STABEX sont aussi marquées par leurs insuffisances[51]. La libéralisation des filières permettrait également d'éviter que les producteurs

[49] Bouguignon F. ; Morrisson C., (1992), *op. cit.*
[50] Daviron B. ; Fousse W., (1993), *op. cit.*, p. 132.
[51] Guillaumont P., (1985), *Economie du développement*, volume 3 : Dynamique internationale du développement, Paris, Presses Universitaires de France, p. 94-108.

soient déconnectés, par la fixation administrative des prix, de l'évolution du prix international et que la production soit en déséquilibre par rapport à la consommation.

Alors que les prix aux producteurs étaient antérieurement fixés de manière administrative, la réforme des filières de commercialisation permet de tenir compte de l'évolution du prix international et de celle de la production de manière à encourager un retour à l'équilibre du marché. Des prix fixés trop haut peuvent favoriser la production en période d'excédents et des prix trop bas peuvent décourager la production en période de pénurie. La libéralisation des filières de commercialisation modifie les modalités de mise sur le marché du produit par les offices publics de commercialisation lorsqu'ils sont maintenus et favorise la transparence des conditions d'exportation (meilleure information sur les prix et mise en concurrence des exportateurs). Des filières de commercialisation libéralisées sont généralement affranchies des prélèvements de l'Etat même si des taxes sont maintenues (taxes à l'exportation, par exemple). En principe, elles sont débarrassées des lourdeurs administratives et leurs coûts de fonctionnement sont allégés par rapport au passé.

Parfois une solution intermédiaire est retenue en gardant temporairement ou non le fonctionnement d'un office de commercialisation et en établissant en concertation avec les professionnels un prix indicatif qui permet à la filière de prétendre à un équilibre au cours d'une année, comme en Côte-d'Ivoire. Cette méthode conduit à répercuter l'évolution pluriannuelle du prix international sur la filière interne et finalement sur les producteurs. Ainsi, lorsque le marché international se trouve en situation de surproduction, la baisse du prix international devrait ralentir ou décourager les productions nationales et encourager le retour à l'équilibre. En situation de pénurie, l'augmentation du prix international favoriserait la hausse des productions nationales et également le retour à l'équilibre.

La libéralisation des filières vise notamment l'instauration d'une libre concurrence entre les exportateurs et l'élimination des positions dominantes. Elle veut réduire la dépendance des producteurs par rapport aux intermédiaires de la collecte des produits en favorisant leur regroupement en coopératives ou en organisations professionnelles. La logique de libéralisation des filières de commercialisation des matières premières est de laisser jouer les mécanismes de marché tant au niveau des exploitations qu'au niveau du marché grâce à la privatisation des activités de production, de transformation et de commercialisation. Une filière de commercialisation non soumise à la tutelle de l'Etat pourrait mieux répondre aux signaux des prix du marché international et s'adapter aux différentes situations de ce marché.

Le prix international pourrait ainsi être répercuté sur le prix à la production. Le fonctionnement de cette filière répond à une logique de régulation de l'économie internationale des produits par les mécanismes de marché en impliquant directement les producteurs qui peuvent prendre leur décision en tenant compte de l'évolution du prix international. Aussi, les réformes des filières de commercialisation tiennent des délais nécessaires aux rééquilibrages des marchés. En effet, le libre jeu des mécanismes d'ajustement du marché et de régulation de l'économie mondiale d'un produit est marqué par des délais de réaction et des phénomènes surréactifs qui ont été analysés plus amplement dans les chapitres précédents. Ces mécanismes de régulation conduisent à des phases d'assainissement qui touchent plus durement les producteurs les moins compétitifs et qui provoquent une modification des parts de marché.

Ainsi, en période d'excédents, la diminution du prix à la production tendra à décourager les producteurs à prendre des décisions d'investissement en capacités de production et favorise le retour à l'équilibre du marché. Par contre, en situation de pénurie, la hausse du prix international incitera les producteurs à augmenter leur production et à encourager le retour à l'équilibre du marché. Mais la libéralisation des marchés permettrait-elle d'empêcher l'action des mécanismes surréactifs que connaissent actuellement les marchés internationaux de produits ? L'histoire de ces marchés montre que leur régulation dépend du niveau de production et de son adaptabilité à la situation du marché. Hormis les actions de régulation volontaire qui peuvent être initiées par les opérateurs privés et les Etats, ce sont les mécanismes de marché qui se chargent de rétablir l'équilibre entre la production et la consommation en réaction à l'évolution du prix international.

Néanmoins, le libre jeu des mécanismes de régulation du marché et de l'économie internationale du produit conduit à des délais de réaction et à des phénomènes de surréaction qui ont été analysés plus haut. Il se traduit par des phases au cours desquelles se déclenche un processus d'ajustement entre la production et la consommation qui ne peut être envisagé que dans une perspective de moyen terme en impliquant l'adaptation des capacités de production à l'évolution des besoins. Alors, même si l'évolution du prix international est directement répercutée sur les producteurs, les ressorts cycliques et les phénomènes de surréaction continuent de jouer. La libéralisation des filières de commercialisation ainsi que la dynamique de mondialisation participent aux mécanismes endogènes des marchés et entretiennent les phénomènes de surréaction. La forte baisse des prix qui a touché de nombreux marchés internationaux de matières premières, principalement durant les années 1980, a permis d'initier des actions de libéralisation des filières de commercialisation conçues pour éviter qu'une telle situation se reproduise. De plus, les mouvements de hausse de prix sur de nombreux marchés ont favorisé la mise en place de cette libéralisation mais de telles réformes sont-elles suffisantes pour éviter le retournement des marchés ?

Les évolutions des conjonctures des marchés de matières premières sont étroitement liées à l'histoire du développement des pays producteurs du Tiers Monde. Elles présentent des phénomènes de convergence ou de divergence résultant des comportements des pays producteurs en matière de décisions d'investissement en capacités de production et des contraintes de dépendance par rapport au produit. Elles se traduisent par des phénomènes de simultanéité dans les évolutions des prix et des situations de marché. Ces phénomènes de simultanéité dans les évolutions des prix et des situations de marché ont touché plusieurs marchés de matières premières notamment ceux que nous avons étudiés (cacao, café, caoutchouc, coton, aluminium, cuivre, zinc, étain, plomb et zinc). Ils résultent de la combinaison des mécanismes cycliques endogènes (*cf. supra*, chapitre 2) et de l'impact des facteurs globaux telles que l'histoire du développement des pays producteurs et l'évolution du rythme de l'activité économique générale dans les principaux pays industrialisés (*cf. supra*, chapitre 4).

5.3. COÏNCIDENCE DANS LES EVOLUTIONS DES CONJONCTURES DES MARCHES DE MATIERES PREMIERES

L'analyse des évolutions des marchés de matières premières sur plusieurs décennies montre un enchaînement simultané de phases de surproduction et de pénurie sur la plupart des marchés. Cette alternance de phases se traduit également par des mouvements de hausse et de baisse des prix qui touchent plusieurs marchés en même temps et qui marque l'histoire des marchés internationaux de matières premières. Cependant, l'évolution de ces conjonctures reste soumise à des perturbations exogènes de grande ampleur qui ont des répercussions sur les dynamiques endogènes des marchés (*5.3.1.*). De même, la place prépondérante qu'occupe le produit dans l'économie de la plupart des pays exportateurs et leurs comportements sur les marchés internationaux de matières premières conduisent à un rapprochement des dynamiques spécifiques (*5.3.2.*).

5.3.1. Coïncidences des perturbations exogènes

L'analyse des chapitres précédents a montré que la dynamique surréactive des marchés débouche généralement sur une évolution quasi-cyclique. Les résultats des tests ont montré que la plupart des marchés sont marqués par des mécanismes de retards de réaction présentant des similitudes et débouchant sur des phénomènes de convergence dans les évolutions des conjonctures des marchés. Cependant, les spécificités des produits conduisent à des évolutions autonomes des conjonctures de certains marchés. Ainsi, à la suite des deux chocs pétroliers, plusieurs marchés ont subi des hausses de prix mais de nombreux autres ont suivi une évolution autonome.

De même, de nombreux marchés ont été déprimés durant les années 1980, notamment à la suite de la chute des prix du pétrole. Enfin, à partir de 1994, plusieurs marchés de matières premières montrent des signes de reprise avec des prix en hausse. Néanmoins, l'impact des chocs pétroliers sur les conjonctures des autres marchés reste mitigé parce que tous les marchés n'ont pas réagi de la même manière à cause des perturbations exogènes et des dynamiques endogènes spécifiques à chaque produit. Les marchés des produits agricoles sont généralement plus sensibles aux conditions climatiques alors que ceux des produits miniers dépendent du rythme de l'activité économique générale[52].

Les facteurs de divergence sont dus à des mécanismes dynamiques spécifiques qui portent sur les « temps propres » liés à la nature du produit, aux conditions naturelles et techniques de son exploitation, aux interactions production/consommation/prix (*cf. supra*, chapitre 2, section 3) et aux formes du régime de régulation de moyen terme (*cf. supra*, chapitre 3, section 2). En outre, ils relèvent de l'impact des facteurs exogènes spécifiques telles que les innovations technologiques, les perturbations climatiques, les conditions agronomiques, les accidents dans les mines, les instabilités politiques dans certains pays producteurs. Mais la dynamique de convergence des marchés de matières premières se présente sous deux formes : soit sous la forme de perturbations exogènes touchant simultanément les différents marchés, soit en influençant et en rapprochant leurs dynamiques spécifiques.

La première forme de la dynamique convergente des marchés de matières premières porte sur de nombreux facteurs exogènes de grande ampleur qui perturbent simultanément les dynamiques de plusieurs marchés de matières premières. Les principaux facteurs qui agissent en même temps sur les con-

---

[52] Saadi H. ; Truong B.T., (1995), « Comparaison des fluctuations des prix des matières premières à moyen-long terme », in Calabre, S. (Ed.) : *Matières premières, marchés mondiaux, déséquilibres, organisation*, Paris, Ministère de la coopération, Economica, chapitre 3, p. 65-92.

jonctures de la plupart de ces marchés sont les conflits militaires de portée mondiale et les tensions géopolitiques (guerres mondiales, conflits du Proche-Orient, tension Est-Ouest), les chocs monétaires et financiers de l'économie internationale, les conditions climatiques, les innovations technologiques et le niveau d'activité économique générale dans les grands pays consommateurs.

La première et la deuxième Guerres mondiales ont entraîné un accroissement très sensible de la production de la plupart des matières premières minérales (*cf. infra*, tableau 33). La première Guerre mondiale a accéléré particulièrement les productions de l'aluminium et du cuivre alors que, durant cette période, les productions du plomb, de l'étain et du zinc ont baissé. Durant la deuxième Guerre mondiale, les productions d'aluminium, de cuivre et de zinc ont généralement augmenté jusqu'en 1943 alors que les hausses des productions du plomb et de l'étain ont culminé en 1941.

En outre, la consommation des produits miniers a augmenté sur presque tous les marchés durant la première Guerre mondiale alors que la deuxième Guerre mondiale a entraîné l'accroissement de la consommation de l'aluminium seulement jusqu'en 1943. Par comparaison avec le niveau de 1940 et compte tenu du manque de statistiques jusqu'en 1945, la consommation des autres produits miniers, en 1946, montre une baisse sensible de la production de la plupart des produits.

De même, la guerre de Corée a provoqué des hausses de la consommation, du prix et de la production de la plupart des métaux. Ces hausses ont été également encouragées par la période de reconstruction en Europe qui a relancé la demande des produits métalliques. En ce qui concerne les produits agricoles, les conjonctures de la plupart des produits montrent une tendance à la baisse durant cette période, sauf celles du café et du caoutchouc qui ont vu leurs prix augmenter de 1950 à 1951. Cette baisse des prix des produits agricoles peut s'expliquer par une demande et un pouvoir d'achat faibles ainsi que par la priorité donnée à la reconstruction en Europe. De plus, les circuits de commercialisation de la plupart des produits agricoles ont été désorganisés par la deuxième Guerre mondiale.

Tableau 33 : *Production et consommation mondiales de certains produits miniers entre 1914 et 2002 (000 t)*

Année	*Alum*		*Cuivre*		*Plomb*		*Etain*		*Nickel*		*Zinc*	
	Prod.	*Cons.*	*Prod.*	*Cons.*	*Prod.*	*Cons.*	*Prod.*	*Cons.*	*Prod.*	*Cons.*	*Prod.*	*Cons.*
1914	83	66	929	958	1167	1026	128	111			875	921
1918	180	151	1408	1389	1141	1268	125	121			810	848
1920	158	141	984	1057	842	1059	122	127			719	697
1921	90	71	553	608	859	830	106	82			448	454
1922	96	103	870	999	1034	1047	121	130			702	768
1923	139	149	1274	1219	1180	1054	119	133			956	934
1924	167	153	1324	1364	1294	1230	124	129			998	1008
1925	183	174	1426	1438	1454	1439	146	155			1130	1151
1926	198	190	1472	1485	1592	1547	147	148			1251	1233
1927	202	199	1532	1539	1644	1588	162	145			1329	1304
1928	228	228	1732	1741	1651	1634	178	167			1430	1418
1929	272	259	1959	1922	1754	1686	197	178			1463	1440
1930	261	234	1623	1574	1675	1580	180	153			1405	1295
1931	219	182	1360	1277	1384	1323	156	135			1007	1046
1932	154	146	918	963	1154	1111	106	116			787	810
1933	141	162	1034	1129	1154	1190	101	145			1002	1023
1934	170	231	1311	1345	1332	1352	128	136			1182	1175
1935	260	308	1528	1605	1382	1485	145	155			1324	1370
1936	374	403	1736	1859	1525	1685	187	173			1486	1527
1937	503	501	2263	2107	1772	1709	205	192			1669	1628
1938	593	530	1990	1814	1788	1722	173	152			1582	1446
1939	704	676	2188	2013	1743	1615	180	165			1670	1630
1940	780	838	2473	2442	1758	1630	226	168	140		1631	1700
1941	1029	1200	2664	nd	1726	nd	220	177	125		1802	nd
1942	1385	1900	2841	nd	1680	nd	102	123	125		1869	nd
1943	1933	2000	2887	nd	1525	nd	107	104	142		1921	nd
1944	1690	1500	2725	nd	1351	nd	99	103	138		1662	nd
1945	850	1200	2280	nd	1235	nd	95	104	136		1339	nd
1946	775	800	1850	2200	1170	1250	107	124	123	74	1428	1450
1947	1065	1000	2665	2573	1489	1560	133	138	138	77	1658	1625
1948	1250	1186	2764	2664	1621	1623	168	142	120	115	1792	1720
1949	1293	1227	2650	2360	1793	1505	179	126	125	118	1909	1646
1950	1508	1578	3051	2923	1986	1963	185	166	128	155	2060	2009
1951	1802	1811	3139	3046	1969	1916	179	153	144	151	2168	2031
1952	2028	1997	3161	3126	2129	1913	180	146	160	170	2274	1956
1953	2453	2416	3327	3054	2181	2055	193	149	178	179	2392	2153
1954	2842	2792	3402	3831	2349	2239	198	158	197	179	2467	2318

Source : *Annuaire statistique Minemet*, 1976, *Annuaire statistique Metaleurop*, 1995 et 2001, Paris, Economica, col. « Cyclope », 2004.

Tableau 33 (suite) : *Production et consommation mondiales de certains produits miniers entre 1955 et 2002 (000 t)*

Année	*Alum.*		*Cuivre*		*Plomb*		*Etain*		*Nickel*		*Zinc*	
	Prod.	*Cons.*	*Prod.*	*Cons.*	*Prod.*	*Cons.*	*Prod.*	*Cons.*	*Prod.*	*Cons.*	*Prod.*	*Cons.*
1955	3187	3167	3752	3674	2410	2390	196	169	220	210	2754	2655
1956	3385	3291	4009	3920	2546	2432	199	176	241	235	2898	2614
1957	3397	3355	4093	3896	2622	2488	191	177	264	237	2980	2650
1958	3574	3544	4018	3990	2630	2443	162	172	221	194	2869	2714
1959	4131	4178	4273	4360	2578	2534	157	181	274	249	2985	2904
1960	4637	4242	4985	4693	2711	2578	198	200	321	289	3165	3056
1961	4683	4592	5086	5009	2806	2678	190	201	337	315	3345	3216
1962	5098	5007	5256	5094	2758	2785	200	214	353	307	3477	3386
1963	5536	5516	5382	5384	2920	2918	200	214	333	332	3578	3627
1964	6202	6054	5816	5914	3060	3096	201	224	363	389	3852	3935
1965	6616	6640	6202	6123	3176	3159	208	224	404	415	4043	4064
1966	7275	7588	6362	6415	3311	3296	213	228	414	470	4271	4254
1967	7986	7624	5988	6094	3367	3296	234	229	467	492	4297	4291
1968	8562	8852	6662	6450	3552	3581	228	220	508	492	4728	4659
1969	9475	9659	7171	7065	3883	3780	220	227	472	503	5169	4980
1970	10305	9948	7541	7252	4006	3901	224	229	587	570	5248	5083
1971	10944	10659	7362	7363	3922	3982	229	230	620	519	5141	5198
1972	11649	11673	8097	8024	4082	4149	233	235	582	569	5560	5730
1973	12742	13585	8513	8755	4198	4440	226	253	657	661	5817	6259
1974	13818	13835	8850	8306	4255	4414	227	244	723	720	5978	6017
1975	12714	11338	8343	7455	4622	4462	225	217	690	575	5450	5025
1976	13209	14093	8838	8528	4985	5029	226	239	740	664	5796	5781
1977	14339	14503	9075	9058	5345	5424	225	229	715	648	5980	5804
1978	14764	15327	9192	9522	5459	5509	235	232	604	699	6033	6291
1979	15168	15987	9359	9854	5679	5628	246	232	663	749	6438	6400
1980	16031	15289	9488	9366	5463	5402	244	224	749	723	6146	6193
1981	15701	14625	9540	9513	5373	5300	243	211	710	65	6184	6116
1982	13972	14287	9410	9028	5267	5241	228	214	628	652	5977	5985
1983	14322	15378	9665	9305	5232	5248	210	205	682	697	6323	6326
1984	15989	15666	9549	9859	5414	5424	226	216	752	778	6635	6556
1985	15576	15890	9728	9873	5623	5460	219	216	780	770	6853	6529
1986	15673	16193	9837	10090	5454	5550	206	222	763	773	6829	6707
1987	16492	17063	10163	10395	5647	5661	203	229	898	846	7018	6925
1988	17496	17784	10533	10542	5781	5771	217	235	952	853	6848	6796
1989	19172	19288	10933	11077	5605	5540	252	231	960	895	6775	6692
1990	19351	19152	10736	11142	5500	5372	238	232	936	886	6690	662

Source : *Annuaire statistique Minemet*, 1976, *Annuaire statistique Metaleurop*, 1995 et 2001, Paris, Economica, col. « Cyclope », 2004.

Tableau 33 (suite) : *Production et consommation mondiales de certains produits miniers entre 1914 et 2002 (000 t)*

Année	*Alum.*		*Cuivre*		*Plomb*		*Etain*		*Nickel*		*Zinc*	
	Prod.	*Cons.*	*Prod.*	*Cons.*	*Prod.*	*Cons.*	*Prod.*	*Cons.*	*Prod.*	*Cons.*	*Prod.*	*Cons.*
1991	19661	18426	10692	10772	5341	5201	201	220	914	815	6885	6585
1992	19416	18540	11128	10964	5449	5155	195	208	883	789	7013	6623
1993	19697	18202	11292	11046	5393	5098	201	209	807	783	7157	6759
1994	19120	20111	11125	11565	5426	5440	220	214	837	870	7132	7088
1995	19751	20871	11834	12037	5761	5836	222	229	928	982	7344	7533
1996	20833	20867	12741	12463	5836	5819	242	237	961	934	7463	7545
1997	21781	22246	13592	13053	6026	5989	247	243	1025	1012	7798	7782
1998	22633	22073	14149	13357	6621	5945	255	241	1051	988	8020	7880
1999	23655	23659	14453	14088	6291	6109	265	246	1043	1072	8381	8382
2000	24624	25221	14824	15215	6621	6347	282	268	1131	1134	8927	8770
2001	24486	23613	15667	14713	4935	5457	290	280	1145	1100	9292	8835
2002	26099	24961	15323	14958	4913	5333	278	273	1174	1172	9713	9086

Source : Annuaire statistique Minemet, 1976, Annuaire statistique Metaleurop, 1995 et 2001, Paris, Economica, col. « Cyclope », 2004.

Durant les années 1970, les tensions géopolitiques du Proche-Orient ont débouché sur un embargo pétrolier des pays arabes et une flambée des prix du pétrole. Le renchérissement des prix des produits énergétiques a eu des répercussions sensibles sur les conjonctures de nombreux produits. En effet, les prix de la plupart des produits ont suivi un mouvement de hausse entre 1972 et 1974. Parmi les produits analysés dans cette recherche, les prix de l'aluminium, du plomb, du zinc et de l'étain ont simultanément augmenté durant cette période. Seul le prix du nickel a baissé entre 1970 et 1975 en raison particulièrement du contrôle des exportations et des investissements en capacités de production de 180 000 tonnes[53] initiés par les principaux producteurs mondiaux (Falconbridge, Inco et Western Mining, notamment).

L'effondrement des régimes politiques des pays de l'ancien bloc de l'Est qui ont entamé difficilement leur tran-

[53] De Sà P., (1992), *op. cit.*, p. 167-182.

sition économique a eu également des répercussions sensibles sur les marchés internationaux de matières premières, en particulier les produits miniers. Ces pays traversent une période délicate de transition vers l'économie de marché avec une restructuration des entreprises entraînant une situation politique et sociale difficile. La diminution des subventions étatiques sinon leur suppression ainsi que l'encouragement à l'autonomie conduisent les nouvelles entreprises à augmenter leur production et à inonder les marchés internationaux de produits. Par exemple, les entreprises russes d'aluminium dont la production totale place la Russie au deuxième rang mondial d'aluminium depuis plusieurs années ont vendu d'importantes quantités d'aluminium en 1993. Il en est de même sur le marché international du nickel où la Russie occupe la première place mondiale. Depuis le début des années 1990, les entreprises russes proposent de grandes quantités de nickel sur le marché international entraînant des baisses continuelles des cours[54].

L'impact des innovations technologiques de grande dimension peut influencer plusieurs marchés en même temps (progrès dans les transports et les moyens de communications, procédés électrolytiques avancés dans la métallurgie, fertilisants et produits phytosanitaires de lutte contre les parasites dans l'agriculture, etc.). Sur les marchés des produits miniers, les délais de réalisation des projets sont plus rapides qu'auparavant et les phases de pénurie ne dépassent guère deux ans[55]. Sur les marchés des produits agricoles, le recours plus fréquent aux fertilisants et la lutte contre les parasites ont entraîné une augmentation des rendements.

Ces innovations peuvent porter sur les modalités du commerce international dont l'évolution peut influencer les formes de régulation des marchés internationaux, accélérer la circulation de l'information et favoriser une tendance à l'homogénéisation des prix internationaux. Elles portent sur l'informatique, la télématique, et les innovations financières qui ont débouché sur de nouvelles formes d'organisation des marchés

---

[54] Saadi H., (1995), *op. cit,*. p. 114-117. Saadi H., (1996), « Nickel » in Albagli (Dir.), *op. cit.*

[55] Calabre S., (1996), *op. cit.*

tels que les marchés des produits dérivés et celui des options négociables[56]. Les prix ont tendance à s'homogénéiser parce qu'ils se négocient par rapport à des cours internationaux qui relèvent de cours boursiers ou de cours publiés par des agences spécialisés. L'homogénéisation des prix résulte des comportements d'arbitrage des acteurs qui comparent les prix internationaux qui se rapprochent grâce aux déplacements des offres et des demandes et à une circulation rapide de l'information. Elle reflète généralement la dynamique de moyen terme des marchés internationaux de matières premières.

Certaines évolutions de l'économie internationale ont un impact important sur l'économie et le marché international de nombreuses matières premières. Ainsi, les conséquences de l'évolution de la conjoncture économique des principaux pays industrialisés sur la consommation de matières premières sont suffisamment importantes pour influencer l'orientation de la plupart des marchés de matières premières (*cf. supra*, chapitre 4. section 1). La tendance à la convergence des conjonctures des marchés de matières premières peut également s'expliquer par l'influence qu'exercent sur eux les chocs monétaires et financiers de grande ampleur de l'économie internationale notamment la crise de 1929 et la grande dépression, les fluctuations du dollar et des taux d'intérêt depuis les années 1920 notamment.

Les années 1970 et 1980 sont particulièrement marquées par un niveau élevé d'inflation et des taux d'intérêt en hausse. Les phénomènes cycliques de l'activité économique générale sont plus marqués depuis le milieu des années 1970 et leur influence peut être constatée sur la plupart des marchés internationaux de matières premières. Par exemple, les reprises économiques de 1973, 1976, 1978, 1984, 1988 et durant la période 1992-1995 ont contribué aux mouvements de hausse des prix de l'ensemble des produits de notre échantillon (café, cacao, caoutchouc, coton, aluminium, cuivre, étain, nickel,

---

[56] Plaisance E., (1995), « Le développement des marchés d'options comme nouvelle forme d'organisation du marché d'un produit », in Calabre S. (Ed.), *Matières premières, marchés mondiaux, déséquilibres, organisation*, Paris, Ministère de la coopération-Economica, chapitre 11, p. 243-266.

plomb et zinc). Néanmoins, les effets de ces phénomènes cycliques de l'activité économique globale dépendent de la dynamique courante sur chaque marché et peuvent entraîner des décalages de réaction. Le calcul des indices de prix des matières premières peut illustrer le rapprochement des conjonctures des marchés de nombreux produits.

Les résultats des calculs de Monier (1995)[57], pour la période 1972-1991, confirment cette hypothèse et présentent également une interdépendance entre les prix des matières premières. En utilisant des coefficients de corrélations, entre séries de prix non corrigés, Monier (1995) trouve des interactions notamment entre le café et le cacao ainsi qu'entre le cuivre et le caoutchouc avec un même coefficient de (+0,72). En outre, il montre aussi que « les produits dont les variations de prix sont les plus liées »[58] sont, en particulier, le coton, le caoutchouc et le cuivre (huit coefficients significatifs). Cependant, ces résultats permettent d'observer que les mouvements de prix se distinguent par des liaisons à l'intérieur de deux groupes de produits dont l'un est homogène avec le café et le cacao notamment et l'autre hétérogène avec particulièrement l'étain et le cuivre, ou le caoutchouc. Néanmoins, ces deux groupes de produits sont interdépendants.

Cependant, sur les prix des dix produits étudiés dans notre recherche, l'évolution des prix de trois produits (café, cacao et étain surtout) semble marquer des divergences. Le marché international du café a fréquemment subi des chocs exogènes importants, notamment les gelées au Brésil de 1975 et 1986 ainsi que les difficultés de reconduction de l'accord international qui a été privé de nombreuses fois de ses clauses économiques et suspendu durant de nombreuses années, en particulier durant la période 1989-1993. Le marché international de l'étain a longtemps subi la pression du stock stratégique américain par des achats ou des ventes massives qui ont

---

[57] Monier P., (1995), *Diversification des exportations de produits primaires et instabilité des recettes d'exportation des pays en développement*, thèse de doctorat, CERDI, Faculté des Sciences Economiques, Université d'Auvergne, p. 147-151.

[58] *Idem., op. cit.*, p. 147.

souvent influencé un mouvement de hausse ou de baisse des prix.

5.3.2. Rapprochement des dynamiques spécifiques

La dynamique des conjonctures des marchés de matières premières dépend étroitement de l'évolution du développement des pays producteurs qui sont généralement les principaux exportateurs. Les vagues d'investissement en capacités de production des matières premières et l'évolution de leur production, en particulier durant les années 1960 et 1970, s'expliquent essentiellement par la croissance rapide de la consommation dans les principaux pays développés. Mais, cette évolution des marchés a laissé place à des mécanismes de retournement des marchés durant les années 1980. En effet, les fortes hausses des prix des années 1970 qui a touché de nombreux produits ont incité les pays producteurs à étendre sensiblement leurs capacités de production. L'ampleur des hausses de prix des matières premières et le potentiel de production (conditions naturelles et/ou gisements miniers disponibles) ont conduit plusieurs pays producteurs à fonder leur stratégie de développement sur l'exportation des matières premières qui fournirait le financement nécessaire (*cf.* les deux sections précédentes de ce chapitre).

Mais l'affectation d'une partie des recettes d'exportations à des investissements peu productifs débouche sur des frais financiers et des charges récurrentes qui s'alourdissent progressivement avec la multiplication des emprunts et de lourdes charges de remboursement. De plus, la forte hausse des recettes d'exportation a débouché sur le syndrome hollandais (*Dutch Desease*) dans des pays producteurs où l'expansion des recettes d'exportation a ralenti l'activité des autres secteurs tournés vers la consommation domestique entraînant un gonflement des importations, une hausse de l'inflation interne, et une surévaluation monétaire. Cet épisode de l'histoire du développement se retrouve, à des degrés divers avec des spécificités historiques et locales, dans un certain nombre de pays en développement producteurs de matières premières, notamment en Afrique et en Amérique Latine où l'endettement a atteint un niveau élevé entraînant l'application de plans d'ajustement structurels initiés par la Banque Mondiale (*cf.* tableau 36). L'application des plans d'ajustement structurels dans les pays endettés s'est traduite par des mesures de restructuration économique et une dynamique de libéralisation des filières de commercialisation.

Tableau 36 : *Dette de long terme par rapport au PNB et service de la dette par rapport aux exportations de quelques pays producteurs de matières premières*

Pays	*Dette en % du PNB*						*Service de la dette en % des exportations*					
	1975	1980	1989	1990	1991	1992	1975	1980	1989	1990	1991	1992
Brésil	18,7	25,1	20,7	18,3	19,3	21,3	40,1	57,1	35,8	23	22	26,6
Chili	53,9	33,5	57,9	43,2	38,7	30,6	34,5	35,2	25,3	21,3	18	16,7
Colombie	20,9	15	40,1	40,7	38,7	30,4	13	12,8	44,9	37,8	35	35,9
Côte-d'Ivoire	25,2	47,6	144,9	160	178,1	142,2	9	24,6	27,3	35,9	35	37,7
Ghana	26,6	27,8	64,4	56,8	54,1	58,3	5,9	6,7	44,8	34,3	24,9	23,9
Zaïre	18,7	30,4	99,9	127,4	123,2	107,9	18,5	18	36,5	45,2	16	21,9
Zambie	51,1	65,8	139	159,1	161,3	167,4	13	18,6	14,9	18,1	51,4	31,1
Indonésie	29,9	24,1	50,8	52,3	52,7	52,2	9,8	9,4	31,7	28,5	28,5	28,2
Malaisie	19,7	16,6	43,3	39,1	37	29,1	4,9	3,4	11,8	7,9	6	6

Source : Manuel de statistiques du commerce international et du développement, CNUCED, 1995.

Cette évolution historique du développement explique les coïncidences des baisses de prix du début des années 1980 durant lesquelles les marchés de la plupart des matières premières se sont retrouvés en surproduction suite aux investissements des années 1970 et au ralentissement de l'activité économique générale dans les principaux pays consommateurs. Avec des marchés en situation de surproduction, les pays producteurs se sont retrouvés en position de régulateurs forcés puisque la baisse sensible de leurs recettes d'exportation a entraîné une chute de la rentabilité de leurs exploitations, une diminution des prix à la production. Cette situation débouche également sur des difficultés budgétaires des Etats qui réduisent leurs investissements en capacités, négligent l'entretien de leurs exploitations qui vieillissent et deviennent moins rentables. Ce processus d'assainissement forcé peut toucher simultanément plusieurs marchés de matières premières où les capacités de production deviennent progressivement insuffisantes par rapport à la demande de consommation (*cf.supra*, chapitre 2, section 3).

Les transformations des économies et des structures industrielles dans les pays développés influencent l'évolution des économies des matières premières. La fin des systèmes de prix-producteurs sur les marchés de certains métaux a laissé place à des régimes de régulation de type concurrentiel. Les phénomènes de surréaction encouragent des mesures de libéralisation des filières de commercialisation dans de nombreux pays en développement où la plupart des prix étaient administrés par l'intermédiaire des offices publics de commercialisation (*cf.* section précédente). Ces transformations structurelles accentuent la concurrence entre producteurs de matières premières au niveau mondial et soumettent les marchés internationaux à des mécanismes de régulation à moyen terme de type concurrentiel débouchant souvent sur des phénomènes de surréaction qui ont été analysés plus haut. Elles favorisent les phénomènes de contagion entre les marchés de matières premières tant au niveau des phénomènes d'anticipation et de spéculation que des répercussions de l'activité économique générale dans les principaux pays consommateurs.

Le volume de production peut effectivement être augmenté si des progrès significatifs sont réalisés dans l'encadrement, les rendements, la productivité et les circuits de commercialisation. Il peut être aussi le résultat de mesures d'encouragement à la diversification qui porte fréquemment sur les mêmes produits dans de nombreux pays. Chaque petit pays producteur peut considérer que sa production et ses exportations restent négligeables sur le marché international mais la somme de plusieurs petites productions débouchent, au niveau mondial, sur un volume total de production élevé. Alors, même si les volumes de production réalisés par les petits pays producteurs peuvent paraître faibles, les effets de composition peuvent déboucher sur une augmentation globale sensible de l'offre sur le marché international.

Le développement de la production de nombreux petits pays producteurs conduit, par un effet de composition, le marché d'une situation de pénurie à une situation d'excédents.

En effet, l'accumulation des volumes de production et des stocks excédentaires se réalise sur plusieurs années consécutives même si le niveau de surproduction est faible d'une année sur l'autre. Durant les quinze dernières années, les effets de la crise économique, les aléas climatiques et parfois les phénomènes d'anticipation comme ceux des mouvements joints ou des bulles spéculatives ont également introduit des perturbations dans les conjonctures de marchés de produits (*cf. supra*, chapitre 3, section 1). L'observation de l'ensemble de ces conjonctures sur une longue période montre une évolution plutôt contrastée avec des vagues pluriannuelles de hausse sur certains marchés de produits alors que d'autres évoluent à la baisse. Les phénomènes de convergence dans les évolutions des marchés de matières premières résultent soit de la simultanéité des perturbations exogènes touchant plusieurs marchés soit du rapprochement des dynamiques spécifiques des différents marchés.

Conclusion

La période qui a suivi le premier choc pétrolier de 1973-74 a vu s'installer simultanément plusieurs vagues d'investissement en capacités de production de matières premières dans la plupart des pays en développement. Au niveau des produits miniers, le contrôle étatique progressif (nationalisations des mines dans plusieurs pays en développement) d'une importante part de la production mondiale[59] et le système de prix-producteur sur de nombreux marchés ont favorisé l'ouverture de nouvelles mines économiquement exploitables. La production minière mondiale de la plupart des produits a sensiblement augmenté entraînant un bouleversement des parts de marchés.

Les marchés de produits agricoles sont marqués par une multiplication des investissements en capacités de production juste après les indépendances de nombreux pays producteurs et surtout à la suite du premier choc pétrolier. Les marchés internationaux du cacao et du café montrent que des investissements simultanés en capacités de production ont été engagés

[59] CNUCED (1995), « Participation de l'État et privatisation dans le secteur des minéraux », *op. cit.*

notamment durant les années 1950, 1960 et 1970. Ces vagues d'investissements simultanées caractérisent également les marchés internationaux de coton et de caoutchouc où les pays en développement sont les principaux exportateurs.

De plus, la dépendance de la plupart des pays producteurs par rapport au produit ainsi que l'évolution à la hausse des recettes d'exportation ont incité de nombreux pays à engager d'ambitieux programmes de développement en ayant parfois recours à un financement complémentaire accordé par des bailleurs de fonds. Cependant, ces programmes de développement ont entraîné de lourdes charges de fonctionnement sans retombées économiques.

Aussi, quelques pays en développement producteurs ont subi les effets du *Dutch Desease* et la plupart des marchés internationaux de matières premières se sont retrouvés, par des effets de composition, en situation de surproduction dès le début des années 1980 avec des baisses simultanées des prix aggravées par le ralentissement de l'activité économique générale dans les principaux pays industrialisés.

Les difficultés liées à l'endettement de nombreux pays producteurs ont entraîné des plans d'ajustement structurels et des mesures de libéralisation des filières de commercialisation destinées à soumettre les marchés de matières premières aux mécanismes concurrentiels. Par conséquent, ces mesures de libéralisation exigent la restructuration des offices publics de commercialisation (ou *Marketing Board*) comme celui de la CAISTAB en Côte-d'Ivoire.

L'observation de l'évolution de prix des matières premières sur plusieurs décennies montre des mouvements simultanés de hausse et de baisse sur plusieurs marchés et permet de repérer les facteurs globaux qui favorisent la coïncidence dans l'évolution des conjonctures des différents marchés. Cependant, les deux chocs pétroliers de 1973-74 et 1978-79 ont provoqué une hausse des prix sur certains marchés alors que d'autres marchés ont poursuivi une dynamique autonome.

En fait, des facteurs de convergence et de divergence peuvent agir simultanément dans les évolutions des conjonctures des marchés de matières premières. Les facteurs de divergence relèvent de mécanismes dynamiques spécifiques liés aux « temps propres du produit, aux conditions naturelles et techniques de son exploitation, aux interactions production/consommation/prix et aux régimes de régulation de moyen terme.

Ils dépendent également de l'impact des perturbations exogènes spécifiques comme le progrès technique, les aléas climatiques ou la situation politique et sociale dans les pays producteurs. La dynamique de convergence des conjonctures des marchés de matières premières se traduit alors par un ensemble de perturbations exogènes touchant simultanément les différents marchés ou influençant et rapprochant leurs dynamiques spécifiques.

CONCLUSION GENERALE

L'observation des séries de prix et des situations de marchés des matières premières sur plusieurs dizaines d'années montre des fluctuations pluriannuelles et une succession de phases d'excédents et de pénurie reflétant un mécanisme cyclique endogène et une convergence dans les évolutions des conjonctures de la plupart des marchés. En réalité, les facteurs de convergence peuvent agir soit sous la forme de perturbations exogènes touchant plusieurs marchés en même temps soit en influençant et en favorisant le rapprochement de leurs dynamiques spécifiques.

D'une part, des perturbations exogènes peuvent toucher plusieurs marchés en même temps comme les deux guerres mondiales, les tensions géopolitiques ayant des répercussions économiques (guerre de Corée, conflit du Moyen-Orient), ou le bouleversement politique des pays communistes. Les innovations technologiques dans les transports, les moyens de communications, les procédés de fabrication et les produits phytosanitaires peuvent aussi influencer sensiblement la dynamique de plusieurs marchés de matières premières. En raison d'une circulation rapide de l'information et de comportements d'arbitrage des opérateurs, les prix ont tendance à s'homogénéiser même s'ils reflètent d'abord la dynamique de moyen terme des marchés internationaux de matières premières. D'autre part, les évolutions des conjonctures des marchés de matières premières dépendent étroitement de l'évolution économique des principaux pays en développement producteurs et des grands pays consommateurs. Dans les pays producteurs, la flambée des prix des années 1970 a encouragé des vagues d'investissement en capacités de production. En outre, chaque petit producteur peut considérer que la hausse de sa production et de ses exportations reste négligeable sur le marché international mais, par des effets de composition, la somme de plusieurs petites quantités de production peut déboucher, au niveau mondial, sur un volume total élevé. Ainsi, les dynamiques spécifiques de chaque pays producteur peuvent se rapprocher et le développement de la production de plusieurs pays producteurs conduit, le marché international d'une situation de pénurie à une situation de surproduction.

Mais, les fluctuations brutales des prix internationaux de matières premières, notamment celles des dernières décennies, ne s'expliquent pas seulement par des événements exogènes tels que les deux chocs pétroliers des années 1970 ou le gel qui a pu toucher tel ou tel produit agricole. De même, des opérations boursières spéculatives à la hausse qui ont eu lieu (opération du Groupe de Bogota sur le marché international du café en 1978) ont été possibles parce que la situation réelle du marché était en pénurie. L'analyse de la conjoncture du marché d'une matière première s'appuie fréquemment sur des facteurs qui portent sur des forces et des mécanismes qui ne sont pas de même niveau parce qu'ils relèvent d'horizons temporels différents. Les explications de l'évolution d'un marché s'appuient, en effet, souvent sur des phénomènes de court terme qui ne permettent pas d'analyser les modifications du rapport production/consommation/prix. Cependant, ces phénomènes de court terme s'enchaînent à d'autres phénomènes de plus long terme qui montrent que l'évolution de la conjoncture du marché d'une matière première résulte non seulement des offres et des demandes sur le marché international mais également de « l'économie » du produit c'est-à-dire des conditions de sa production et de sa consommation.

Les fortes fluctuations des prix qui relèvent plutôt de phénomènes de moyen terme ont conduit à nous intéresser à des phénomènes plus profonds et de plus long terme portant sur les mécanismes endogènes d'ajustement entre la production et la consommation par rapport à l'évolution du prix d'un produit. Par conséquent, l'analyse de la dynamique des marchés internationaux de matières premières conduit d'abord à nous situer sur le moyen-long terme, horizon temporel sous lequel agissent les mécanismes endogènes permettant de montrer la coïncidence dans les évolutions des conjonctures de ces marchés. La notion de matière première est étroitement liée à la filière qui est elle-même constituée d'étapes allant de l'exploitation à la mise sur le marché du produit transformé. La commercialisation d'une matière première conduit à analyser la dynamique du marché dans ses dimensions microéconomique, macroéconomique et globale. La dimension microéconomique montre que les agents de production, les transformateurs ainsi que les consommateurs prennent leur décision de produire ou de consommer en fonction des incitations diverses (fiscalité, subvention, infrastructure, etc.). Au niveau macroéconomique, les stratégies de comportements des macro-acteurs se traduisent par des décisions de produire, de consommer, d'investir et de stocker. La dimension globale indique que l'évolution de la différence consommation moins production provoque des fluctuations pluriannuelles du prix international avec une mondialisation croissante des marchés et une tendance à l'homogénéisation des prix des matières premières.

Avant de parvenir au consommateur sous forme de produit fini, la matière première parcourt plusieurs phases de transport, de stockage et de transformation qui peuvent durer plusieurs mois et retarder les répercussions d'une modification du volume de la production ou de consommation sur le prix. Ainsi, le processus d'ajustement entre la production et la consommation par rapport à la variation du prix ne se déclenche que sous le moyen-long terme avec des phénomènes de retards de réaction. Ces réactions décalées touchent la plupart des marchés de matières premières et se traduisent par un enchaînement de phases d'excédents et de pénurie s'étalant sur plusieurs années. Elles résultent de mécanismes cycliques endogènes qui sont similaires sur de nombreux marchés montrant ainsi qu'il peut exister une convergence dans les évolutions des conjonctures des marchés de matières premières. La méthode que nous avons retenue est celle des relations causales au sens de Granger (1969) parce qu'elle est la plus adaptée aux phénomènes de retards de réaction des marchés de matières premières et aux hypothèses que nous nous sommes fixées. Ces tests nous ont permis de détecter des relations causales pour chaque produit. Ces relations causales confirment les réactions décalées entre la différence consommation moins production et prix ainsi que des similitudes dans leurs évolutions. Elles montrent ainsi qu'il existe un processus cyclique endogène et une convergence dans les évolutions de nombreux marchés.

Mais, ces réactions retardées dépendent des spécificités de chaque produit selon qu'il soit d'origine agricole ou minière. Ces spécificités peuvent conduire à une divergence dans les évolutions des conjonctures des marchés de matières premières. Les facteurs de divergence résultent des mécanismes dynamiques spécifiques qui sont déterminés par la nature du produit, les conditions naturelles et techniques de son exploitation, les retards spécifiques résultant des interactions production-consommation-prix, les différentes formes du régime de régulation à moyen terme, etc. Ils relèvent également des répercussions des facteurs exogènes spécifiques liés aux innovations technologiques, aux conditions climatiques et agronomiques, à la situation politique et sociale dans les pays producteurs. Ces facteurs exogènes peuvent entraîner une divergence dans les évolutions de ces conjonctures. Par conséquent, une forte perturbation peut augmenter la raréfaction d'un produit sur un marché déjà en situation de pénurie ou provoquer un retournement temporaire d'un marché en situation d'excédents.

En outre, l'évolution de la conjoncture du marché d'une matière première dépend de la structure de ce marché qui est déterminée par le degré de concentration, d'intégration, d'internationalisation des acteurs et d'homogénéité ou de différenciation des qualités du produit. La structure du marché traduit aussi les positions des différents acteurs sur le marché selon qu'ils soient dominants ou dépendants. Néanmoins, ces positions sont étroitement liées à l'état réel d'approvisionnement du marché et expliquent parfois pourquoi certains d'entre eux sont *price maker* alors que d'autres sont *price taker*. Mais, le pouvoir de marché de ces acteurs et ses répercussions sur le prix d'une matière première dépendent étroitement de l'horizon temporel sous lequel ils s'expriment. En effet, à court terme, l'évolution du prix est le résultat des interventions agrégées de nombreux acteurs sur le marché international à travers les marchés à terme ou des agences spécialisées qui « fixent » un prix servant de base aux négociations commerciales internationales. Or, ce prix de référence reflète la situation réelle du marché qui résulte d'une dynamique de moyen-long terme portant sur les décisions de produire et de consommer.

Mais, cette dynamique de moyen-long terme du marché d'une matière première et sa régulation résultent également de la combinaison des comportements des macro-acteurs sur le marché international. Les réactions retardées de la différence consommation moins production et prix sont influencées par la nature de la matière première ainsi que par la place qu'elle occupe tant dans l'économie du pays producteur que dans celles des principaux pays consommateurs. Elles sont donc déterminées par les conditions de production et de consommation de la matière première concernée. Les producteurs notamment adaptent leur réaction à la situation du marché international par des comportements caractéristiques fondés sur la nature du produit, leur position sur le marché, la place qu'occupe ce produit dans leur économie et les conditions politiques et sociales de leur pays. Leurs décisions d'investissement en capacités de production sont prises en fonction de ces spécificités. Les comportements des producteurs sur le marché international reflètent généralement les rapports de force entre producteurs et débouchent sur différents régimes de régulation qui portent sur un système de prix-producteur, un régime concurrentiel surréactif ou contrôlé. De nombreux marchés de produits minéraux (aluminium, plomb, zinc, par exemple) et agricoles (café, cacao) ont connu, durant la même période, un système de prix-producteur. D'autres marchés ont fait l'objet d'un régime concurrentiel contrôlé par l'intermédiaire d'un accord international de produit qui fonctionne depuis des décennies et qui est généralement renouvelé, même parfois sans clause économique comme celui du café.

La dynamique cyclique endogène du marché et le passage d'une situation de marché à une autre montrent que plusieurs marchés de matières premières peuvent connaître en même temps un régime concurrentiel contrôlé ou surréactif. Cependant, un système de prix-producteur ou un régime concurrentiel contrôlé n'empêche pas nécessairement un déséquilibre entre la production et la consommation par rapport à l'évolution du prix. Un régime concurrentiel surréactif signifie que les mécanismes d'ajustement entre la production et la consommation jouent librement et que la variation du prix n'est pas contenue dans une fourchette fixée de manière consensuelle par les macro-acteurs. Sa durée dépend des conditions de production et de consommation de la matière première considérée. Ainsi, les délais d'installation des capacités de production des produits miniers sont généralement longs en raison du temps qu'exigent la prospection, la procédure de financement, les autorisations administratives et l'entrée du gisement en production de croisière. De plus, les délais de réaction des produits miniers sont étroitement liés au rythme de l'activité économique générale ainsi qu'à l'amélioration du progrès technique et aux effets de substitution. Les mécanismes de retards de réaction sur l'ensemble des marchés des matières premières agricoles subissent l'influence des conditions climatiques et dépendent aussi de l'évolution de l'activité économique générale. Cependant, lorsque la matière première agricole est utilisée dans l'industrie comme le coton et le caoutchouc, le retard de réaction reste également lié au niveau de la demande industrielle. Les phénomènes de retards de réaction se traduisent finalement par des mécanismes cycliques endogènes et un enchaînement de phases d'excédents et de pénurie sur la plupart des marchés de matières premières. Ils se traduisent par une convergence ou une divergence dans les évolutions des conjonctures des marchés de matières premières.

Les mécanismes cycliques endogènes qui agissent à moyen-long terme débouchent sur une répartition des disponibilités en produit dans le temps et des relations entre cours au comptant et à terme. Cette allocation intertemporelle du produit dépend de la situation réelle du marché et se traduit par des relations de report et de déport entre cours. Un report correspond à une situation de marché en excédent et un déport à une situation de marché en pénurie. Puisque les cours boursiers servent souvent de référence aux négociations commerciales internationales, le marché à terme guide l'allocation intertemporelle des disponibilités en produit non seulement sur le marché boursier mais également sur le marché international. Les relations entre les cours au comptant et à terme reflètent donc l'état d'approvisionnement réel du marché qui se répercute sur les phénomènes boursiers. En effet, une grande partie des opérations boursières se réalisent selon les prévisions des cours dans les prochains mois ou années. Mais, au-delà des fluctuations de court terme, l'évolution des cours d'une matière première résulte de la dynamique de moyen terme du marché qui repose sur un processus cyclique endogène.

L'évolution de la consommation mondiale de matières premières est étroitement liée au rythme de l'activité économique générale dans les grands pays industrialisés. Aux phases de croissance rapide correspondent généralement des périodes de demande élevée de matières premières. À l'inverse, pendant les phases de récession économique, la consommation globale de matières premières a tendance à ralentir. Cependant, un prix élevé et une forte demande de matière première encouragent des changements dans la technologie de production et la recherche de produits-substituts. Les phénomènes monétaires, notamment une forte inflation et des taux d'intérêt élevés, ont provoqué un ralentissement de la consommation de matières premières particulièrement au début des années 1980. La flambée des prix des matières premières consécutive aux deux chocs pétroliers a augmenté la pression inflationniste dont souffraient les économies des pays consommateurs et encouragé la mise en place de politiques monétaires et fiscales restrictives tendant à réduire la demande de matières premières. Ainsi, des interactions existent entre les prix des matières premières et le niveau général des prix et elles ont été vérifiées par des tests de corrélations qui confirment que de nombreux marchés de matières premières sont interdépendants particulièrement en raison de l'impact des facteurs globaux communs ainsi que des phénomènes de substitution entre produits.

Les phénomènes de court terme comme les opérations boursières se superposent à des phénomènes de plus long terme qui portent sur les décisions de produire et de consommer, sur l'évolution des systèmes politiques et sociaux, et sur le rythme de l'activité économique générale, etc. Ils peuvent répondre à des mécanismes endogènes qui présentent des coïncidences dans leurs évolutions. En effet, les mécanismes cycliques endogènes des marchés de matières premières et les phénomènes cycliques exogènes de l'activité économique générale présentent des similitudes dans leurs évolutions. Même s'ils relèvent de mécanismes différents, ces deux phénomènes évoluent en même temps. Les facteurs macroéconomiques tels que la demande globale, l'inflation, les taux de change et d'intérêt se répercutent sur les mécanismes d'ajustement production-consommationprix ainsi qu'aux comportements des macro-acteurs sur les marchés internationaux de matières premières.

Ainsi, la théorie de la régulation explique notamment que l'évolution des systèmes politiques et sociaux est marquée par des politiques économiques ayant un caractère public entraînant des répercussions sur le pouvoir d'achat et la consommation particulièrement celle des matières premières. De même, la théorie des cycles réels montre que le cycle économique apparaît plus marqué depuis le milieu des années 1970 avec des reprises de la croissance économique en 1973, 1976, 1978, 1984 et depuis 1994 qui ont contribué à la hausse des prix des matières premières. La forte hausse des prix des années 1970 correspondait à une croissance économique rapide et à une demande soutenue de matières premières. L'optimisme suscité par cette augmentation des prix a encouragé la plupart des pays producteurs à lancer durant la même période d'importants projets d'investissement en capacités de production. Ainsi, les marchés internationaux des matières premières minérales et agricoles sont marqués par des vagues d'investissement surtout après les indépendances des pays producteurs dont l'économie repose principalement sur les recettes d'exportation.

En outre, la forte dépendance par rapport à la matière première ainsi que l'évolution à la hausse des recettes d'exportation ont incité plusieurs pays producteurs à engager de vastes programmes de développement qui ont parfois nécessité un financement complémentaire accordé par des institutions financières internationales. Mais, ces programmes de développement n'ont pas favorisé des retombées économiques sensibles et ont débouché sur de lourdes charges de fonctionnement. De même, l'arrivée en production des projets d'investissement lancés quelques années auparavant a mis plusieurs marchés en situation d'excédents dès le début des années 1980 aggravée par une demande faible due à une stagnation économique dans les principaux pays consommateurs. La chute des recettes et les charges récurrentes de projets de développement peu rentables ont mis en difficulté de nombreux pays en développement producteurs qui n'ont pu respecter les échéances de remboursement de leurs dettes. Aussi, des institutions internationales, comme la Banque Mondiale et le FMI, ont mis en place des plans d'ajustement structurel qui ont, en particulier, encouragé des mesures de libéralisation des filières de commercialisation reposant surtout sur des offices publics fixant de manière administrative les prix aux producteurs. La libéralisation des filières de commercialisation cherche à soumettre les marchés de matières premières aux mécanismes de la concurrence et à encourager la fixation d'un prix à la production qui tienne compte de l'évolution du prix international. Depuis le début des années 1990, les prix de la plupart des produits que nous avons analysés ont remonté et leur hausse résulte d'un retournement des marchés qui s'est déclenché dès la fin des années 1980.

La prise en considération du moyen-long terme dans l'analyse des marchés internationaux de matières premières permet surtout de s'intéresser aux mécanismes endogènes de ces marchés et de mieux comprendre leurs évolutions. Les phénomènes de court terme telles que les opérations boursières (anticipations, spéculation, relations de report et de déport entre cours au comptant et à terme, par exemple) reflètent l'état réel d'approvisionnement du marché et résulte d'une dynamique cyclique de moyen-long terme. Or, la plupart des opérateurs du marché ont souvent tendance à se focaliser sur les fluctuations à court terme des prix des matières premières sur lesquelles ils fondent leurs prévisions. Une analyse de moyen-long terme permet de prendre en compte les mécanismes cycliques endogènes des marchés et de les compléter par les prévisions de court terme. Une perspective de moyen-long terme peut également encourager les pays producteurs et les pays consommateurs à une plus grande concertation permettant d'atténuer les fortes fluctuations des prix qui résultent de grands déséquilibres entre la production et la consommation.

Bibliographie thématique

1 – Dynamique des prix et des marches de matières premières

ADAMS F.G. ; BEHRMAN J.R., (1976): *Econometric Models of World Agricultural Commodity Markets*, Cambridge, Massachusetts, Ballinger.

ALMON S., (1965): « The Distributed Lag Between Capital Appropriations and Expenditures », *Econometrica*, Vol. 30.

ALOGOSKOUFIS G. ; MARTIN C. ; PITTIS N., (1990): « Pricing and Product Market Structure in Open Economies », *Discussion Paper in Economics*, 25/90, Birbeck College, University of London.

BADILLO D., (1985) : « Théorie des prix, dynamique et structures des marchés-réflections à partir de l'exemple des produits de base », Thèse de doctorat d'Etat en sciences économiques, Université d'Aix-Marseille-II.

BADILLO D. ; DALLOZ J.-P., (1985) : *Marché, spéculation, stabilisation,* Economica, Paris.

BARKOULAS J. ; LABYS W.C. ; ONOCHIE J., (1997): « Fractional Dynamics in International Commodity Prices », *The Journal of Futures Markets*, Vol. 17, n°2, p. 161-189.

BLÖNDAL S. ; DURAND M., (1991) : « Are Commodity Prices Leading Indicators of OECD Prices ? », in GÜVENEN O. ; LABYS W.C. ; LESOURD J.-B.: *Inter-national Commodity Market Models*, Chapman and Hall, London, p. 305-321.

BORENSZTEIN E. ; REINHART C.M., (1994): « Commodity Prices : Cyclical Weakness or Secular Decline ? », *IMF Staff Papers*, Vol. 41, n°2, June.

BORENSZTEIN E. ; REINHART C.M. (1994): « The Macro-economic Determinants of Commodity Prices », *IMF Staff Papers*, Vol. 41, n°2, June.

BOSWORTH B. ; LAWRENCE R.Z. (1982): *Commodity Prices and the New Inflation*, Washington, DC, The Brookings Institution.

BROOK E.M. ; GRILLI E.R. ; WAELBROECK J., (1977): « Commodity Price Stabilization and the Developing World », *Bank Staff Working Paper* 262, Whashington, DC, IBRD.

BULOW J. ; GEANAKOPLOS J. ; KLEMPERER P., (1985): « Multimarket Oligopoly: Strategic Substitutes and Complements », *Journal of Political Economy*, 93, p. 488-511.

CAINE S., (1954): « Instability of Primary Products Prices: A Prospect and a Proposal », *The Economic Journal*, September.

CALABRE S., (1980): *Formation et évolution des cours des métaux*, Paris, Economica.

CALABRE S., (1990) : *Les marchés internationaux des matières premières*, Paris, Economica, coll. « Cyclope ».

CALABRE S., (1990) : *L'évolution des prix des produits de base*, Paris, Economica, coll. « Cyclope ».

CALABRE S., (1992) : « Résistance des producteurs de matières premières à la baisse des prix et dynamique à moyen terme du marché », *Cahiers du GAMMAP*, Série « Recherche », n°6, UFR de sciences économiques, Université Pierre Mendès France-Grenoble 2.

CALABRE S., (1995) : « Régimes de régulation et formes d'organisation des marchés de matières premières », in Calabre (Ed.) : *Matières premières, marchés mondiaux, déséquilibres, organisation*, Paris, Economica,

CALABRE S., (1997) : *Filières nationales et marchés mondiaux de matières premières, veille stratégique et prospective*, Paris, PNUD-Economica.

CHAMBERS M.J.. BAILEY R.E., (1996): « A Theory of Commodity Price Fluctuations », *Journal of Political Economy*, Vol. 104, n°5, p. 924-957.

CHU K.Y. ; MORRISON T.K., (1986): « World Non-Oil Pri-mary Commodity Markets ; A Medium Term Frame-work of Analysis », *IMF Staff Paper*, Vol. 33, March, p. 139-184.

CLAESSENS S. ; DUNCAN R.C. (Eds.), (1993): *Managing Commodity Price Risk in Developing Countries*, Baltimore and London, A World Bank Book-John Hopkins University Press.

COLLIN E. ; MOUTON C. (Dir.), (1993) : *Matières premières et échanges internationaux*, (tome VI), Paris, Economica.

COOPER R.N. ; LAWRENCE R.S., (1975) : « The 1972-1975 Commodity Boom », *Brookings Papers on Economic Activity*, Vol. 3, p. 671-715.

CRIPPS F., (1978): « Causes of Growth and Recession in World Trade », *Economic Policy Review*, University of Cambridge, Mars.

DE COSTER G.P. ; LABYS W.C. ; MITCHELL D.W., (1992) : « Evidence of Chaos in Commodity Futures Prices », *The Journal of Futures Markets*, Vol. 12, n°3.

DEATON A. ; LAROQUE G., (1992): « On the Behavior of Commodity Prices », *Review of Economic Studies*, Vol. 59, p. 1-23.

DEATON A. ; LAROQUE G., (1996): « Competitive Storage and Commodity Price Dynamics », *Journal of Political Economy*, Vol. 104, n°5, p. 896-923.

DEBONNEUIL M. ; DELATTRE D., (1987) : « La compétitivité-prix n'explique pas les pertes tendancielles des parts de marchés », *Economie et Statistiques*, n°103, octobre.

DELAPORTE G., (1976) : « Le café : prix imposés ou prix négociés ? », *Revue Tiers Monde*, Tome 17, n°66, avril-juin.

DELMAS P. ; GUILLERMIN C., (1983) : *La stabilisation des prix des matières premières, un dialogue manqué*, Paris, Economica.

DIAMOND P.A., (1971) : « A Model of Price Adjustment », *Journal of Economic Theory*, Vol. 3(2), p. 156-168, June.

DUPUYS Y. ; MARIS B., (1996) : Pouvoir et dynamique des organisations, *Revue des Sciences de la société*, mai ; reproduit dans *Problèmes économiques* n°2495 du 20 novembre 1996.

ENOCH C. ; PANIC M., (1981): « Commodity Prices in the 1970's », *Quarterly Bulletin*, Bank of England, Vol. 20, n°1, p. 42-53.

FINGER M. ; DE ROSA D., (1978): « Commodity Price Stabilisation and the Ratchet Effect », *The World Economy*, Vol. 1, n°2.

FOTTORINO E., (1988) : *Les années folles des matières premières*, Hatier, Paris.

GILBERT C.L., (1989): « The Impact of Exchange Rates and Developing Country Debts on Commodity Prices », *Economic Journal*, Vol. 99, p. 773-784.

GILBERT C.L. ; PALASKAS T.B., (1990): « Modelling Expectations Formation in Primary Commodity Markets », in Winters, L.A. ; and Sapsford, D. (Eds.): *Primary Commodity Prices : Economic Models and Policy*, CEPR-Cambridge University Press.

GIRAUD P.N., (1989) : *L'économie mondiale des matières premières*, Paris, La Découverte, coll. « Repères ».

GRILLI E.R. ; YANG M.C., (1984) : « Real and Monetary Determinants of Non-Oil Primary Commodity Prices Movements », in G.C. Storey, (Ed.) : *International Agricultural Trade*, Westview Press, Colorado.

GRILLI E.R. ; YANG M.C., (1986): « Long Run Movements of Non-Fuel Primary Commodity Prices : 1900-1983 », *Economic Analysis and Projections Department*, Banque Mondiale, Washington D.C.

GRILLI E.R. ; Yang M.C., (1988): « Primary Commodity Prices, Manufactured Good Prices, and the Terms of Trade of Developing Countries : What the Long Run Shows », *The World Bank Economic Review*, Vol. 2, number 1, January.

HERMANN R. ; BERGER K. ; SMIT H.P., (1990): « Commodity Policy: Stabilization versus Financing » in Sapsford D. ; Winters L.A., (Dir.): « Primary Commodity Prices : Economic Models and Policy, Cambridge University Press.

HERSANT C. ; SIMON Y., (1989) : *Marchés à terme et options dans le monde*, Paris, Dalloz.

HOTELLING H., (1929): « Stability in Competition », *The Economic Journal*, March.

HOTELLING H., (1931): « The Economics of Exhaustible Resources », *Journal of Political Economy*, Vol. 39, p. 137-175.

HWA E.C., (1979): « Price Stabilization in Several International Primary Commodity Markets: A Structural Analysis », *IMF Staff Papers*, Vol. 26, Mars, p. 157-188.

HWA E.C., (1985): A Model of Price and Quantity Adjustments in Primary Commodity Markets, J*ournal of Policy Modelling*, Vol. 7, n°2.

KALDOR N., (1983): « The Role of Commodity Prices in Economic Recovery », *Lloyds Bank Review* (July) reproduit dans *World Development*, Vol.15.

KOUTMOS G. ; TUCKER M., (1996): « Temporal Relation-ships and Dynamic Interactions Between Spot and Futures Stock Markets », *The Journal of Futures Markets*, Vol. 16, n°1, p. 55-69.

KOYCK L.M., (1954): *Distributed Lags and Investment Analysis*, Amsterdam, North Holland Publishing Co.

LABYS W.C., (1973): *Dynamic Commodity Models*: *Specification, Estimation, and Simulation*, Lexington, Lexington Books, DC Heath.

LABYS W.C., (1978): « Commodity Markets and Models: The Range of Experience », in Adams F.G. ; Klein S.A., *Stabilising World Commodity Markets, Analysis, Practise, and Policy*, Lexington Books, DC Heath, Lexington.

LABYS W.C., (1987): *Primary Commodity Markets and Models*, Aldershot, Gower.

LABYS W.C., (1980): *Market Structure, Bargaining Power and Resource Price Formation*, Lexington, Lexington Books, DC Heath.

LABYS W.C. ; THOMAS H.C., (1975): « Speculation, Hedging and Commodity Price Behavior: An International Comparison », *Applied Economics*, Vol. 7.

LABYS W.C. ; MAIZELS A., (1990): « Commodity Price Fluctuations and Macro-Economic Adjustments in the Developed Countries », *WIDER Working Paper* 87, Helsinki, November.

LABYS W.C. ; PERRIN Y., (1976): « Multivariate Analysis of Price of Commodity Stabilization », *Review of World Economics*, Vol. 112, n°3, p. 557-567.

LABYS W.C. ; WADDELL L.M., (1989): « Commodity Lifecycles in US Materials Demand », *Resources Policy*, Vol. 15, September.

LANZAROTTI M., (1985) : « Les fluctuations des prix des métaux non-ferreux », *Revue Tiers Monde*, n°104.

LEYBOURNE S.J. ; LLOYD T.A. ; REED G.V., (1994): « The Excess Co-movement Revisited », in Sapsford D. ; Morgan W. (Eds.) : *The Economics of Primary Commodity Prices, Models, Analysis and Policy*, Hants, Elgar.

LORD M.J., (1991): *Imperfect Competition and International Commodity Trade, Theory, Dynamics, and Policy Modelling,* Oxford, Clarendon Press.

MAIZELS A., (1987): « Commodities in Crisis: An Overview of the Main Issues », *World Development,* Vol. 15, n°5, p. 537-549.

MAIZELS A., (1992): *Commodities in Crisis,* Clarendon Press, Oxford.

MALLIARIS A.G. ; URRUTIA J.L. (1996): « Linkages Between Agricultural Commodity Futures Contracts », *The Journal of Futures Markets*, Vol. 16, n°5, p. 595-609.

MARQUEZ J., (1986): « Oil Price Effects in Theory and Practice », *Journal of Development Economics,* Vol. 24, p. 1-27.

MASSELL B.F., (1969): « Price Stabilization and Welfare », *Quarterly Journal of Economics*, Vol. 83, n°2, May, p. 284-298.

MEILKE K. ; DE GORTER H., (1988): « Impact of the Common Agricultural Policy on International Wheat Prices », *Journal of Agricultural Economics,* Vol. 39(2), p. 217-230.

MIRANDO M.J. ; HELMBERGER P.G., (1988): « The Effects of Commodity Price Stabilization Programs », *American Economic Review,* Vol. 78(1).

MUTH J.F., (1961): « Rational Expectations and the Theory of Price Movements », *Econometrica,* Vol. 29.

NERLOVE M., (1958): « Adaptative Expectations and Cobweb Phenomena », *Quarterly Journal of Economics,* Vol. 73.

NERLOVE M., (1958): *The Dynamics of Supply: Estimation of Farmers Response to Price,* Baltimore, The John Hopkins Press.

NERLOVE M., (1961): « Time-Series Analysis of the Supply of Agricultural Products », in Heady, E.O. *et al.* (Eds): *Agricultural Supply Functions, Ames*, The Iowa State University Press.

NEWBERRY D.M.G. ; STIGLITZ J.E., (1981): "The Theory of Commodity Price Stabilization", *A Study in the Economy of Risk,* Oxford, Clarendon Press.

NEWBERY D.M.G., (1990): « Commodity Price Stabilization Schemes in Developing Countries », *World Development,* Vol. 38(3), p. 538-558, April.

OFFUT S. ; BLANDFORD D., (1981): « An Evaluation of Alternative Indicators of Commodity Instability », Cornell University, Department of Agricultural Economics, *Staff Paper*, n°81-19, July.

OSBORNE M.J. ; RUBINSTEIN A., (1990): *Bargaining and Markets,* San Diego, Academic Press.

PALASKAS T.B. ; VARANGIS P.N., (1991): « Is There Excess Co-movement of Primary Commodity Prices ?: A Cointegration Test », *Working Paper Series* n°758, "International Economics Department", The World Bank.

PALASKAS, (1996): "The Interrelationship between Financial Markets and Commodity Markets", UNCTAD/COM/82, March.

PETERSON R.L. ; MA C.K. ; RITCHEY R.J. (1992): Dependence in Commodity Prices » , *The Journal of Futures Markets*, Vol. 12, n°4, p. 429-446.

PIKKARAINEN P. ; VIREN M., (1988): « Granger Causality Between Money, Output, Prices and Interest Rates: Some Cross-Country Evidence for the Period 1875-1984 », *Weltwirtschaftliches Archiv*, Vol. 125.

PINDYCK R.S., (1979): « The Cartelization of World Commodity Markets », *American Economic Review,* Vol. 69, n°2, p. 154-158, May.

PINDYCK R.S. (1993): « The Present Value Model of Rational Commodity Pricing », *The Economic Journal,* Vol. 103, May, p. 511-530.

PINDYCK R.S. ; ROTEMBERG J.J., (1990): « The Excess Comovement of Commodity Prices », *Economic Journal*, Vol. 100, p. 1173-89.

PITHER J.P., (1982): « Oil Companies Participation in Copper Mining », Proceedings from Metal Bulletin's First International Copper Conference.

PLAISANCE E., (1995) : « Le développement des marchés d'options comme nouvelle forme d'organisation du marché d'un produit », in Calabre, S. (Ed.) : *Matières premières, marchés mondiaux, déséquilibres, organisation*, Ministère de la coopération-Economica, Paris, chap. 11, p. 243-266.

POPKIN J., (1974): « Commodity Prices and the U.S. Price Level », *Brookings Papers on Economic Activity, 1.*

RABOY D., (1984), (Dir.) : *L'économie de l'offre*, Paris, Economica.

REINHART, C. M. ; WICKHAM P. (1994): « Commodity Prices : Cyclical Weakness or Secular Decline ? », IMF *Staff Papers,* Vol. 41, n°2, June.

REYSSET B., (1976) : « Évolution comparée des cours des différents produits de base *», Revue Tiers Monde*, Tome 17, n°66, avril-juin, p. 331-337.

RICHARD A., (1976) : « Les marchés des produits de base », thèse de doctorat d'Etat en sciences économiques, Université de Grenoble 2.

RYBCZINSKI T.M., (1955): *Factor Endowment and Relative Commodity Prices*, Paris, Economica, Vol. 22, p. 336-341.

SAADI H. ; TRUONG B.T., (1995) : « Comparaison des fluctuations des prix des matières premières à moyen-long terme », in CALABRE S. (Ed.) : *Matières premières, marchés mondiaux, déséquilibres, organisation*, Ministère de la coopération-Paris, Economica, chap. 3.

SARRIS A.H., (1981): « Empirical Models of International Trade in Agricultural Commodities », in MAC CALLA A. ; JOSLING, T. (Eds) : *Imperfect Markets in Agricultural Trade*, Monclair, Allanheld, Osmun, New Jersey.

SCHULTZ H., (1938): *The Theory and Measurement of Demand*, Chicago, University of Chicago Press.

SIMON Y., (1986) : *Bourses de commerce et marchés à terme de marchandises*, Paris, Dalloz, troisième édition.

STERN R.M., (1976): « World Market Instability in Primary Commodities », *Banca Natzionale del Lavoro, Quarterly Review*, June, p. 175-195.

TEYSSIER D'ORFEUIL A., (1976) : « Pénurie sur les marchés mondiaux de produits de base », *Revue Tiers Monde*, Tome 17, n°66, avril-juin, p. 359-400.

THURSBY M. ; JOHNSON P. ; GRENNES T., (1986) : « The Law of One Price and the Modelling of Disaggregated Trade Flows », *Economic Modelling*, Vol. 3, n°4.

TOMEK W.G., (1994): « Dependence in Commodity Prices : A Comment », *The Journal of Futures Markets*, Vol. 14, n°1, p. 103-109.

TRUONG B.T., (1995) : « Décomposition temporelle des prix internationaux des matières premières : tests d'efficience et ana-

lyse de causalité, GAMMAP-Faculté des sciences économiques », Université Pierre Mendès France-Grenoble 2.
VARANGIS P. ; AKIYAMA T. ; MITCHELL D., (1995): "Managing Commodity Booms and Busts", *Directions in Development*, The World Bank.
VERLEGER P.K., (1982): « The Determinants of Official OPEC Crude Prices », *The Review of Economics and Statistics*, Vol. 54(2), May.
WILLIAMS J.C. ; WRIGHT B.D., (1991): *Storage and Commodity Markets*, Cambridge, Cambridge University Press.
WINTERS L.A. ; SAPSFORD D., (1990): *Primary Commodity Prices : Economic Models and Policy*, Centre for Economic Policy Research, Cambridge University Press.
WOLD H. ; JUREEN L., (1953) : *Demand Analysis*, New York, John Wiley and Sons.
WORKING E.J. (1927): « What Do Statistical Demand Curves Shows ? », *Quarterly Journal of Economics*, Vol. 41.
WORKING, H., (1949): « The Theory of Price of Storage », *American Economic Review*, Vol. 39(6), p. 1254-1262, December.
WORKING H., (1953): « Futures Trading and Hedging », *American Economic Review*, June, p. 314-343.
WORLD BANK, (1993): *Commodity Trade and Price Trends, Baltimore*, The John Hopkins University Press.

2 – ÉCONOMIE DES MATIÈRES PREMIÈRES

AKIYAMA T. ; DUNCAN R.C., (1982): "Analysis of the World Coffee Market", *World Bank Staff Commodity Working Paper* n°7, Commodity and Export Projections Division, IBRD, Washington, DC.
AKIYAMA T. ; VARANGIS P., (1991): « Accord international sur le café. Impact sur le marché mondial du système de quotas à l'exportation » in GÜVENEN O.; LABYS W.C.; LESOURD J.-B. (Dir.), *Politiques économiques et marchés internationaux de matières premières*, Paris, Economica, p. 47-62.
ANGELIER J.-P., (1990) : *Le pétrole*, Paris, Economica.
APERJIS D.G., (1981): *Oil Markets in the 1980's: Oil Policy and Development*, Cambridge, Ballinger.

BELARDELLO M.-J., (1996) : *L'aluminium*, in Albagli C. (Ed.) : *Le nouveau bilan économique, politique et social du monde*, Paris, Bréal-Les Echos.

BURGER K. ; SMIT H.-P., (1991) : « Perspectives à court et à long terme pour le marché du caoutchouc naturel » in Güvenen O. ; Labys W.C. ; Lesourd J.-B. (Eds.) : *Politiques économiques et marchés internationaux de matières premières, analyses économétriques*, Paris, Economica.

CAISSE CENTRALE DE COOPERATION ECONOMIQUE, (1988) : *Cacao*, Document de travail, Division des Etudes Economiques.

CAISSE CENTRALE DE COOPERATION ECONOMIQUE, (1990) : *Le caoutchouc*, Document de travail, Division des Études Economiques.

CALABRE S. (1991) : *L'étain*, Paris, Economica, « Cyclope ».

CASHIN P. ; MCDERMOTT C.J. ; SCOTT A. (1999): « The Myth of Comoving Prices », *IMF*, WP/99/169.

CASHIN P. ; MCDERMOTT C.J.; SCOTT A., (1999): « Booms and Slumps in World Commodity Prices », *IMF*, WP/99/155.

CASHIN P. ; HONG L. ; MCDERMOTT C.J., (1999) : « How Persistent are Shocks to World Commodity Prices », *IMF*, WP/99/80.

CHARLY L., (1995) : « Le zinc », in Albagli C. (1996) : *Le nouveau bilan économique, politique et social*, Paris, Bréal-Les Echos.

CNUCED (1995) : *Accord international de 1993 sur le cacao*, TD/COCOA.8/17/Rev.1.

CURTIS B.N. *et al.*, (1987) : *Cocoa : A Trader's Guide*, Geneva, International Trade Centre, UNCTAD/GATT.

CYCLOPE (1995) : *Les marchés mondiaux*, Paris, Economica.

DAVIRON B., (1993) : « Conflit et coopération sur le marché international du café, une analyse de longue période », thèse de doctorat en agro-économie, Ecole Nationale Supérieure Agronomique de Montpellier.

DAVIRON B. ; FOUSSE W., (1993) : « La compétitivité des cafés africains », Rapport d'étude, ministère de la Coopération et du Développement.

DAVIRON B. ; LERIN F., (1990) : *Le café*, Paris, Economica, coll. « Cyclope ».

DE SÀ P., (1990) : *Le nickel*, Paris, Economica, coll. « Cyclope ».

DE SÀ P., (1992) : *Industrie minière mondiale : leçons d'une crise*, Observatoire des matières premières, ministère de l'Industrie et du Commerce extérieur.

DEBOIS J.-M., (1983) : « Le partage de l'instabilité et les échanges mondiaux : une méthode d'analyse et son application au blé, aux céréales secondaires et au sucre », *Economie Rurale*, n°156, p. 18-26.

DELLO J.-J., (1997) : « Crises cotonnières et évolution durable de la production cotonnière dans les pays de l'Union Economique et Monétaire Ouest-Africaine (UMOA) », Thèse de doctorat, Faculté des sciences économiques, université de Montpellier 1.

DEMLER F.R. ; TILTON J.E., (1980) : « Modelling International Trade Flows in Mineral Markets, with Implications for Latin America's Trade Policies », in Labys W.C. ; Nadiri M.I. ; Nuñez del Arco, J. (Eds.) : *Commodity Markets and Latin American Development ; A Modelling Approach*, Cambridge, Ballinger.

DURAND M. ; MAYER D., (1997) : *Le caoutchouc naturel*, Paris, Economica, coll. « Cyclope Poche ».

EDWARDS R. ; PARIKH A., (1976): « A Stochastic Policy Simulation of the World Coffee Economy », *American Journal of Agricultural Economics*, Vol. 156.

EPPS M.L. (1975): « A Simulation of the World Coffee Economy », in Labys, W.C. (Ed.) : *Quantitative Models of Commodity Markets*, Cambridge, Ballinger, *Institute of Economics and Statistics*, Vol. 21, November, p. 263-283.

FAMA E.F. ; FRENCH K.R., (1988): « Business Cycles and the Behavior of Metal Prices », *Journal of Finances*, Vol. 43(5), p. 1075-1093.

FISHER F.M. ; COOTNER P.H. ; BAILY M.N. (1975): « A Econometric Model of the World Copper Industry », in Labys, W.C. (Ed.): *Quantitative Models of Commodity Markets*, Cambridge, Ballinger.

FOCK AH CHUEN M., (1997) : « État, production et exportations cotonnières, industrie textile et développement économique ; une histoire économique du coton/textile dans le monde », Thèse de doctorat, Faculté des sciences économiques, université de Montpellier 1.

FORD D.J., (1978): « Commodity Market Modelling and the Simulation of Market Intervention: The case of Coffee », in

Adams, F.G.; Klein, S.A. (Eds) : *Stabilizing World Commodity Markets, Analysis, Practice and Policy*, Lexington, DC Heath.
FRENCH B.C. ; MATTHEWS J.L., (1971): « A Supply Response Model for Perennial Crops », *American Journal of Agricultural Economics*, Vol. 53, p. 478-490.
GATEY O., (1984) : « A Ten Year Retrospective : OPEC and the World Oil Market », *Journal of Economic Literature*, Vol. 22, n°3, September.
GIRAUD P.N., (1983) : *Géopolitique des ressources minières*, Paris, Economica.
HAMILTON J., (1985): « Oil and the Macroeconomy Race World War II », *Journal of Political Economy*, p. 228-248, April.
HUMPHREYS D., (1982): « A Mineral Commodity Life Cycle ? Relationships between Production, Price and Economic Resources », *Resources Policy*, Vol. 8.
HVEEM H., (1976) : « Les matières premières, les accords multilatéraux et la structure du pouvoir économique », *Revue Tiers Monde*, Tome 17, n°66, avril-juin, p. 485-513.
JACMART M.-C., (1980) : « Le commerce international des produits de base », Notes et Études Documentaires, Paris, La Documentation Française.
JOUVE P. ; MILLY (de) H., (1990) : *Compétitivité du cacao africain, analyse du marché mondial et des principaux producteurs*, ministère de la coopération et du développement.
KAHN P., (1976) : « La crise des matières premières et les mesures internes d'organisation », *Revue Tiers Monde*, Tome 17, n°66, avril-juin.
LEGOUX P., (1976) : « L'étain et l'accord international sur l'étain », *Revue Tiers Monde*, Tome 17, n°66, avril-juin, p. 419-432.
MAC CALLA A., (1966) : A Duopoly Model of World Wheat Pricing , *Journal of Farm Economics*, Vol. 48.
MARSHALL C. F., (1983): *The World Coffee Trade : A Guide to the Production, Trading and Consumption of Coffee*, Cambridge, Woodhead-Faulkner.
MIMOUNI M., (1987) : « L'adaptation de l'OPEP aux fluctuations du marché : une nouvelle stratégie ? », in A. Ayoub ; J. Percebois, (Eds.) : *Pétrole : marchés et stratégies*, Paris, Economica.

MITCHELL D.O. ; THIGPEN M.E., (1991) : « Modelling the World Fibre Market » in Güvenen O. ; Labys W.C. ; Lesourd J.B. (Eds.): *International Commodity Market Models, Advances in Methodology and Applications,* London, Chapman and Hall.

MONKE E.A. ; GUISINGER S.E., (1985) : « International Trade Constraints and Commodity Market Models : An Application to the Cotton Market », *Review of Economics and Statistics*, Vol. 7, n°1.

NAPPI C., (1990) : *Le cuivre*, Paris, Economica, coll. « Cyclope ».

NAPPI C., (1994) : *L'aluminium*, Paris, Economica, « Cyclope ».

PERRON P., (1989): « The Great Crash, The Oil Price Shock and The Unit Root Hypothesis », *Econometrica*, Vol. 57, n°6.

PRAIN Sir R., (1975): Copper: *The Anatomy of an Industry*, Mining Journal Books, London.

PRIOVOLOS T., (1981): *Coffee and the Ivory Cost : An Econometric Study*, Lexington, Massachusetts, Lexington Books.

RUFF F., (1995) : *Booms et crises du cacao, les vertiges de l'or brun*, Paris, ministère de la Coopération, CIRAD-SAR et Karthala.

SAADI H., (1995) : « Le nickel » in Albagli, C. (1995) (Dir.) : *Le nouveau bilan économique, politique et social du monde, conjoncture 96*, Paris, Bréal-Les Echos.

SAADI H., (1996) : « Le nickel », in Albagli, C. (1996) (Dir.) : *Le nouveau bilan économique, politique et social, Conjoncture 97*, Paris, Bréal-les Echos.

SERIER J.B., (1993) : *Histoire du caoutchouc*, Paris, Editions Desjonquères.

SMITH G.W. ; SCHINK G.R., (1990): « The International Tin Agreement : A Reassessment », *Economic Journal*, Vol. 86.

TAYLOR C.A., (1979): « A Quarterly Domestic Copper Industry Model », *Review of Economics and Statistics*, Vol. 6.

TILTON J.E., (1989): « The New View of Minerals and Economic Growth », *Economic Record*, Vol. 65, n°90, September.

WELLMAN F.L., (1961): *Coffee, Botany, Cultivation, and Utilization*, London, Leonard Hill.

3 – ÉVOLUTION DES RECETTES D'EXPORTATION ET DEVELOPPEMENT ECONOMIQUE

ADAMS F.G. ; BEHRMAN J.R., (1982) : *Commodity Exports and Economic Development: The Commodity Problem, Goal Attainment and Policy in Developing Countries*, Lexington, Massachusetts, Lexington Books.

ARDENI P.G. ; WRIGHT B., (1992): « The Prebish-Singer Hypothesis : A Reappraisal Independent of Stationarity Hypothesis », *Economic Journal*, Vol. 102, July.

BAIROCH P., (1970) : *Diagnostic de l'évolution économique du Tiers Monde, 1900-1968*, Gauthiers-Villars, Paris.

BAIROCH P. (1975) : *The Economic Development of the Third World since 1900*, Methuen,London.

BAIROCH P. (1997) : *Victoires et déboires III ; Histoire économique et sociale du monde du XVIe siècle à nos jours*, Paris, Gallimard, collection Folio-Histoire.

BALASSA, B. (1978): « Exports and Economic Growth: Further Evidence », *Journal of Development Economics*, Vol. 5, p. 181-189.

BALASSA B. (1985): « Policy Choices and Economic Growth in Developing Countries after 1973 Oil Shock », *Journal of Development Economics*, Vol. 18, p. 23-35.

BEHRMAN J.R., (1987): « Commodity Price Stability and Economic Goal Attainment in Developing Countries », *World development*, Vol. 15, n°5, p. 559-573.

BEHRMAN J.R., (1988): « Supply and Demand Variations and Export Earnings Instability: Response to a Further Comment », *Economic Development and Cultural Change*, Vol. 36, n°3, p. 577-579.

BELAY Kassa, (1994) : Les causes et les conséquences de l'instabilité des recettes d'exportation des pays en voie de développement : le cas de l'Ethiopie, thèse de Doctorat, UFR Développement, Gestion Economique et Société, Université Pierre Mendès France, Grenoble.

BOURGUIGNON F. ; MORRISSON C., (1992) : *Ajustement et équité dans les pays en développement, une approche nouvelle*, études du Centre de Développement, OCDE.

BRUNDELL P. ; HORN H. ; SVEDBERG P., (1981): « On the Causes of Instability in Export Earnings », *Oxford Bulletin of Economics and Statistics*, Vol. 43, p. 301-313.

CHARETTE M.F., (1985): « Determinants of Export Instability in the Primary Commodity Trade of LDC's », *Journal of Development Economics*, Vol. 18, p. 13-21.

CHICHILNISKY G., (1980): « Basic Goods, Commodity Transfers and the International Economic Order », *Journal of Development Economics*, Vol. 7, p. 505-519.

COOPER R.N., (1992): *Economic Stabilization and Debt in Developing Countries*, The MIT Press, Cambridge, Massachusetts.

DEARDOFF A.V., (1984): « Testing Trade Theories and Predicting Trade Flows », in Jones, R.W., and Kenen, P.B. (Eds.), *Handbook of International Economics*, 1, Amsterdam, North Holland.

DÉMÉOCQ M. ; GUILLAUMONT P., (1984): « Effets de l'instabilité des recettes d'exportation sur le développement », CERDI, Clermont-Ferrand.

DICKS H. ; GERKEN E. ; MAYER T. ; VINCENT D., (1984) : « Stabilization Strategies in Primary Commodity Exporting Countries », *Journal of Development Economics*, Vol. 15, p. 47-75.

EMMANUEL A., (1976) : « La 'stabilisation' alibi de l'exploitation internationale », *Revue Tiers Monde*, Tome 17, n°66, avril-juin, p. 257-264.

EMMANUEL A., (1980) : « Le prix rémunérateur, épilogue à l'échange inégal », *Revue Tiers-Monde*, janvier-mars.

ERB G.F. ; SCHIAVO-CAMPO S., (1969) : « Export Instability, Level of Development and Economic Size of Less Developed Countries », *Bulletin of Oxford University*

ETHIER W.J., (1979): « Internationally Decreasing Costs and World Trade », *Journal of International Economics*, Vol. 9, p. 1-24, February.

ETHIER W.J., (1982): « National and International Returns to Scales in the Modern Theory of International Trade », *American Economic Review*, Vol. 72, p. 389-405.

FOUQUIN M., (1988) : « L'inégalité des pays du Tiers Monde face au commerce international », *Revue Tiers Monde*, Tome 29, n°115, juillet-septembre, p. 513-519.

GELB A.H., (1979) : « On the Measurement of Instability and the Costs of Buffering Export Fluctuations », *Review of Economic Studies*, Vol. 46(1), p. 149-162.

GLEZAKOS C., (1973): « Export Instability and Economic Growth. A Statistical Verification », *Economic Development and Cultural Change*, Vol. 21, n°4, July, p. 670-678.

GULLAUMONT P., (1985) : *Economie du développement*, volume 3 : Dynamique internationale du développement, Presses Universitaires de France.

GULLAUMONT P., (1987) : « From Export Instability to International Stabilization Policies », *World Development*, Vol. 15, n°5.

HABERLER G., (1964): « An Assessment of the Current Relevance of the Theory of Comparative Advantage to Agricultural Production and Trade », *International Journal of Agrarian Affairs*, Vol. 4(3), May, p. 130-149.

HABERLER G., (1988): « International Trade and Economic Development », San Francisco, California, International Centre for Economic Growth.

HANSON J.R., (1983): « Export Earnings Instability before World War II: Price, Quantity, Supply, Demand? », *Economic Development and Cultural Change*, Vol. 31(3), p. 621-637.

HOUTHAKKER H.S. ; MAGEE S.P., (1969) : « Income and Price Elasticities in World Trade », *Review of Economics and Statistics*, p. 111-125.

HUETH D. ; SCHMITZ A., (1972): « International Trade in Intermediate and Final Goods: Some Welfare Implications of Destabilized Prices », *Quarterly Journal of Economics*, vol. 86.

HUGON P., (1989) : *Économie du développement*, Mementos Dalloz, Paris.

HUGON P., (1991) : « La pensée française en économie du développement », *Revue d'Economie Politique*, Vol. 101 (2), mars-avril, p. 171-229.

HUGON P. ; POURCET, G. ; QUIERS-VALETTE, S., (Dir.) (1995) : *L'Afrique des Incertitudes*, Paris, PUF.

ITOH M. ; ONO Y., (1982) : « Tariffs, Quotas, and Market Structure », *Quarterly Journal of Economics*, Vol. 97, p. 295-305.

JUNG W.S. ; MARSHALL P.L., (1985) : « Exports, Growth and Causality in Developing Countries », *Journal of Development Economics*, Vol. 18, p. 1-12.

KENEN P.B. ; VOIVODAS C.S., (1972) : « Export Instability and Economic Growth », *Kyklos*, Vol.25, p. 791-804.

KHALAF N.G., (1974): « Country Size and Trade Concentration », *Journal of Development Studies*, Vol. 11, n°1, p. 81-85.

KINGSTONE J.L. (1976): « Export Concentration and Export Performance in Developing Countries, 1954-1967 », *Journal of Development Studies*, Vol. 12, n°4, p. 311-319.

KNUDSEN O. ; YOTOPOULOS P., (1976): « A Transitory Approach to Export Instability », *Food Research Institute Studies*, Vol. 15.

KRAVIS I.B. ; LIPSEY R.E., (1977): « Export Prices and the Transmission of Inflation », *American Economic Review*, p. 155-163.

LAM M.V., (1980a): « Export Instability, Expansion and Market Concentration: A Methodological Interpretation », *Journal of Development Economics*, Vol. 7(1), p. 287-310.

LAM M.V. (1980b): « Export Instability, Growth and Primary Commodity Concentration, A Methodological Interpretation », *Economia Internazionale*, Vol. 33, n°1, p. 40-57.

LANCIERI E., (1978): « Export Instability and Economic Development: A Reappraisal », *Banca Nazionale del Lavoro Quarterly Review*, June.

LANCIERI E., (1979): « Instability of Agricultural Exports, World Markets, Developing and Developed Countries », *Banca Nazionale del Lavoro Quarterly Review*, p. 287-310.

LE ROUX Y., (1991) : « Les exportations françaises de blé tendre : déséquilibre structurel et déséquilibres intra annuels », *Cahiers d'Economie et de Sociologie Rurales*, n°18-19, p. 99-135.

LEWIS W.A. (1952): « World Production, Prices and Trade, 1870-1950 », *Manchester School of Economic and Social Studies*, Vol. 21, p. 139-191.

LIM D. (1980): « Income Distribution, Export Instability and Savings Behavior », *Economic Development and Cultural Change*, Vol. 28, n°2, January.

LIPIETZ A., (1986) : *Mirages et miracles, problèmes de l'industrialisation dans le Tiers Monde*, Paris, La Découverte.

LITTLE I.M.D. ; COOPER R.N. ; CORDEN W.M. ; RAJAPATIRANA S., (1993) : *Boom, Crisis, and Adjustment, The*

Macroeconomic Experience of developing Countries, A World Bank-Oxford University Press.
LOVE J., (1979): « Trade Concentration and Export Instability », *Journal of Development Studies*, Vol. 15, n°3, p. 60-69.
LOVE J., (1985): « Export Instability: An Alternative Analysis of Causes », *Journal of Development Studies*, Vol. 21, n°2, p. 244-252.
LOVE J., (1987): « Export Instability in Less Developed Countries : Consequences and Causes », *Journal of Development Studies*, Vol. 14, n°2, p. 1-80.
MAHIEU F.R., (1990) : *Les fondements de la crise économique en Afrique*, L'Harmattan, Paris.
MAIZELS A., (1979): « Exports and Growth: A Reply », *Journal of Development Economics*, Vol. 6, p. 141-143.
MASSELL B.F., (1970): « Export Instability and Economic Structure », *American Economic Review*, Vol. 60(4), September, p. 618-630.
MIGNON A., (1995) : « La libéralisation du commerce extérieur de la CEI et son intégration aux marchés mondiaux des métaux non-ferreux », mémoire de DEA, Faculté des Sciences Economiques, Université Pierre Mendès France, Grenoble 2.
MONIER P., (1995) : Diversification des exportations de produits primaires et instabilité des recettes d'exportation des pays en développement, CERDI-Faculté des sciences économiques, université d'Auvergne.
MORAN C., (1983): « Export Fluctuations and Economic Growth: An Empirical Analysis », *Journal of Development Economics*, Vol. 12, n°1-2, p. 195-218.
MULLER J.-C., (1981) : « L'instabilité des recettes d'exportation des pays en voie de développement : maux et remèdes », *Revue du Marché Commun*, n°252, p. 549-560.
MULLOR-SEBASTIAN A., (1988): « A New Approach to the Relationship between Export Instability and Economic Development », *Economic Development and Cultural Change*, Vol. 36, n°2, p. 217-236.
MURRAY D., (1978): « Export Earnings Instability: Price, Quantity, Supply, Demand », *Economic Development and Cultural Change*, Vol. 27(1), p. 61-73.
NEZEYS B., (1989) : *Les termes de l'échange*, Paris, Economica.

NEZEYS B., (1990) : *Commerce international, croissance et développement*, 2e édition, Economica, Paris.
NTAMATUNGIRO J., (1988) : *Stabilisation des recettes d'exportation : stock régulateur, contrats à terme et options*, Economica, Paris.
POWELL A. (1991): « Commodity and Developing Country Terms of Trade: What Does the Long Run Shows? », *Economic Journal*, vol. 101, November.
PREBISH R., (1950): « The Economic Development of Latin America and Its Principal Problems », *Economic Bulletin for Latin America*, Vol.7, p. 1-22.
RAFFINOT M., (1991) : *Dette extérieure et ajustement structurel*, EDICEF, Vanves.
RAINELLI M., (1991) : *Le commerce international*, Paris, La Découverte, Collection Repères,.
SAMUELSON P.A., (1948): « International Trade and the Equalisation of Factor Prices », *The Economic Journal*, June.
SCANDIZZO P.L. ; DIAKOSAWAS D., (1987) : *Instability in the Terms of Trade of Primary Commodities, 1900-1982*, Rome, FAO Economic and Development Paper, FAO.
SHEEHEY B., (1977): « Levels and Sources of Export Instability: Some Recent Evidence », *Kyklos*, n°30, p. 314-324.
TANG G., (1983): « Export Instability, Export Growth and GDP Growth », *Journal of Development Economics*, Vol. 12, p. 219-227.
VENABLES A.J., (1990): « International Capacity Choice and National Market Games », *Journal of International Economics*, Vol.29, p. 23-42.
WIJNBERGEN van S., (1984): « The Dutch Disease: A Disease After All? », *Economic Journal*, Vol. 94, p. 41-55.

4 – DYNAMIQUE DE L'ECONOMIE GLOBALE ET PHENOMENES CYCLIQUES

ABRAHAM-FROIS G., (1994) : *La dynamique Chaotique*, Paris, Sirey-Dalloz.
ABRAHAM-FROIS G., BERREBI E., (1995) : *Instabilité, cycle, chaos*, Paris, Economica.

ARTUS P., (1993) : *Théorie de la croissance et des fluctuations*, Presses Universitaires de France, Paris.

BARRO R. ; SALA-I-MARTIN X., (1990): « Economic Growth and Convergence Across the United States », *NBER Paper Series*, n°3419, August.

BARRO R.J., (1972): « A Theory of Monopolistic Price Adjustment », Review of *Economic Studies*, January, p. 17-26.

BARRO R.J., (1989): *Modern Business Cycle Theory*, Basil Blackwell.

BARRO R.J., (1989), (Dir.): *Modern Business Cycle Theory*, Harvard University Press Cambridge, Massachusetts.

BARRO R.J. ; SALA-I-MARTIN X., (1992) : « Convergence », *Journal of Political Economy*, Vol. 100, n°2.

BAUMOL W. (1982): « Contestable Markets: An Uprising in the Theory of Industrial Structure », *American Economic Review*, March.

BAUMOL W.J. ; PANZAR J.C. ; WILLIG R.D., (1982): *Contestable Markets and the Theory of Industrial Structure*, Harcourt Brace Jovanovich.

BAUMOL W., (1986): « Productivity Growth, Convergence and Welfare: What the Long Run Data Show », *American Economic Review*, p. 1072-1085, December.

BAUMOL W., (1986): « Productivity Growth, Convergence and Welfare: Reply », *American Economic Review*, p. 1155-1159, December.

BENOÎT-CATIN M. ; GRIFFON M. ; GUILLAUMONT P., (1994) : « Economie des politiques agricoles dans les pays en développement », *Revue Française d'Economie* ; 3 volumes.

BETBEZE J.-P., (1984) : *La conjoncture économique*, Paris, PUF, Coll. « Que Sais-je ».

BOSSERELLE E., (1994) : *Le cycle Kondratieff. Théories et controverses*, Paris, Masson.

BOWLES S., GORDON D., WEISSKOPF T., (1983): « Long Swings and the Non-reproductive cycle », *American Economic Review*, Paper and Proceedings, n°2, Vol. 73, May.

BOYER R., (1986): *Théorie de la régulation, une analyse critique*, Paris, Agalma-La Découverte.

BOYER R., (1990): « Fluctuations et croissance », in Greffe X., Mairesse J., Reiffers J-L. (Eds.) : *Encyclopédie économique*, p. 609-650, tome 1, Paris, Economica.

BOYER R., (1993) : « Nouveaux regards sur la théorie de la convergence : un processus de globalisation mais encore le siècle des nations », *Problèmes Economiques* n° 2415-2416 du 15-22 mars 1995, in Documents de Travail du CEPREMAP, août 1993.

BURNS A.F., (1969): « The Business Cycle in a Changing World », NBER, New York.

CAINE S., (1958): « Comment on Nurkse », *Kyklos*.

CHAMBERLIN E.H., (1933): *The Theory of Monopolistic Competition*, Cambridge, Massachusetts, Harvard University Press ; traduction française, La théorie de la concurrence monopolistique, Paris, PUF, 1953.

CLING J.-P., (1990) : *L'analyse de la conjoncture*, Paris, La Découverte, coll. « Repères ».

DANTHINE J.-P., (1989) : « Modélisation des fluctuations conjoncturelles : survol de quelques récents développements », *Recherches Economiques de Louvain*, Vol. 55(3), p. 213-244.

DANTHINE J.P. ; DONALDSON J.B., (1993): « Methodological and Empirical Issues in Real Business Cycle Theory », *European Economic Review*, Vol. 37-1, p. 1-35, January.

DAY R.H., (1982): « Irregular Growth Cycles », *American Economic Review*, Vol.72 (3), p. 406-414, June.

DE LONG B., (1988): « Productivity Growth, Convergence and Welfare: Comment », *American Economic Review*, p. 1138-1154, December.

DEAN J., (1950): « Pricing Policies for New Products », *Harvard Business Review*.

DIXIT A.K. ; STIGLITZ J.E., (1977) : « Monopolistic Competition and Optimum Product Diversity », *American Economic Review*, Vol. 67, n°3, p. 297-308.

DOLLAR D. ; WOLFF E.N., (1993) : *Competitiveness, Convergence, and International Specialization*, The MIT Press, Cambridge, Massachusetts.

DRUCKER P. (1986): « The Changing World Economy », *Foreign Affairs*, Vol. 64, n°4.

EATON J. ; GROSSMAN G., (1986): « Optimal Trade and Industrial Policy », *Quarterly Journal of Economics*, Vol. 2(101), p. 383-406.

EICHNER A.S., (1979): « A Post-Keynesian Short-period Model », *Journal of Post-Keynesian Economics*, Vol. 1, p. 38-63.

ÉLA J.-M., (1990) : *Quand l'état pénètre en brousse ; les ripostes paysannes à la crise*, Paris, Karthala.

FAYOLLE J., (1994) : « Le repérage macroéconomique des fluctuations longues : une évaluation critique de quelques travaux modernes », *Revue de l'OFCE*, octobre.

FAYOLLE J., (1987) : *Pratique contemporaine de l'analyse conjoncturelle*, Paris, Economica.

FISHER I., (1988) : « Théorie des grandes dépressions par la dette et la déflation », *Econometrica*, 1933. Traduction française in *Revue Française d'Economie*, n°3, Vol. 3, p. 159-182, été.

FRIEDMAN M. ; SCHWARTZ A., (1963): « *A Monetary His-tory of the United States* », NBER-Princeton University Press.

GOLDSTEIN M., (1977): « Downward Price Inflexibility, Ratchet Effects and the Inflationary Impact of Import Price Changes: Some Empirical Evidence », *IMF Staff Papers*, n°24.

GOODWIN R.M., (1967): « A Growth Cycle », in Feinstein (Ed.), Capitalism and Economic Growth, Cambridge University Press, p. 54-58, (2nd edition, 1969).

GRANDMONT J.M., (1985): « On Endogenous Competitive Business Cycles », *Econometrica*, Vol. 53(5), p. 995-1045, September.

GREENWOOD J. ; HERCOWITZ Z. ; HUFFMAN G., (1988): « Investment, Capacity Utilization and the Real Business Cycle », *American Economic Review*, p. 402-417, June.

GROSSMAN G. ; HELPMAN E., (1991) : « Comparative Advantage and Long Run Growth », *American Economic Review*, n°80 (4), p. 796-815.

GROSSMAN G.M., (Ed.), (1993): Imperfect Competition and International Trade, (second edition), MIT Press, Cambridge, Massachusetts.

GROSSMAN S.J. ; STIGLITZ J.E., (1976) : « Information, and Competitive Price Systems », *American Economic Review*, p. 246-253.

GUERRIEN B., (1996) : *Dictionnaire d'analyse économique*, Paris, La Découverte.

GUITTON H., (1968) : « La transmission internationale des cycles est-elle un problème dépassé ? », *Revue d'Economie Politique*, p. 968-993.

HABERLER G. ; STERN R.M. (Eds.) (1961): *Equilibrium and Growth in the World Economy*, Cambridge, Massachusetts, Harvard University Press.

HAIRAULT J.O., (1992) : « Présentation et évaluation du courant des cycles réels », *Economie et Prévision*, Vol. 106(5), p. 1-22.

HARBERGER A.C., (1957): « Some Evidence on the International Prices Mechanism », *Journal of Political Economy*, p. 506-521.

HELPMAN E. ; KRUGMAN P.R., (1992): Trade Policy and Market Structure, The MIT Press, Cambridge, Massachusetts.

HEY J.D. (1974): « Price Adjustment in an Atomistic Market », *Journal of Economic Theory*, September, 8(4), p. 483-499.

HIRSCHMAN A.O., (1958): *The Strategy of Economic Development*, New Haven, Connecticut, Yale University Press ; traduction française (1964) : *Stratégie du développement économique*, Paris, Les Editions ouvrières.

HOUTHAKKER H.S. ; TAYLOR L.D., (1966): *Consumer Demand in the United States: 1929-1970,* Cambridge, Harvard University Press.

KALDOR N., (1972): « The Irrelevance of Equilibrium Economics », *Economic Journal*, Vol. 82, p. 1237-1255.

KALDOR N., (1976): « Inflation and Recession in the World Economy », *Economic Journal*, vol. 86, December.

KALDOR N., (1987): « A Model for the Trade Cycle », Economic Journal, 1940, in *Economie et instabilité*, R. Boyer *et al.*, traduction française, Paris, Economica.

KALECKI M., (1935): « A Macrodynamic Theory of Business Cycle », *Econometrica*, Vol. 3, p. 326-344.

KALECKI M., (1935) : « Essai d'une théorie du mouvement cyclique des affaires », *Revue d'Economie Politique*, Vol. 49, p. 285-305.

KHALAF N.G., (1976): « Country Size and Economic Instability », *Journal of Development Studies*, Vol. 12, n°4, p. 423-428.

KLEINKNECHT A. ; MANDEL E. ; WALLERSTEIN I., (Dir.), (1993): *New Findings on Long-Wave Research*, St Martin's Press.

KONDRATIEFF N.D., (1987) : « Les fluctuations longues de la conjoncture », articles de 1926 et 1958, commentaire de Verley P., *Revue Française d'Economie*, Vol. 2, n°4, p. 168-188.

KRUGMAN P., (1990): « Increasing Returns and Economic Geography », *NBER Working Paper*, n°3275.

KUZNETS S.S., (1933): « Seasonal Variations in Industry and Trade », NBER, New York.

KYDLAND F. ; PRESCOTT E., (1982): « Time to Build and Aggregate Fluctuations », *Econometrica*, Vol. 50.

LAMFALUSSY A., (1965) : « Essai sur le commerce international et les cycles conjoncturels », *Cahiers de l'ISEA*, Vol. P11, p. 463-508.

LANCASTER K., (1979): *Variety, Equity and Efficiency*, New York, Columbia University Press.

LONG J.B. ; PLOSSER C.I.., (1983) : « Real Business Cycles », *Journal of Political Economy*, Vol. 91, p. 1345-1370.

LUCAS R.E. Jr., (1975): « An Equilibrium Model of the Business Cycle », *Journal of Political Economy*, Vol. 83(6), p. 1113-1144.

LUCAS R.E. Jr., (1977): « Understanding Business Cycle », in Brunner, K. ; A.H. ; Lucas, R.E. Jr., (1981): *Studies in Business Cycle Theory*, MIT Press, Cambridge, Massachusetts (2e édition, 1984).

LUCAS R.E. Jr., (1988): « On the Mechanics of Economic Development », *Journal of Monetary Economics*, Vol. 72, p. 3-42, July.

MAC CALLUM B.T., (1989) : « Real Business Cycle Models », in Barro R.J. (Ed.), *Modern Business Cycle Theory*, Harvard University Press, p. 16-50.

MANKIW N.G., (1989): « Real Business Cycles: A New Keynesian Perspective », *Journal of Economic Perspectives*, Vol.3(3), p. 79-90, Summer.

MEADOWS D.H. *et al.*, (1972): *The limits of Growth*, New York ; Universal Books.

METZLER L.A., (1945): « Stability of Multiple Markets: The Hicks Condition », *Econometrica*, Vol. 13, p. 277-292.

METZLER L.A., (1947): « Factors Governing the Length of Inventory Cycles », *Review of Economics and Statistics*, Vol. 29, p. 1-15.

METZLER L.A., (1949): « Tariffs, International Demand and Domestic Prices », *Journal of Political Economy*, Vol. 57, p. 1-29.

MOORE H.L., (1919): « Empirical Laws of Supply and Demand and the Flexibility of Prices », *Political Science Quarterly*, Vol. 34.

MORVAN Y., (1991): *Fondements d'économie industrielle*, 2e édition, Paris, Economica.

MUHET P.A., (1993): « Les théories contemporaines de la croissance », *Revue de l'OFCE*, n°45 (numéro spécial), juin, p. 11-51.

MUHET P.A., (1993) : « Modèles d'équilibre et de déséquilibre dans les théories contemporaines des cycles », *Revue de l'OFCE*, n°45 (numéro spécial), juin, p. 53-93.

MUHET P.A., (1993) : *Croissance et cycles, théories contemporaines*, Paris, Economica-Poche.

MYRDAL G., (1956): *An International Economy-Problems and Projects*, Harper and Brothers, New York ; traduction française (1958) : *Une économie internationale*, Paris, PUF.

NORDHAUS W., (1975): « The Political Business Cycle », *R-eview of Economic Studies*, April, Vol. 42, p. 169-190.

OI W.Y., (1991): « The Desirability of Price Instability under Perfect Competition », *Econometrica*, Vol. 29.

PLOSSER C.I., (1989): « Understanding Real Business Cycles », *Journal of Economic Perspectives*, Vol. 3(3), p. 51-77, Summer.

PORTER M.E., (1980) : *Choix stratégiques et concurrence, techniques d'analyse des secteurs et de la concurrence dans l'industrie*, Paris, Economica.

RADNER R., (1970): « Problems in the Theory of Markets Under Uncertainty », *American Economic Review*, May, 60(2), p. 454-460.

REY P. ; TIROLE J., (1997) : « Analyse économique de la notion de prix de prédation », *Revue Française d'Economie*, vol. XII, n°1, hiver, p. 3-32.

ROMER P., (1986): « Increasing Returns and Long Run Growth », *Journal of Political Economy*, Vol. 94, p. 1002-1038, October.

ROMER P., (1990): « Endogenous Technical Change », *Journal of Political Economy*, Vol. 98, p. S71-S102.

ROSIER B., (1993): *Les théories des crises économiques*, Paris, La Découverte, Coll. Repères.

ROSIER B. ; DOCKES P., (1983): *Rythmes économiques, crises et changement social, une perspective historique*, Paris, La Découverte.

ROSTOW W.W., (1984) : « Le développement : l'économie politique de la longue période marshalienne », in Meier G.M. ; Seers D., *Pioneers in Development*, Oxford University Press, New York ; traduction française, 1988, *Les pionniers du développement*, p. 249-285, Paris, Economica.

ROTHSCHILD M., (1973): « Models of Market Organisation with Imperfect Information: A Survey », *Journal of Political Economy*, Vol. 81(6), p. 1283-1308, November/ December.

SHAKED A., SUTTON J., (1982): « Relaxing Price Competition Through Product Differentiation », *Review of Economic Studies*, Vol. 49.

SHAKED A., SUTTON J., (1983): « Natural Oligopolies », *Econometrica*, Vol. 51, n°5.

SHEPHERD W.G., (1990): « Mainstream Industrial Organization and « New Schools », *Revue Economique*, mai, reproduit dans *Problèmes Economiques* n°2319-2320, 3 mars-07 avril 1993, Paris, La Documentation Française, p. 22-29.

SINGER H.W., (1950): "US Foreign Investment in Underdeveloped Areas: The Distribution of Gains between Investing and Borrowing Countries", *The American Economic Review*, vol. 40, p. 473-485.

SOLOW R., (1988) : « La théorie de la croissance », *Revue Française d'Economie*, printemps.

SPENCE M.A., (1977): « Entry, Capacity, Investment, and Oligopoly Pricing », *Bell Journal of Economics*, Vol. 8, p. 534-544.

SPULBER D.F., (1989): *Regulation and Markets*, The MIT Press, Cambridge, Massachusetts.

STIGLITZ J.E., (1984): « Price Rigidities and Market Structure », *American Economic Review*, Vol. 74, p. 350-356.

STIGLITZ J.E., (1986), (dir. avec MATHEWSON G.F.): *New Developments in the Analysis of Market Structure, Macmillan*, London.

STIGLITZ J.E., (1987): « The Causes and Consequences of the Dependence of Quality on Price », *Journal of Economic Literature*, Vol. 25, p. 1-48.

STIGLITZ J.E., (1989): « Markets, Market Failures, and Development », *American Economic Review*, Vol. 79(2), p. 197-203, May.

STONE R., (1954): *The Measurement of Consumers' Expenditure and Behavior in the United Kingdom, 1920-1938*, Cambridge, Cambridge University Press.

SUTTON J. (1986): « Vertical Product Differentiation: Some Basic Themes », *American Economic Review*, Papers and Proceedings, Vol. 76, n°2.

TOBIN J., (1969): « Money and Income », *Quarterly Journal of Economics*, May.

VERNON R., (1971) : *Sovereignty at Bay : The Multinational Spread of US Enterprises*, New York, Basic Books ; traduit en français (1973) sous le titre : *Les entreprises multinationales, la souveraineté nationale en péril*, Paris, Calmann-Lévy.

VERNON R., (1972) : *The Economic and Political Consequences of Multinational Enterprises: An Anthology*, Cambridge, Massachusetts, Harvard University Press ; traduit en français (1974) sous le titre : *Les conséquences économiques et politiques des entreprises multinationales*, Paris, Laffont.

VESPERINI J.-P., (1979) : *L'interdépendance des conjonctures des principaux pays occidentaux*, Paris, Economica.

VIDAL J.-F., (1989): *Les fluctuations internationales*, de 1890 à nos jours, Paris, Economica.

WAUGH F.V., (1944): « Does the Consumer Benefit from the Price Instability? », *Quarterly Journal of Economics*, Vol. 58.

WEINTRAUB S., (1957): « The Micro-Foundations of Aggregate Demand and Supply », *Economic Journal*, March, vol. 67 (265), p. 455-470.

WEINTRAUB E.R., (1980) : *Fondements microéconomiques, la microéconomie et la macroéconomie sont-elles compatibles ?*, Paris, Economica.

ZARNOVITZ V., (1985): « Recent Work on Business Cycles in Historical Perspectives », *Journal of Economic Literature*, vol. 23, p. 523-580, June.

ZARNOVITZ V., (1989): « Cost and Price Movements in Business Cycle Theories and Experience: Causes and Effects of Observed Changes », *NBER Working Paper*, n°3132, October.

5 – MÉTHODES ÉCONOMÉTRIQUES

AKAÏKE H., (1970): « Autoregressive Model Fitting for Control », *Annals of the Institute of Statistical Mathematics*.

AKAÏKE H., (1973): « Maximum Likelihood Estimation of Gaussian Autoregressive Moving Average Models », *Biometrika*, Vol. 60.

AKAÏKE H., (1977): « An Entropy Maximization Principle », in *Proceedings of Symposium on Applied Statistics*, Krishnaiah, P. (Ed.), North Holland.

BRESSON G. ; PIROTTE A., (1995) : *Econométrie des séries temporelles, théorie et applications*, Paris, PUF.

BRUNEAU C., (1996) : « Analyse économétrique de la causalité : un bilan de la littérature », *Revue d'Economie Politique*, 106, n°3.

CROMWELL J.B. ; HANNAN M.J. ; LABYS W.C. ; TERRAZA M., (1994): *Multivariate Tests for Time Series Models*, Sage University Paper.

CUDDY J.D.A. ; DELLA VALLE P.A., (1978): « Measuring the Instability of Time Series Data », *Oxford Bulletin of Economics and Statistics*, Vol. 40, p. 79-85.

DICKEY D.A. ; FULLER W.A., (1981) : « Likelihood Ratio Statistics for Autoregressive Time Series with a Unit Root », *Econometrica*, Vol. 49, n°4.

DOZ C. ; MALGRANGE P., (1992) : « Modèles VAR et prévision à court terme », *Economie et Prévision*, Vol. 5, n°106.

ENGLE R.F. ; GRANGER C.W.J., (1987): « Co-Integration and Error Correction : Representation, Estimation and Testing », *Econometrica*, Vol. 55, n°2.

ENGLE R.F. ; YOO B.S., (1987) : « Forecasting and Testing in Cointegrated Systems », *Journal of Econometrics*, Vol. 35.

FEIGL H. (1953) : Notes on Causality, in Feigl, H. and Brodbeck, M. (Eds.): *Readings in the Philosophy of Science*, New York, Appleton-Century-Crofts.

GOURIÉROUX C. ; Monfort A. ; Renault E., (1987): « Kulback Causality Measures », *Annales d'économie et de statistiques*, avril-septembre.

GRANGER C.W.J., (1969): « Investigating Causal Relations by Econometric Models and Cross-Spectral Methods », *Econometrica*, Vol. 37.

GRANGER, C.W.J. (1980): « Long Memory Relationships and the Aggregation of Dynamic Models », *Journal of Econometrics*, Vol. 14.

GRANGER, C.W.J. (1981): « Some Properties of Time Series Data and their Use in Econometric Model Specifications », *Journal of Econometrics*, Vol. 16.

GRANGER C.W.J., (1986): « Development in the Study of Cointegrated Economic Variables », *Oxford Bulletin of Economics and Statistics*, Vol. 43.

HAAVELMÖ T., (1943): « The Statistical Implications of a System of Simultaneous Equations », *Econometrica*, Vol. 11.

HOOD W.C. ; KOOPMANS T.C., (1953) (Eds.) : *Studies in Econometric Method*, New York, Johon Wiley and Sons.

LJUNG G.M. ; BOX G.E., (1978): « On a Measure of Lack of Fit in Time Series Models », *Biometrika*, Vol. 65.

PAULRÉ B. (1985) : *La causalité en économie, signification et portée de la modélisation structurelle*, Lyon, PUL.

SCHWARZ G., (1978): « Estimating the Dimension of a Model », *Annals of Statistics*, Vol. 6, p. 461-464.

SIMON H.A., (1953): « Causal Ordering and Identificability », in Hood W.C. ; Koopmans J.C. (Eds.): *Studies in Econometric Method*, New York, John Wiley.

SIMS C.A., (1972): « Money, Income and Causality », *American Economic Review*, Vol. 62.

SIMS C.A., (1980): « Macroeconomics and Reality », *Econometrica*, Vol. 48.

WOLD H., (1954): « *A Study in the Analysis of Stationary Time Series* », Almquist et Wicksell, 2nd edition, Uppsala.

ZELLNER A., (1984): « Causality and Econometrics », *Basic Issues in Econometrics*, Chicago University Press.

6 – REVUES SPECIALISEES ET SOURCES STATISTIQUES

– *Annuaire des produits de base*, CNUCED (diverses années).

– *Manuel de statistique du commerce international et du développement*, CNUCED

– *Bulletin mensuel des prix des produits de base*, CNUCED (diverses années).

– *Annuaire du commerce*, FAO (diverses années).
– *Annuaire de la production*, FAO (diverses années).
– *Commodity Market Review*, FAO (diverses années).
– *Rapport sur le développement dans le monde*, Banque Mondiale (diverses années).
– *Rapport annuel*, Banque Mondiale (diverses années).
– *Commodity Trade and Price Trends*, Banque Mondiale.
– *Global Economic Prospects and the Developing Countries*, Banque Mondiale (diverses années).
– *Commodity Markets and the Developing Countries*, A World Bank Business Quaterly (divers numéros).
– *Annuaire statistique*, Metaleurop (diverses années).
– *Marchés Tropicaux et Méditerranéens*, Revue hebdomadaire (divers numéros).

Tableaux

Table des Matières

Collection « L'esprit économique »

fondée par Sophie Boutillier et Dimitri Uzunidis en 1996
dirigée par Sophie Boutillier, Blandine Laperche, Dimitri Uzunidis

Dernières parutions

► ***Série Economie et Innovation***
S. BOUTILLIER, B. LESTRADE (éd.), *Le travail des femmes, Axes d'émancipation*, 2004.
Y. PESQUEUX, *L'entreprise multiculturelle*, 2004.
P. BÄCHTOLD, *Pour une économie durable de l'espace et du temps*, 2004.
D. ATTIAS-BONNIVARD, *Crise et désorganisation de l'entreprise. L'organisation comme espace*, 2004.
S. LAVIGNE, *L'industrie des fonds de pension, Les Investisseurs Institutionnels américains*, 2004.
J. PERRIN, *Valeurs et développement durable. Questionnement sur la valeur économique*, 2004.
N. FERREIRA, *Economie sociale et autogestion. Entre utopie et réalité*, 2004.
V. BOUSSYGUINE, *La science en Russie. La nouvelle organisation de la recherche*, 2005.
J.-L. CACCOMO, *L'épopée de l'innovation. Innovation technologique et évolution économique*, 2005.
► ***Série Le Monde en Questions***
M-J. RINALDI-LARRIBE, *L'élargissement de l'Union Économique et monétaire européenne à l'Est et l'euro*, 2004.
C. MOULOUNGUI, *La solidarité familiale*, 2004.
E. DOURILLE-FEER, J. NISHIKAWA (éd.), *La finance et la monnaie à l'âge de la mondialisation. Examen comparatif de l'Asie et de l'Europe*, 2004.
E. DRAGANOVA-MADELAINE, *La Bulgarie face à l'Europe. De la transition à l'intégration*, 2004.
F. TALONTO, *Union africaine et développement, entre espoirs et illusions*, 2004.
D. LAWSON, *Le Club de Paris, sortir de l'engrenage de la dette*, 2004.
► ***Série KRISIS***
G. MINART, *Frédéric BASTIAT (1801 – 1850), Le croisé du libre-échange*, 2004.
B. TONGLET, *Pour un nouvel esprit syndical, du feu et de l'esprit*, 2004.
C. BIENVENU, *Vous avez dit : Economie ?*
D. ANIKPO, *La méga-économie. Revoir le développement*, 2004.
► ***Série CLICHES***
J. ABEN, J. PERCEBOIS (éd.), *Le fardeau de la sécurité, Défense et finances publiques*, 2004.
I. PEAUCELLE, P. KONOVALOV, *Esquisses de l'histoire russe du 20ème siècle*, 2005.
► ***Série COURS PRINCIPAUX***
Ch. GENTHON, *Analyse sectorielle, Méthodologie et application aux technologies de l'information*, 2004.
E. DJUATIO, *Management des projets. Techniques d'évaluation, analyse, choix et planification*, 2004.
A. ILARDI, *Propriété intellectuelle. Principes et dimension internationale*, 2005.

Achevé d'imprimer par Corlet Numérique - 14110 Condé-sur-Noireau
N° d'Imprimeur : 49572 - Dépôt légal : avril 2008 - *Imprimé en France*